基礎から学ぶ
教育心理学

工藤 俊郎　高井 直美　上田 恵津子　菅原 康二 著

八千代出版

執筆者紹介

工藤　俊郎	大阪体育大学教授	第1章、第3章
高井　直美	京都ノートルダム女子大学教授	第2章
上田恵津子	京都ノートルダム女子大学名誉教授	第4章
菅原　康二	元・園田学園女子大学教授	第5章

まえがき

　教育職員免許法は、平成元年に昭和24年以来40年ぶりに改訂が行われ、その後、平成10年に再改訂され、今日に至るが、教育心理学は、その免許法施行規則における、教職に関する専門教育科目の次の①から③に関係する。①教育の基礎理論に関する科目の中の、「幼児、児童又は生徒の心身の発達及び学習の過程」、②教育課程及び指導法に関する科目の中の、「教育の方法及び技術（情報機器および教材の活用を含む）」、③生徒指導、教育相談および進路指導等に関する科目の中の、「生徒指導の理論および方法、進路指導の理論および方法」と、「教育相談（カウンセリングに関する基礎的な知識を含む）の理論及び方法」である。つまり、教育心理学に関係する領域は、①から③に分かれ、それぞれ必要な修得単位は別に設けられることになっている。とくに、③は、独立して、4単位の修得が要求されるようになった。こういう現状を考慮し、本書は、②および③は他書に譲り、①の教育の基礎理論に関する科目のテキストとして、発達、学習、パーソナリティ、および、測定・評価という、教育心理学の四大領域の基本的理論部門に限定して述べる。

　さて、この種の書物は、すでに多数出版され、屋上屋を架すことになりかねない中で、本書を企画することになったのは、かねがね、既刊の教育心理学講義用テキストには、以下のものが多いとの印象を持っていたからである。(1)大所高所から要点を述べているが、諸説の根拠となる事例や現象の具体的説明が省略され、要となる理論の説明が抽象的すぎるもの。(2)基礎分野の重要な学説の説明が簡潔すぎるもの。これは、上記四大領域だけでなく、生徒指導、教育相談、進路指導等の領域まで広く含めたテキストに見られる。(3)執筆者の専門領域に深入りして、扱う領域に偏りがあり、古典的な学説や、一般的に必要と思える事項の説明が省略されるもの。

　そこで、本書は次のような方針で企画された。教育心理学に関係する心理学の基礎分野に関して、できるだけ幅広く、定評ある学説や用語をとりあげ

る。その際、重要な事項は、具体的に詳しく、かつ、原典に忠実に説明する。それにより、学生が自学する際の信頼できる参考書として役立つものとし、時間的制約のある講義では十分に扱えない領域は、教員が概要だけを解説して、学生は、本書をテキストとして読むことで、具体的に理解できるものにする。学説紹介では、その学説の根拠となる事実の説明を、できるだけ丹念に添え、説明に飛躍がないようにする。現象および観察例や実験例に言及する際には、その具体的説明を紙幅の許す限り添える。なお、紙幅の制約の中でこの目的を達するために、残念ながら図表は極力少なくした。ただし、本文中で紹介する事象や図表の原典となる引用文献は、できるだけ明示し、必要に応じて出典を参照して詳細を把握できるようにすることで、将来のさらなる勉学に応じることができるものとする。

　以上の方針で本書は企画されたが、幸い執筆者の協力により、ある程度その目的は達せられたものと考えている。読者諸賢のご感想やご指摘が得られれば望外の幸せである。

　本書の企画、刊行にあたっては、八千代出版社の森口恵美子氏に一方ならぬお世話をいただいた。ここに深く謝意を表したい。

　　　平成16年2月　　　　　　　　　　　著者を代表して　工 藤 俊 郎

目　次

まえがき

第1章　教育心理学の成り立ち———1
1　教育心理学とは何か…1
① 教育の役割…1　② 心理学の役割…2
2　教育心理学の歴史…3
① ロックの環境説…4　② ルソーのロマン主義自然説…5
③ 教育実践者…6　④ 実証主義・実験主義傾向の萌芽…7
⑤ 近代教育心理学の成立…8　⑥ その他の潮流…8
⑦ 心理学の流れ…9

第2章　発　達———13
1　発達の基礎概念…13
① 発達とは…13　② 発達段階と発達課題…14
③ ヒトの発達特徴…15　④ 遺伝と環境…18
⑤ 初期経験…25
2　発達段階理論…29
① ピアジェの認識の発達段階説…29
② フロイトとエリクソンの発達段階説…39
③ コールバーグの道徳性の発達段階説…45
3　一般的発達区分…49
① 乳児期…50　② 幼児期…55　③ 児童期…60
④ 青年期…63

第3章　学　　習 —————————————————— 69

1　学習の理論…69
  1　生得的行動と習得的行動…69　　2　条件づけ…71
  3　問題解決…90　　4　観察による学習…95
2　記　　憶…97
  1　記憶と忘却…97　　2　記憶の理論…102
  3　記憶の方法…109
3　動機づけ…111
  1　動機づけの種類…111　　2　学習意欲…114
  3　欲求階層説…123
4　学習の方法…125
  1　学習の転移…125　　2　レディネス…126
  3　教科学習の形態…128　　4　学習の最適化…131

第4章　パーソナリティ —————————————————— 135

1　パーソナリティとは…135
2　パーソナリティの理論…137
  1　類型論…137　　2　特性論…144　　3　精神分析理論…150
  4　現象学的理論…152　　5　場の理論…153
3　パーソナリティ理解の方法…155
  1　観察法…155　　2　面接法…158　　3　検査法…159
  4　パーソナリティ理解を歪める要因…167
4　適応過程…168
  1　適応と不適応…168　　2　欲求と欲求不満…170
  3　葛藤…172　　4　適応機制…173
5　パーソナリティの変容と成熟…175
  1　パーソナリティの変容…175　　2　パーソナリティの成熟…176

第5章　教育評価 — *181*

1. 評　　価…*181*
   1. 診断的評価…*181*
   2. 形成的評価…*182*
   3. 総括的評価…*182*
   4. 学力…*184*
   5. テストの妥当性と信頼性…*186*
   6. 評価にかかわる諸問題…*187*
2. 知　　能…*188*
   1. 知能の定義…*188*
   2. 知能の構造…*189*
   3. 知能検査…*192*
   4. 創造性…*196*
3. 統計処理…*197*
   1. 記述統計…*197*
   2. 推測統計（統計的推測）…*204*

引用文献…*209*
人名索引…*217*
事項索引…*221*

第1章 教育心理学の成り立ち

1 教育心理学とは何か

1 教育の役割

　クモは巧妙な巣をつくり、アリは巧妙な社会生活を行うが、彼らが巣のつくり方や社会生活の仕方を組織的に学ぶとは考えられない。大部分が遺伝プログラムとして書き込まれた設計図に従い行動すると考えられる。この例は極端であるが、多くの生物は遺伝プログラムに規定された存在である。同時に、第3章で述べるように、多くの生物が環境の影響を受け経験の違いにより行動を変容させる。ヒトという種も、生物の一員として遺伝プログラムに規定されることは、現代の遺伝学により明らかにされてきているが、人間の行動様式の獲得や成長発達が環境内での経験に依存する程度が、他の種と比べて格段に高いことは、常識的にも、また、本書の各章で記す多くの研究からも明らかである。

　このように、ヒトは、遺伝による生得的プログラムだけでなく社会的、文化的環境の影響をきわめて多く受け、多様な人間として形成される。その多様性、すなわち、その可塑性は他の動物に比してきわめて高い。そして、ヒトは高度な学習能力と高度な思考能力を駆使し複雑で広範にわたる知識体系、複雑な社会システムを構築する。その構築されたものが文化であるが、文化に適応するためには、それを学びそれに適応する訓練が必要である。そのことが、人間には意図的かつ組織的なはたらきかけが不可欠という事情をもた

らす。そのはたらきかけを、伝統と文化遺産に基づき行うことが、教育の営みの1つの柱となる。つまり、教育とは、組織的体系的経験を与えるものであり、「文化の継承」および「文化創造の基礎能力の養成」を1つの目的とする（高橋，1986）。なお、ここで「文化」と称するものには、社会的規範や規律も含まれ、その訓練も文化の継承の1つである。現代人は、社会の複雑化と高度化に伴い、教育により形成されることを多く要求される状況にある。

教育の役割にはもう1つの重要な柱がある。それは、人間の「生来の資質を実現し、個性化させるプロセス」（高橋，1986）を援助することであり、各人の能力をできるだけ発揮できる機会を与え、その能力を最大限に開花するよう援助することである。

本書で述べる教育心理学とは、心理学という学問領域の中から、このような教育の営みにかかわる分野を集めたものである。

2　心理学の役割

心理学とは、ヒトの行動や心的活動を探求する広範な領域にかかわる学問であるが、教育にとくに関係するのは、「発達」、「学習」、「パーソナリティ」の分野である。「発達」とは、ヒトが環境の影響を受けつつ、遺伝的素質を基盤として、加齢につれ変容していく過程を研究する分野であり、「学習」とは、環境内での経験をもとに、行動様式や心的内部構造を変容させていく過程を研究する分野である。また「パーソナリティ」とは、環境に対する対応の仕方における、個性と個人差の問題を研究する分野である。そして、教育とは、その「発達」、「学習」、「パーソナリティ」の過程に対する意図的なはたらきかけである。それゆえ、教育のはたらきかけの方法やあり方を考えるための枠組みや概念を与えることが、心理学の知見に期待される。

教育心理学とは、このような期待に応えるための心理学であり、塚田（1979）によれば「教育に関連する諸事象について心理学的に研究し、教育の効果を高めるのに役立つ心理学的知見と心理学的技術を提供する学問、すなわち、教育過程に関する心理学的な事実や法則を究明し、教育の合理化・効

率化に寄与しうる心理学的な方策や技術を開発すること」を課題とする。

しかし、この点に関しては、熱が高いときには解熱剤を、血圧が高いときには降圧剤を処方するように、医学的知識が病気の症状を治療または緩和する処方箋をかなり高い確率で与えるのとは異なり、教育上の諸問題の解決に直接役立つ処方箋を与えることを、教育心理学の知識には期待できないのが実状である。

しかしながら、心理学の知識を知らないよりは知っていたほうが、より適切な教育の営みを構築し実践する確率を高めることは期待できる。少なくとも、心理学は多様な視点を提供することはできる。現実の教育上の問題に遭遇したとき、それをみる視点を豊かにし、ほかにも可能性があることを気づかせる。教職教養において教育心理学を学ぶ意義は、この点にあろう。

2 教育心理学の歴史

中世以前の西欧では、子どもは「小型の大人」として考えられ、子どもを独自に理解する必要性は認識されず、子どもの心は、大人の心からの類推でわかるはずだと考えられていた。アリエス（Aries, 1960）によれば、14世紀頃までは子どもを絵で表す場合、たいていは、体の釣り合いや顔の特徴は、大人のそれと同じに描かれていた。つまり、子どもは、大きさで大人と区別されていたにすぎない。この考えは、前成説が支配的であった時代背景の影響を受けている。前成説とは、生物の発達を遂げる諸組織・器官は発生の出発時すでに各々の萌芽を持ち、それらが予定調和的に次々と開花するという説である。そこからは、微小な完全な形をした微小人が受胎時に精子あるいは卵子に宿るものと信じられることもあった（Crain, 1981）。

この視点は、行動様式も生まれる前からその萌芽が備わるという考え方につながる。そして、悪いことをする子どもは、自由にさせてはならない、厳しいしつけにより教育しなければならないという教育観につながる。ピューリタンの子ども観はその代表である。たとえば、17世紀から19世紀にかけ

てアメリカで600万部売れたとされる『ニューイングランド小祈祷集』は、その考えをよく表す。それは、エデンの園で禁断の果実を食べたときにアダムとイブが犯した罪は、子々孫々受け継がれる罪で、人間は、生まれたときから、この原罪を受け継ぐとする思想に基づくものである。そこには、この生まれながらの罪の結果、子どもの自然な動機は、悪い行いをして悪魔を喜ばせることであり、子どもは、怠惰に日々を過ごし、両親や目上の人に反抗し、嘘をついたり、神を冒涜したり、盗みをしたり、勉強を無視して学校をずる休みしたりすると述べられている（Thomas, 1979）。

1 ロックの環境説

イギリスの経験論哲学者ロック（1632-1704）は「心はどのようにして知識を獲得するか」に思索をめぐらし、著書『人間悟性論』において「心を謂わば、すべての文字の書いてない、何の観念をも持たない白紙であると仮定しよう。この心はいかにして観念を具えるようになるのか。……心はどこから推理と知識のすべての材料を得るのか。これに対して、私は一語をもって経験からと答える。この経験にすべての我々の知識は基くのであり、結局知識は経験に由来する」（Locke, 1690）と述べ、すべての知識は経験を通じて生まれると唱え、生得観念の存在を否定した。そして、生得的に思える観念も、本人がその経験を覚えていないだけで子ども時代から絶えず教え込まれたことに起因するとし、見かけ上の観念の生得性を学習と習慣に求めた。なお、心のこのような白紙状態を意味する用語として、タブラ・ラサ（拭ってきれいにした石板を意味するラテン語）がある。

つまり、ロックは、先に述べた前成説のように、子どもは大人をそのまま小さくした状態で生まれてくるのではなく、まったく無の状態で生まれてくる、したがって、生まれつき邪悪でも善良でもなく、しつけや教育により大人になると考えた。そして、「子どもは空の容器のようなもので、大人の教えにより満たされる」と述べ、社会的環境の力を重視した。このように、子どもがまったく無の状態で生まれるのならば、すべて平等に生まれてくるこ

とになり、ある者が他者より優れるとすれば、それは環境に恵まれていたからということになる。

なお、ロックは、連合、反復、模倣、賞罰などの学習の原理に関する考えも展開しているが、それは、後に集大成されるパブロフやスキナーらの学習理論（第3章参照）の先駆けである。そういう意味でロックは環境論と学習理論の父と位置づけることができる（Schultz, 1981）。

2 ルソーのロマン主義自然説

他方、フランスのルソー（1712-78）は、著書『エミール』の冒頭で「すべてのものは創造主の手になるものであるから、すべて善である。しかし、人の手にかかってすべて堕落するのである」（Rousseau, 1762）と記し、また、もう1つの主要著書『社会契約論』（1762年）の冒頭を「人間は自由なものとして生まれてきた。しかも、至る所で鎖につながれている」という有名な1行ではじめる。すなわち、彼は、人間は生来善であり、その自発的な熱情により幸せな生活を送ることができるが、社会の圧力により奴隷にされていると論じ、堕落した人間や不健全な人間は人為的で不自然な社会の拘束のため生まれると述べ、善良で健全な人格の形成は人間に本来内在する善なる本性の自然な発達を妨げるものを除去するだけで達成できると主張した。

さらに、彼は次のように主張する。子どもは、ロックが述べたような、空の容器でもなく何も書かれていない石板でもない。健全な発達に必要な能力は生まれながらに内在している。ただし、その内在する能力はそれぞれの発達段階で異なり、段階に応じた感情や思考が発現する。その発現は自然の計画に従い発現するものであり、人為的なはたらきかけは不要である。自然は子どもが独立への道を歩むよう導くので、子どもは、大人に教えられなくとも、自然に刺激され、自然とのかかわりを通して、分別の能力をおのずと完成させていく。したがって、自然の導きに従うならば、独立精神を備えた青年に子どもを育て上げることができる。

このように、彼は、子どもは自然の内的な刺激により自ら多くのことを学

ぶ能力があるので、大人、そして教師は、子どもを悪いものから守るだけでよく、大人の指図は不要であるとする消極的教育論を唱え、社会的環境よりも「自然が意図しているままに、子どもが自分自身の能力を完全に伸ばし、自分自身のやり方で学ぶようにさせなければならない」と主張した。それは、ロックが、子どもの精神をわれわれの望みどおりに形成できる粘土の塊のようなものとみなし、健全な個人の形成のための社会的環境の力を重視したのとは対照的といえる。ルソーの思想は、その後の発達心理学における発達観の先駆けとなり、ルソーは発達心理学の父と位置づけることができる（Crain, 1981）。

3 教育実践者

　ルソーは思想家であり教育の実践は行わなかったが、ルソーの思想の影響を受け教育改革の実践を試みた先駆者が、「近代教育の父」と呼ばれるペスタロッチ（1746-1827）である。彼は、人間の自然性を尊重し、その内在する人間性の開発の重要性を説き、子どもの生活や経験を通じた直観的方法による感性的認識を重んじ、直観の原理に基づく教育を唱道した。著書に『隠者の夕暮れ』、『リーンハルトとゲルトルード』、『直観のいろは』がある。概念の形成に先んじて直観を重視することを教育改革の基本とする理論や実践を深く追求し、その後のペスタロッチ主義運動と呼ばれる改革を生んだ。

　このペスタロッチの教育法の影響を受けた者の中から、ヘルバルト（1776-1841）が現れた。彼は、後世、フレーベルとともにペスタロッチの二大弟子の一人と目される人物であり、著書『一般教育学』（1806年）において、「教育の目標を倫理学に、方法を心理学に」と唱えたことは有名である。表象間の力学的関係により意識を説明する表象力学説と呼ばれる心理学理論をもとに、認識の4段階（明瞭―連合―系統―方法）に基づく教授の一般的段階を提唱し、教育界に大きな影響を与えた。彼の理論は、明治20年代にドイツ人ハウスクネヒトを通じて日本にも紹介され日本の教育界を席巻した。

　ペスタロッチの二大弟子のもう1人のフレーベル（1782-1852）は、ドイツ

に世界ではじめて遊びを中心とした幼児教育施設を設立し、これを幼稚園と名づけ、幼児教育のもとを開いた。そして、幼児に内在する創造衝動や活動衝動、表現衝動などを十分に発揮させるには、適切な配慮に基づいた幼児教育が必要であるとし、このような資質を遊びの中から引き出すための教育的遊具として「恩物」を考案した。恩物とは、神から授けられたものという意味の語であり、彼の独自な宗教的世界観と、子どもの自己活動的な遊びを重視する教育思想とに深く結びつく。恩物は20のシリーズからなり、幾何学的な基本形からはじまり、具象的なものに及ぶ。日本にも1876年の幼稚園創設とともに導入され、実際の幼児保育に用いられた。

4 実証主義・実験主義傾向の萌芽

一方、ヴント（1832-1920）が、世界ではじめての心理学実験室をライプチヒに開設し、心理学を独立した学問分野として成立させたが、そのヴントの下には世界中から心理学を志す者が集まり、その中から教育の問題に心理学を適用しようとするものが現れた。その1人、ドイツのモイマン（1862-1915）は、児童の心性の実験的研究を唱え、実験教育学に関心を強め、心理学を教育学に結びつけ、20世紀はじめに『実験教育学入門講義』（1907年）を著し、教育の具体化は児童の自然の心性を通じてなされるべきとの立場に立って心理学と教育学の結合をはかった。また、ホール（1844-1924）は、アメリカに戻り、質問紙法による児童研究をはじめた。彼は、就学前児の知識内容（牝牛、豚、桃を見たことがあるか、牛乳やバターは何からつくられるかなど）を調査し、子どもの行動、態度、興味に関する資料を収集した。彼は児童研究運動の父と呼ばれる。同じくヴントの下で学んだアメリカ人のキャッテル（1860-1944）は、個人差に関心を向け、メンタルテストを開発し、「メンタルテストと測定」という論文を1890年に公にし、コロンビア大学における弟子のソーンダイクらによる教育測定運動の推進に影響を与えた。

5　近代教育心理学の成立

かくして、教育にかかわる心理学の分野が発展し、19世紀の終わりまでにはアメリカの多くの大学に教育心理学という科目が設けられるようになった。そういう状況下で、ソーンダイク (1874-1949) が、1913年、1914年に3巻からなる『教育心理学』という著書を公刊し、教育心理学の基礎を築き体系化した。この書は、その後しばらくアメリカにおける教育心理学の規準となった。ソーンダイクは、アメリカにおける行動主義の先駆者として刺激と反応の結合という観点から動物実験による研究を手がけた人物であり、動物を被験体とした問題箱による学習実験は有名である (p.90参照)。その成果は、『動物の知能：動物における連合過程の実験的研究』(1911年) として公刊された。彼は、コロンビア大学で教員養成学部に所属するようになり、キャッテルの示唆を受け、動物研究の技法を子どもや青年に適用し、教育の領域での学習心理学や教育測定などの研究を開拓し、上記の書を著した。教育測定運動の父とも呼ばれる。

6　その他の潮流

イギリスのゴールトン (1822-1911) は、従兄にあたるダーウィンの進化論の影響を受けて、遺伝や変異の問題の数量的記述と分析を試み、遺伝学を背景にして個人差や天才の問題に取り組んだ。その過程で、回帰係数、相関係数などの統計的概念や、種々の心理測定法を開発し、キャッテルらを通してアメリカの心理学者、そして、教育心理学に強い影響を与えた。また、ゴールトンの弟子のピアソン (1857-1936) は、生物測定学を創始し、第5章で述べる積率相関係数、カイ二乗検定、標準偏差など、今日の行動科学で用いられる統計的な手法の多くを発案した。

フランスでは、ビネー (1857-1911) らが、1905年に知能検査を作成し、児童研究に刺激を与えた。その知能検査はビネー式検査として現代にも引き継がれている。なお、ビネーは精神年齢という概念を導入した (p.192参照)。

7 心理学の流れ

　心理学の創始者とされるドイツのヴントの心理学は、厳密に実験条件を統制して生じる意識を注意深く観察する内観法により、意識の要素の発見を試みるものであり、自然科学者が物質界を分割したように、心ないし意識を最も要素的な成分にまで分析することを求めた。これに対し、全体は部分の総和以上のものであると指摘し、意識内容を要素に分析しても心的現象を理解できないと主張したのが、ゲシュタルト心理学の創始者ウェルトハイマー (1880–1943) である。たとえば、いくつかの楽音を結合すると、メロディが生まれるが、メロディは、個々の要素としての楽音のどこにもない。ゲシュタルトとは、形態や姿を意味する言葉であるが、ここでは、要素に還元できない、まとまりのある一つの全体がもつ構造特性を意味する。彼は、知覚世界は秩序ある体制化をなすゲシュタルトとして成立すると指摘したが、ゲシュタルトの概念は、知覚のみならず広く心的過程一般に適用された。ケーラー (1887–1967) の洞察型学習の研究 (p. 91 参照)、レヴィン (1890–1947) の場の理論 (p. 153 参照) がその代表である。

　ヴントの心理学は内観法により得られる意識を研究対象としたが、これに対し、ソーンダイクによる動物心理学研究、パヴロフ (1849–1936) の条件反射説 (p. 72 参照) などを背景とし、ワトソン (1878–1958) は、意識は主観的な経験であり公共性のあるデータとはいいがたいとして、科学的な心理学は直接観察可能な行動だけを対象とすべきとする行動主義を 1913 年の論文で提唱した。その後、ハル (1884–1952)、トールマン (1886–1959)、スキナー (1904–90) らが独自の行動理論を発展させたが、それらは新行動主義と呼ばれる。すなわち、ハルは、動因や習慣強度などの仲介変数を用いた厳密な数学的形式の理論を構築し、刺激と反応の結合の強さは、動因の減少をもたらす強化により増大するとする動因低減説を唱えた。そして、トールマンは、後述するように認知的要素を取り入れた目的的行動主義を提唱し、スキナーは、第 3 章で詳しく述べるオペラント条件づけの体系を構築した。

　行動主義は、観察可能な刺激と反応の関係により行動を記述することを推

奨したが、20世紀の後半になり、より高次な心的活動の説明に限界を示しはじめた。そして、直接には観察不可能な心的活動、とくに積極的に情報を取捨選択し意思決定を行う過程をも扱う認知心理学が生まれた。それは、人間を一種の高次情報処理システムとみなす人間観に基づき、その情報処理過程の解明により心的活動を理解しようとする。第3章 p.102 で述べる二重貯蔵モデルなどの記憶モデルに、その例をみることができる。

　また、行動主義の流れの中からも生活体の内的な過程を重視する立場が現れてきた。トールマンのサイン・ゲシュタルト説（p.94 参照）もその1つである。彼は、認知地図という概念を提唱し、場面に関する手段と目的の関係の認知構造の獲得が学習であると主張した。また、バンデューラ（1925-　）は、その社会的学習理論において、生活体が学習するものは行動と結果に関する信念であり予期であり、そこには認知的な過程が中心的な役割を果たすと論じ、それを示すものとして観察学習をとりあげた（p.95 参照）。このような認知的過程が果たす役割を重視する流れは加速し、原因帰属理論（p.116 参照）などが生まれた。

　他方、フランス語圏スイス出身のピアジェ（1896-1980）は、認識の生物学的説明に専念し、発生的認識論の立場から知能の発達段階（p.29 参照）を説いた。現代の認知発達の理論はこのピアジェの理論に負うところが大きい。

　ところで、ウィーン在住の精神科医であったフロイト（1856-1939）は、神経症患者の治療事例をもとにして、精神分析と呼ばれる理論を提唱した（p.150 参照）。フロイト理論の重要な点は、無意識への着目であり、人の行動や神経症的症状が無意識的な願望や衝動の影響を受けて因果的に決定されるとする点である。フロイトの理論は、心理学、とりわけパーソナリティ理論に大きな影響を与え、社会思潮にも大きな影響を与えた。しかし、彼の理論は、科学的厳密さと方法論を欠く点で、また、性的要素の偏重などから、多くの批判を巻き起こし、精神分析の流れの研究者からも彼と袂を分つ者が多く出た。分析心理学を提唱したユング（1875-1961：p.141 参照）もその1人である。なお、第2章（p.41）で述べるエリクソン（1902-94）の発達段階説は、この

フロイトの精神分析的発達観を核心部にとどめたものである。

ところで、行動主義者が示唆する、機械論的に環境条件により人間は支配されるという考え方や、精神分析学者が示唆する、幼少期などの過去経験により人間は因果的に決定されるという考え方に抵抗するものが、現象学的理論に属する人間性心理学（humanistic psychology）である。それは人間の自由意志と自主性への信念、個人の創造力への信念、意識的経験の尊重、人間性と行為の全体性の尊重を重視し、第三勢力とも称される。p. 123 のマズロー（1908-70）や p. 152 のロジャース（1902-87）の提唱した理論がその代表である。

なお、マズローは、人間性心理学の運動の発端をつくった人物であり、自己を成長・発展させ、自己の可能性と能力のすべてを満たすように努力する人間の動機づけに視点をおいたパーソナリティ理論を開発した。そして、心理学的に健康で自己実現を求める人間の研究へ向かった。また、ロジャースは、来談者中心療法ないし非指示的療法と呼ばれる心理療法の創始者として有名であり、この心理療法から得られたデータを基礎にパーソナリティ理論を開発した。それは、人間には、自己の能力と可能性をできるだけ実現させようとする生得的傾向があることを重視するものである。

教育心理学は、これらの心理学の諸理論を基盤として成り立つ。

第2章 発達

1 発達の基礎概念

1 発達とは

　ヒトは誕生してから死に至るまでの生涯において、さまざまな変化を遂げる。その変化を表現するのに、成長や発達という言葉が使われるが、それらはどのような概念をさすのだろうか。

　発達（development）という語は、否定語のdisと、包むという意味のvelopという語の結合であり、包みをひろげて中味をさらけだすという意味を持つ。つまりうちに潜められているものが、発達の過程において、次々におもてに現れてくることが示唆されている。この語源からすれば、発達は生体が内に持っているものが発現されていく過程ということになり、生まれつき発現のしかたは定まっているという生得的色彩の強い概念である。しかし後述するように、現在の発達心理学では、発達とはヒトなどの生命体に本来生得的に内在する性質の出現だけをさすのではなく、環境とのかかわりによってそれらがどのように変化しながら現れるかという過程も含む。

　また成長と発達の違いについては、成長が身長や体重といった目に見える身体的な変化を示す概念で、発達が知的機能やパーソナリティの形成など内的な精神的変化を表す概念であるという区別がなされる。したがって、発達は生体内で生じる精神的な変化のメカニズムが仮定されている概念だといえるだろう。

発達という概念を広くとらえる場合、動物が適応のために身体や精神を変化させる進化の過程すなわち系統発生の過程も含むことがある。動物が下等なものから高等なものへと進化する系統発生と、ヒトが誕生し子どもから大人になっていく個体発生との間には、いずれも何らかの方向性のもとに変化するという共通性があることから、かつてドイツの動物学者ヘッケルは「個体発生は系統発生を繰り返す」という反復説を唱えたが、この説は科学的に立証されることはなかった。本書は、発達をヒトの個体発生の過程に限定して論じる。

2　発達段階と発達課題

　発達の過程で、ある時期の発達がそれ以前の時期とは質的に異なるとみなされることがある。たとえば1歳半頃、子どもは何日か前に見た光景を思い出したり、積み木を家に見立てて遊んだりするようになる。いずれの行動も子どもの中にイメージが芽生えていることを示唆しているが、これは一般的に乳児期から幼児期への移行期にみられる変化である。このようにいくつかの機能が連関しながら質的な変化が生じる時期に着目し、そこで段階が変わるとみなすのが発達段階説である。

　本章第2節（p.29以降）で紹介するピアジェ、フロイト、エリクソン、コールバーグの発達理論はそれぞれ代表的な発達段階説であるが、発達段階の区分やその内容は学者によって異なっている。ピアジェは認識の発達、フロイトは心理・性的発達、エリクソンは心理・社会的発達、コールバーグは道徳性の発達をそれぞれ問題にした。

　また発達段階と類似した概念に発達課題という概念がある。これは発達の各時期において、社会での健全な成長や発達をもたらすため、学ぶべき課題があることを示すもので、アメリカの教育社会学者ハヴィガースト（Havighurst, 1953）によって導入された。そこでは、子どもの活動に期待を寄せる社会の側から要請された内容が示されている。

　たとえば、幼児期には歩行、話すこと、排泄の自律などが発達課題として

あげられ、児童期には読み・書き・計算の基礎的能力の発達、遊び仲間とうまく付き合うことの学習、道徳性の発達などが課題となるが、これらは家庭や学校におけるしつけや教育の目標になる。また、発達課題は歩行など身体の成熟に関係するものでは文化差は少ないが、技術の学習や道徳の形成など社会の要請や価値観にかかわるものについては、生きていく時代・社会の影響を強く受ける傾向があり、普遍的なものではない。

3 ヒトの発達特徴

ところで、ヒトの発達は他の動物の発達に比べて、どのような違いや特徴があるのだろうか。就巣性の動物であるネズミなどは妊娠期間が比較的短く、生まれたときには体も脳も未熟であり体毛すらはえていない。したがって誕生直後は親による保護を必要としている。それに対して、ウマやウシなど離巣性の動物は、妊娠期間が比較的長く体や脳の構造が複雑で誕生して間もなく自力で立ち上がり歩行が可能になる。

ヒトは妊娠期間が比較的長く体や脳の構造が複雑で、その点では離巣性動物との共通点が多いが、誕生直後に自分で姿勢を調整し、自分で体を動かす運動能力は持っていない。そのため生きていくうえで、親による保護・世話が不可欠であるが、その点では就巣性の動物と共通している。しかし、ヒトの子どもが歩きはじめるのは、生後12ヵ月ほどが経過してからであり、これは就巣性の他の動物に比較しても著しく時間がかかっている。

スイスの動物学者ポルトマン（Portmann, 1951）は、ヒトはさらに12ヵ月母親の胎内で成熟すれば、離巣性の動物のように自分で移動可能な運動能力を持って誕生できるだろうと考え、**生理的早産**（physiological premature delivery）の状態で誕生すると指摘した。

またフランスの発達心理学者ワロンは、誕生直後のヒトの子どもは無力であるがゆえに、他者の助けが必要な存在であることを強調した。新生児は、栄養や姿勢など生きていくうえで必要な生理的な事柄を周囲の他者に共生しているとして、ワロンはその状態を「生理的共生」と呼んだ。続く生後3ヵ

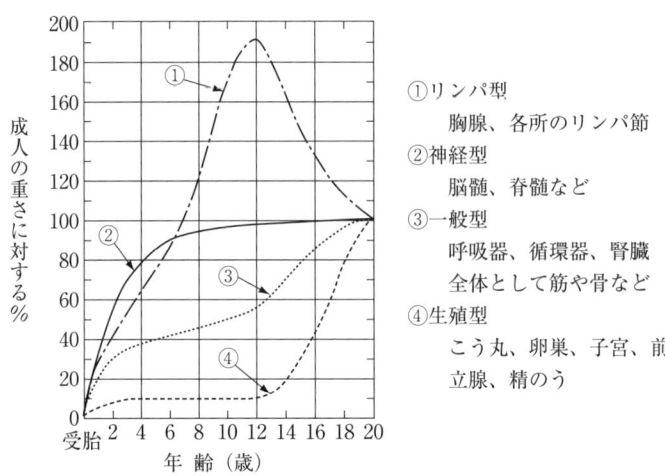

図2-1 スキャモンが示した身体各部の成長の型（草野，1998）

月頃からの時期は、他者と笑う泣くなどの情動表現を介してかかわっていくことから「情緒的共生」の状態であるとした。このように、ヒトの一生は他者との共生状態からはじまるとワロンは指摘した（ワロン、1983）。ヒトは社会的な動物であるといわれるのも、このような誕生時からの無力性が前提になっている。

さらに、ヒトは発達に要する時期が、他の動物よりも著しく長いということが特徴的である。たとえばイヌはほぼ1年で成体になるが、ヒトが成人になるのは、一般的には誕生後20年ほどかかる。ヒトに最も近いといわれる動物のチンパンジーでも約10年で成体になることから、ヒトは成長・発達にいかに多くの時間をかけているかがわかる。

それでは、ヒトの身体はどのような成長過程をたどるのだろうか。スキャモンは1930年、身体各部の成長のスピードを成長曲線（図2-1）で表した。縦軸は成人の重量を100としたときの重さを示している。それによると、たとえば脳の重量など神経型は乳幼児期に大きく成長するが、呼吸器、循環器などの一般型の成長はそれに比べると緩やかで12歳頃から大きく伸びはじ

める。また生殖型についてはもっと遅くから、14歳頃以降に急激に成長していく。胸腺などのリンパ型は、子どもの頃急速に成長し12歳をピークにして、以後減量していく。このように身体部位の成長の速度や時期は、器官により大きく異なる。このような身体各部の成長だけでなく、精神面での発達においても、ヒトでは成人になるまで多くの時間が費やされ、また個人差が大きい。

　それでは、ヒトの精神発達には、ある一定の方向に進むという何らかの方向性や法則があるのだろうか。発達の法則について、いくつかの重要な提言がなされてきた。たとえば、ウェルナー（Werner, 1948）が示した**分化と統合**は、ヒトの精神的身体的諸機能が、成長とともに未分化な状態から分化していき、さらに関連機能が統合されていく方向性を示したものである。たとえば、乳幼児において、情動の表出は全身を緊張させて泣くという未分化な表現から、次第に分化して泣きながら自分の気持ちを言葉で他者に表現することに変化する。さらに自ら情動を制御し、泣くことを我慢するようになる。

　岡本（1976）は、**記号化**も重要な発達の方向性の1つであると指摘している。記号化とは、事物や事態を言語などの記号（サイン）によって代表させることである。言語では音声と意味内容との間に自然な結びつきがないが、このことは恣意性と呼ばれる。音声が恣意性のある記号に発達する前段階として、象徴（シンボル）過程の発達があげられる。

　象徴とは意味するものと意味されるものとの間に、自然な結びつきがある場合をいう。たとえば細長い電車の形に似た積み木を電車に見立てる場合、積み木が電車を表す象徴になっているという。このような遊びは象徴遊びと呼ばれるが、1歳後半には多くの子どもで観察される。象徴遊びの場合は、象徴するもの（上の例では積み木）と象徴されるもの（現実の電車）との間には、形などの類似がみられるが、「デンシャ」という音声で現実の電車を表現する場合は、音声言語という記号と実物との間に直接の類似性はみられない。したがって、子どもが言葉を話しはじめるようになると、記号化による間接化は増大する。さらに、会話能力が高まるとともに、子どもは、現前する具

体的状況を超えた世界への言及も行うようになる。たとえば2、3歳頃になると、過去に起こったことを話すことも多くなり、子どもの言葉の世界は直接的世界から間接的世界へと広がっていく。ヒトの記号化―間接化の能力が他の動物に比べて著しく優れていることは、ヒトの発達特徴として強調すべきことであろう。

　以上述べたように、ヒトの発達は他の動物に比べると、長く複雑な過程を経て達成されていくと考えられる。次に、発達の原動力すなわち要因とされる遺伝と環境が、発達心理学の歴史においてどのように研究されてきたか、現在の研究にはその問題がどのような形で引き継がれているかを紹介する。

4　遺伝と環境

　知能やパーソナリティなど人間の精神機能が発達する過程において、生まれつき備わっているもの、すなわち遺伝情報はそのまま発現してくるのであろうか、それとも育った環境において学習、獲得されていくものであろうか。哲学の分野において、17世紀前半のフランスのデカルトによる先験論では、人間の知識は生得的に備わっているとしたのに対し、その後イギリスで盛んに研究されるようになったロックに代表される経験論では、人間の心は白紙状態（タブラ・ラサ）で生まれ、経験によって書き込まれ、知識は獲得されるものであると唱えられた (p.4参照)。そして、生得的能力を主張する立場と経験を重視する立場が数世紀にわたって対立してきた。20世紀初頭から学問として発展してきた発達心理学においても、遺伝が発達を決定するとする**遺伝説**と、経験によって人間は形成されるとする**環境説**が対立していた。

　たとえばゴールトンは、1869年に著した『天才と遺伝』の中で、バッハの家系には音楽的才能のある人が多く輩出したことや進化論のダーウィンの家系から多くの優秀な人が輩出したことなどを紹介し、遺伝によってつながる天才の家系があると主張した。

　また1912年、ゴダードは『カリカックの家系』を著したが、そこではアメリカの独立戦争当時の兵士が、最初知的に劣った人と結婚し、そこでもう

けた子どもの子孫と、戦後に別の知的に問題のない人と結婚し、そこでもうけた子どもの子孫の比較調査を行った結果が示された。それによると、前者の家系では子孫483名中、知的に劣った人が143名おり、後者の家系からは知的に問題になる人は現れず、ほとんどが医者や法律家など社会的に恵まれた職業についたことなどがわかった。このことから、ゴダードは、遺伝が知的な問題に影響すると結論づけた。

しかしゴールトンやゴダードによって指摘された同じ家系内での類似性の高さは、育った環境による影響の可能性があることも否定できない。たとえばバッハの家系では、音楽的刺激があふれ音楽教育にとりわけ熱心であったことが天才の輩出をもたらした可能性がある。したがって、このような家系研究だけからは遺伝説を証明することは困難である。

また、遺伝説は、生まれつき備わっているものが発達とともに発現してくるという成熟説に置き換えることができる。ゲゼルとトンプソン（Gesell and Thompson, 1929）は、一卵性双生児を対象とした有名な実験を行った。そこでは、一卵性双生児の一方の子どもTには、生後46週から6週間、階段を登る訓練を行った。その結果、Tは訓練終了時に26秒で登るようになった。訓練しなかった子どもCは同じ時点では45秒もかかった。しかしCには53週から2週間の訓練を行ったところ、Cは6週前から訓練したTにすぐ追いつき、最後にはむしろTを上回ることが示された。

このことから、ゲゼルらは練習や経験が階段登りを促進させることはなく、成熟が優位にはたらいたとして、**成熟優位説**を唱えた。そして成熟によって適切な準備状態（レディネス）が備えられていることが学習を行う際には必要であると主張した（p. 126参照）。

ただしこの実験では、階段登り以外の運動経験によって、訓練しなかったほうの子どもでも階段登りの練習がなされた可能性もある。一般に、ある課題を直接練習しなくても、それと類似した他のことを練習することによって、もとの課題の達成に影響することを転移という。この実験においても、階段登り以外の日常の運動は、階段登りの訓練を行わなかった子でもとくに制限

を受けていないので、転移の影響も考慮すれば、経験効果がみられなかったと結論づけることはできない。

一方、行動主義心理学を提唱したワトソンは、1930年の著作で、条件づけを使えば子どもにはどのような学習も可能だとして、健康な赤ん坊と子ども育てるための環境があれば、その子を訓練して、どんな専門家（医者、法律家、芸術家、大実業家、乞食、泥棒さえも）にでもしてみせると豪語した。ここでは、子どもが生得的に持っている性質を無視した極端な環境説が唱えられている。そして環境により対象への嗜好性を変えることができることを、ワトソンらは恐怖の条件づけの実験で示した（p.76参照）。

遺伝か環境のいずれか一方が、人間の行動の形成に影響するという考えは、その後否定され、シュテルンによって、それらの両方がともに影響を与えるという説、すなわち遺伝と環境の加算的効果を主張する輻輳(ふくそう)説が唱えられた。しかし、遺伝と環境という質的に異なる要因の足し算としてとらえるという単純な見方では、複雑な発達過程を説明することは困難であり、遺伝と環境が複雑に絡み合う相互作用説に、取って代わられることになった。

相互作用説では、生得的にある特性を持った人間に何らかの学習が成立するならば、個体内に変化が生じるが、その後になされる経験は、それ以前になされた場合とは異なる影響を個体に及ぼすとされている。すなわち経験の意味は、発達の時間的過程で異なり、サメロフとチャンドラーが1975年に示した相乗的相互作用モデルにはその考えが示されている。

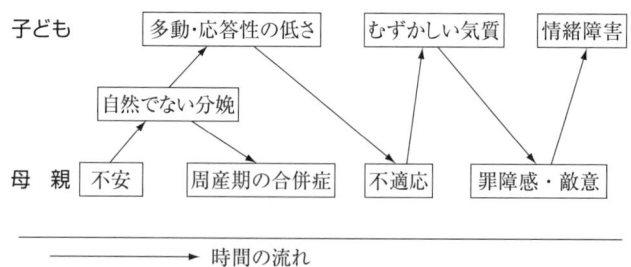

図2-2　情緒障害発現に至る母・子のかかわり（三宅, 1990）

三宅（1990）はサメロフの示したある母子のかかわりを図2-2のように表した。この事例では、出産前から出産と育児に不安を感じていた女性が、無痛分娩の処置を医師に求め、その後出産した子どもの側にも応答性の低さなどの生得的問題があったことから母親の不安が増大し、それが子どもの問題を助長していった。さらに母親の罪障感や敵意を増幅して、ついに子どもには情緒障害がみられるという悪循環が生じた。そこでは、乳児の本来持っている気質と母親からのはたらきかけや応答から母子相互作用が行われ、その経験から乳児の気質的特徴や母親のはたらきかけが変化し、また新たな母子相互作用がなされていく過程が示されている。

　また相互作用のもう1つのとらえ方として、特性によって、経験の持つ意味が異なるとする見方もある。東（1969）は、ジェンセンが1968年に唱えた環境閾値説を図2-3のように示した。環境閾値説とは、環境はある特性が発現するために必要な刺激量すなわち閾値として作用するとする理論で、もし環境の刺激量が閾値に達しない場合はその特性は発現しない。そして、個人ごとにさまざまな特性に関しての発達可能性があるが、それは適切な環境が

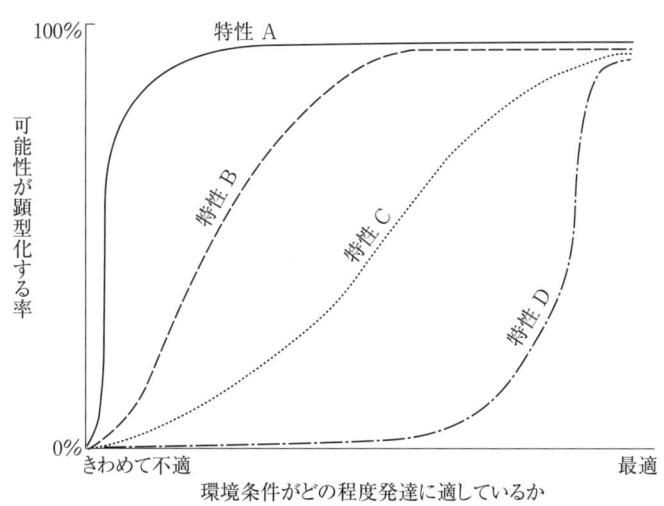

図2-3　ジェンセンによる環境閾値説（東，1969）

与えられたときにどこまで伸びるかという水準である。

　たとえば身長などの特性Aは環境の影響を強くは受けないため、その特性が発現するために必要な環境の量はわずかである。したがって、環境が極端に貧困でない限り可能性は顕在化する。しかし、絶対音感などの特性Dは、たとえ生得的に持っている可能性でも、かなり豊かな環境が必要とされる。また、特性Bは知能検査の成績などがこれに該当し、特性Cは学業成績などが該当する。すなわち、特性Cのほうが特性Bに比べると、環境の影響を相対的には受けやすい。

　今日では、極端な遺伝説も環境説も影を潜め、これらの相互作用説が一般的なものになっているが、生得的に人間に備わっているものとその後の環境面での影響に関しての探求は、さまざまな方法論を用いて、その後も研究が進んでいる。ここでは2種類の研究について紹介したい。

　1つはニューヨーク縦断研究と呼ばれる乳児期からの個々人の気質が発達する過程を追った研究である。トマスら（Thomas et al., 1970）は、114名の乳児が示す気質において、多くの点で個人差があることを示した。そこで見出された9気質（表2-1）には、乳児期初期から個人差がみられた。また乳児はそれらの気質的特徴から、「育てやすい子ども（easy children）」、「ウォーミングアップに時間がかかる子ども（slow to warm up children）」、「育てにくい子ども（difficult children）」の3つの種類に分類された。

　「育てやすい子ども」とは、機嫌のよさ、身体的機能の規則性、新しい状況への積極的接近などで特徴づけられ、全体の約40％の子どもが該当した。「ウォーミングアップに時間がかかる子ども」とは、新しい刺激に対してゆっくりと適応し、反応が鈍いタイプで、15％の子どもが該当した。「育てにくい子ども」とは、身体機能の不規則性、新しい刺激に対する回避傾向、不機嫌さなどに特徴づけられるタイプで、約10％の子どもが該当した。残りの子どもたちは、これらのタイプを混合した特徴を持っていた。これらの気質的特徴は乳児期を通してほぼ一貫していたという。

　経験量の少ない乳児期に生じたこのような個人差は、おそらく生得的な差

表2-1　トマスらが示した9つの気質と3タイプの分類 (Thomas et al., 1970)

気質名	気質の内容	育てやすい子ども	時間のかかる子ども	育てにくい子ども
活動水準	活動していない時間に対する活動している時間の割合	多様	低～中程度	多様
周期性	空腹・排泄・睡眠・覚醒の規則性	規則的	多様	不規則
気の散りやすさ	外からの刺激に行動が変化する程度	多様	多様	多様
接近・回避	新しい物や人への反応	積極的接近	最初は回避	回避
適応性	環境の変化への適応性	適応性が高い	適応に時間がかかる	適応に時間がかかる
注意の範囲と持続性	1つの活動を持続する時間	多様	多様	多様
反応の強度	反応の強さ（反応の質や方向性は関係ない）	弱い、または穏やか	穏やか	強い
反応の閾値	はっきりとした反応を引き起こすのに必要とされる刺激の強度	多様	多様	多様
機嫌	機嫌のよさと不機嫌さの割合	機嫌はよい	やや不機嫌	不機嫌

が反映されたものと考えられるが、トマスらのその後の追跡調査によって、これらの気質的個人差が、その後も必ず引き続くとはいえないことも示された。生得的な気質は環境と相互作用し、変化していくものと考えられる。

　もう1つの注目される研究動向として、行動遺伝学の立場からの研究があげられる。一般に行動遺伝学では、遺伝子と行動や心理的機能との関係が問題にされるが、安藤（2000）は、双生児や親子きょうだいのような血のつながった人々、あるいは養子の親子のように、遺伝的な関係はないが環境を共有するたくさんの人々の類似性を、統計学的に分析し、遺伝的影響を明らかにしようとする方法を紹介している。つまり行動や性格が類似している場合、

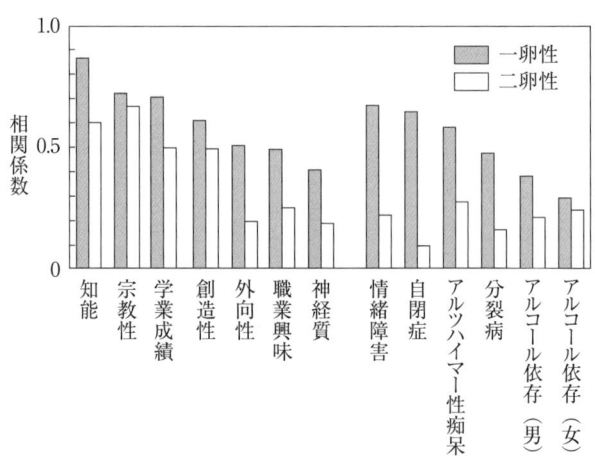

図2-4 心理的形質における双生児の類似性（安藤，2000）

遺伝子が原因なのか環境が原因であるのかを知るために、遺伝的関係の近さや遠さから、行動や性格の類似度を分析する方法である。

たとえば、遺伝的には同一である一卵性双生児と、通常のきょうだいと同様で類似性はあるが、遺伝的に同一ではない二卵性双生児に対して、それぞれ心理特性の類似度を調べる研究が行われてきた。そして、同一環境に育った一卵性双生児同士の類似度が、同一環境に育った二卵性双生児同士の類似度に比べて大きい特性は、遺伝的規定性が強いとみなす。なぜなら、環境の影響は一卵性双生児も二卵生双生児も等しく受けると仮定されるため、類似度の差が出てくる場合は、遺伝子が同一であるか否かということが関係すると考えられるからである。

図2-4は、安藤（2000）が示した、さまざまな心理的特性や疾患における、一卵性双生児間の類似性と二卵性双生児間の類似性の比較である。縦軸の相関係数とは、ここでは各双生児間の類似関係を表す。相関係数が1に近いほうが類似度が高い（p.203参照）。それによると知能、外向性、神経質さや情緒障害、自閉症などについては、一卵性双生児と二卵性双生児の類似の差はかなり大きいため、高い遺伝的規定性がある特性だと推測される。それに対

して、創造性や宗教性などは、一卵性双生児同士の類似度と二卵性双生児同士の類似度の差が比較的小さいことから、遺伝子の影響が比較的少ないことなどがわかる。

以上述べたように、遺伝と環境の問題は、早くから議論されてきた問題であり、20世紀前半の研究で主張されたような極端な遺伝説や環境説は唱えられなくなったものの、精神発達のさまざまな特性に関して、生得的能力と環境とのかかわりの具体的解明に関する研究が現在も行われてきている。

5 初期経験

遺伝と環境の問題に関連した研究を紹介してきたが、とくに経験を重視する立場においては、初期経験の重要性について関心が寄せられてきた。そこでは、発達の早い時期になされる初期経験は、その後の発達を決定づけるほどの特別な力を持っているのかという問題が議論されてきた。

初期経験の重要性を早くから指摘したのは、精神分析学者のフロイトである。フロイトは大人の神経症などの患者を診察して、患者の発達の早い時期に葛藤があったことに着目し、初期経験の重要性を主張した。たとえば、乳幼児期の早すぎる離乳や厳しすぎる排泄のしつけが、その後のパーソナリティ形成に好ましくない影響を与えると考えた。しかし特定の育児経験がのちのちまで影響するというフロイトの仮説は、科学的に立証されなかった。

やがて、ヒト以外の動物を対象にして、初期経験の重要性を示した実証的データが、動物の生態行動を研究する比較行動学（ethology）の領域から示されることになった。ローレンツは、カモやガンなどの鳥類において、生後間もない時期に見た対象に愛着を抱くようになる**インプリンティング**（imprinting）、あるいは**刷込み**や**刻印づけ**といわれる現象があることを示した。これら鳥類の卵を人工孵化して、特定の早い時期にヒトなど別の種類の生き物を見せると、ヒナ鳥はその生き物を自分の親と思うのか、その後も早期に見せられた対象を追尾するようになり、自分と同じ種類の仲間には関心を示さなくなる例が報告された。

ヘス（Hess, 1958）は、カモを対象として、孵化後12時間から17時間が最も強く刷込みが成立する時期で、24時間を過ぎて示された対象には、雛はほとんど追尾行動は行わないことを実験で示した。このような決定的な初期学習の時期は、**臨界期**（critical period）と呼ばれる。

　後に刷込み現象は、鳥類だけでなくヒツジなどの群をなす哺乳類でも確認されたが、動物実験に示された刷込み現象や臨界期の概念が、ヒトの発達にも当てはまるかどうかに関しては、さまざまな形で問題にされてきた。

　古典的な研究として、いわゆる野生児研究があげられる。野生児とは、人とかかわることなく野生の中で育った子どものことをいう。子ども時代のある時期を野生状態で育った子どもが、その後人間社会で保護され、育てられるが回復がおもわしくない場合、初期経験の剥奪が決定的な影響を与えたのではないかと解釈されることがある。そのような事例の1つ、アヴェロンの野生児について紹介する。

　イタールによれば、1800年南フランスのアヴェロン地方で発見された1人の野生児がパリに連れてこられた。推定年齢11、12歳のこの男児は、発見当初、ある種の動物のように、絶えず身体を揺すり続け、癪にさわる人に噛みついたりひっかいたりし、人にはまったく情愛を示さなかった。クルミを鳴らす音や好きな食べ物の音には敏感に反応するが、それ以外の音にはまったく無感覚であった。また、寒さや熱への反応も鈍感で、煮えたぎる熱湯の中から、平気でジャガイモを取り出すこともあった。このような野生児としての特徴を持つ少年に、人間としての教育を試みたのが青年医師イタールである。

　この子どもはイタールによって、ヴィクトール（高貴な魂の意）と名づけられ、熱心な世話と教育を受けた。この少年の文明化への進歩は遅々たるものであったが、しばらくすると寒さを感じるようになり、自分で衣服を着るようになった。また、好きな栗の実を数個のコップから探させるといった食欲に結びつく探索遊びには興味を示すようになった。しかし、同年齢の子どもが通常行うような遊びに興味を持たせることはできなかった。さらに、ヴィ

クトールに言葉を教えること、とくに音声を模倣させることには困難をきわめたため、イタールは書き言葉も用いた熱心な教育を行った。しかし、言語発達では、わずかに牛乳を飲みにいったとき、牛乳 (lait) の4文字のカードを並べることができるようになっただけであり、その文字を要求のために自ら用いることはなかった（イタール, 1978）。

　ヴィクトールの教育の成果が少なかったことは、11、12歳まで野生状態で過ごしたこと、すなわちその間、人間としての経験が剥奪されたことが原因になっているのだろうか。イタールは、幼児期を過ぎると神経の感受性が鈍り、音声の模倣が困難となるため、言語の獲得が不可能になったと臨界期的な解釈を行ったが、多くの研究者は、ヴィクトールが生まれつき何らかのハンディを持っていた子どもだったのではなかったのかと推測している。

　野生児の事例としては、1920年インドで発見されたアマラ（推定1歳半）とカマラ（推定8歳）の2人の少女も有名である。彼女たちはオオカミによって育てられオオカミの習性を持っていたといわれている。アマラは翌年亡くなったが、カマラは1929年まで生存し、その間、人間としての発達はみられたが言語発達遅滞は著しかった。ただし、オオカミの習性を持っていたというその報告には誇張や記憶違いなどがあった可能性もあり、信憑性が疑問視されており、これら野生児研究だけから、人間としての初期経験の剥奪が発達の遅れを恒常的に生じるという結論を出すことはできない。

　日本では、不幸な境遇に育った子どもの事例が、藤永（2001）によって詳しく報告された。藤永によれば、1972年日本のある小さな町で、親によって養育が放棄されて、生存を維持する最低限の環境の中で育った2人の姉弟（FとG）が発見された。発見当時6歳と5歳であった2人の身体は、ほぼ1歳児程度の身長・体重に相当していた。運動発達も遅れ、歩くことはできず、つかまり立ち程度であった。また発見当時、姉のFは「クックー（靴）」など数語のみ言葉を話したが、弟のGはまったく話し言葉を持っていなかった。

　その後、乳児院で献身的な世話と教育がなされていく過程で、この子どもたちは、めざましく成長・発達していくことになった。救出後すぐに2人は

歩きはじめ、身長・体重ともに急激に伸びていった。Fは担当保育者にすぐになついたが、Gは当初なつきにくかったようだ。しかし担当者を交代したことをきっかけにしてGにも愛着の対象が形成され、2人ともめざましい言語発達がみられるようになった。ただし、文の能動と受動の使い分けの獲得に関しては、特別な訓練を行ってやっと可能になるなど、通常の言語獲得の過程に比べれば多くの訓練的経験を必要とした。

　最終的に2人ともそれぞれ自立した成人として成長していった。Fは母親としてGは社会人として、ともに問題なく過ごしているという事実から、ヒトの発達においては、少なくとも生後5、6年間の劣悪な経験が決定的な影響を与えるものではないことが推察される。しかしこの事例において、両名とも成人後、話し言葉には何ら不自由はないが、書き言葉や言語的思考において通常の成人に比べると弱い面が残ったことから、「初期経験の影響がまったくない」とまではいいきれない。

　また、視知覚においては、乱視の矯正が幼児期までに適切になされないと成人になってから眼鏡によって矯正しても、乱視によってぼやけた方向に対する中枢の解像機能が低下したままになるといわれている。そして開眼手術の事例において、幼少期を盲目で過ごした場合はその後、失明の原因を手術で取り除いても、視覚機能を十分に発達させることが困難であったり多くの時間がかかったりすることから、初期経験の重要性が指摘されている。

　たとえば、鳥居（1996）が紹介している開眼手術を行ったある事例では、生後1年2ヵ月で失明し、11歳で開眼手術を受けた。手術前から色に関してはある程度保有知覚があったが、手術直後チューリップをみてもそれとはわからず「キイロ」という属性のみを抽出した。その後9年経っても、手でさわれば何かわかる事物でも、目では見分けることができず、色だけを報告した。一般的に先天盲の開眼者は、色の属性しか抽出できない段階がある期間持続し、その後、長さ・大きさ・立体などそれ以外の属性を抽出するようになり、事物の機能を認める段階を経て、ようやく事物そのものが識別できる段階に至るという。

以上述べたように、視知覚の発達においては、初期経験が決定的な役割を果たすことから、その領域では臨界期は存在すると考えられる。しかしFとGの事例からわかるように、初期経験が劣悪であっても、そこですべての発達の可能性が絶たれるわけではない。ヒトは他の動物に比べると柔軟性、可塑性を持つと考えられ、ヒトの発達に、臨界期仮説を当てはめることには慎重になる必要があるだろう。扱う心理特性によって、初期経験が決定的であるかどうかは異なるのではないかと推察される。

　臨界期仮説よりは緩やかな概念で、ある学習を行うのに感受性の鋭い時期があるという考えがある。これは敏感期または感受期 (sensitive period) 仮説と呼ばれている。敏感期または感受期はある学習を行うのに、それ以降の時期に比べると学習が有利に進められる時期である。わが国において、第2言語の学習は中学校からはじめるよりも早い時期からはじめるほうが有利であるとして小学校からの英語教育が盛んになりつつあるが、このことは言語学習における敏感期仮説と関係すると考えられる。

2　発達段階理論

1　ピアジェの認識の発達段階説

　人間は外界の対象や事象をどのように認識しているのだろうか。認識の問題について発生的観点から明らかにしようとしたのが、スイスの発達心理学者ピアジェ (1896-1980) である。ピアジェは**発生的認識論** (genetic epistemology) を提唱した。ピアジェのいう発生的認識論では、数学や物理学など諸科学が認識について提起した問題（たとえば数の概念はどのようにして獲得されるのか）を子どもの認識が発生していく観点から追求しようとした。ピアジェ理論は、知的発達を包括的に扱った体系的理論としては、最も重要とされているものの1つである。

　ピアジェは、乳児は外界の事物に対して能動的な関心を持っていることを観察的研究から明らかにした。ピアジェにより、外界の認識を行う際の枠組

みであるとして重視されたのが、**シェマ**（schema）と**操作**（operation）である。

　まず、シェマは外界へはたらきかける際の行動の図式であり、シェマを用いて外界の事物に直接的にはたらきかけることから、乳児の外界の認識ははじまる。たとえば、誕生直後の新生児は、生まれつき持っている原始反射によって外界とかかわるため、反射がシェマになる。その1つに吸啜シェマ（口に触れた刺激を吸う反射）があげられる。目の前に母親の乳首があれば、新生児は吸啜シェマで吸いつくが、外界の事物を自分の手持ちのシェマに取り込もうとするこのような能動的なはたらきを、ピアジェは**同化**（assimilation）と呼んだ。同化はもともと生物学者であったピアジェが、生物学の用語の同化（食べ物を消化するなど取り入れの機能）を心理用語として転用したもので、生活体が外界を認識する際に最も基本となる重要な機能である。

　また、もしシェマでうまく同化できない場合、たとえば、乳首から5cm離れた箇所を口にあてがわれたとき、新生児でも乳首を吸啜するために探索を行う。この行動も一般的には口唇探索反射と呼ばれている反射であるが、たとえ反射であっても乳首の探索のしかたは練習するにつれて次第に上達していく。このように外界の事物に合わせて、シェマの使用の仕方を変化させることを、ピアジェは**調節**（accommodation）と呼んだ。

　ピアジェは同化と調節のバランスがとれた状態を**均衡化**（equilibration）と呼び、知能はより高次の均衡化をめざして適応し、発達していくものであると考えた。ピアジェ（Piaget, 1952）は、適応とは「生活体の環境に対する活動（同化）と、その反対の方向の活動、すなわち環境の生活体に対する活動（調節）との均衡」と述べている。この同化・調節・均衡化という精神機能は、乳児期以降も形を変えて継続する。シェマとは、外界を認識する際の枠組みで、具体的には外界へはたらきかける際の行動の図式であるが、乳児期以降は、直接的行為ではたらきかけない、行為が内化されたシェマ（後で説明を行う表象シェマ）が出現することをピアジェは示した。

　このように精神的な機能は、発達が進んでいっても同化・調節・均衡化として連続しているが、精神の知的構造そのものは不連続であり、以下のよう

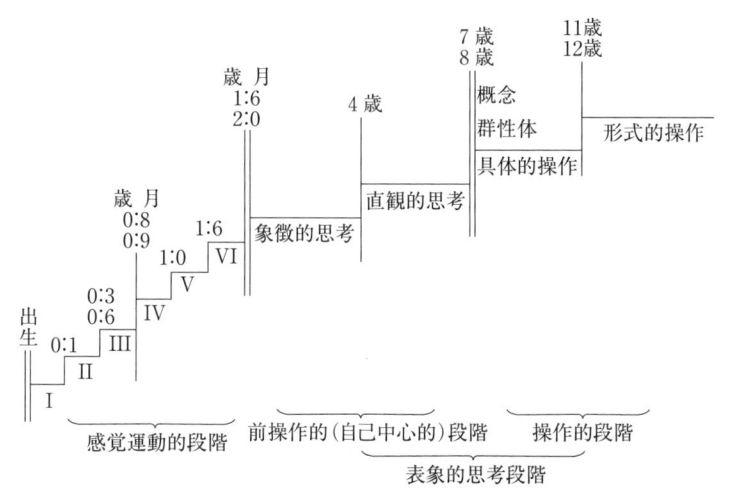

図 2-5 ピアジェの発達段階区分（岡本夏木，1991）

な質的な変化を示す4つの段階があるとした。それらの段階の継起過程は岡本夏木（1991）により図2-5のように示されたが、とくに大きな区分がされるのは、まず生後1歳半頃の表象の出現である。ピアジェの扱った表象とは目の前にないものを頭の中で思い出したり、まだ行われていない行為をイメージしたりするものである。象徴遊び（あるものを別のもので見立てて遊ぶこと）や延滞模倣（何日も前のことを思い出して模倣すること）には表象が介在している。表象の出現以降は、すべて表象的思考段階としてそれ以前の感覚運動的段階から区別される。

　もう1点、重要な構造的変化の時期は、操作の出現である。操作とは、シェマと同様に、外界の認識を行う際の枠組みであるが、とくに行為が表象として内化されてからのものである。またそれは直観的な認識とは異なり、論理的な思考を行う際の枠組みであり、7、8歳頃からの具体的操作段階以降出現するものとされた。ピアジェのいう論理的思考とは、主に数学的な思考のことをいい、たとえば合成性（$A + A' = B$）、可逆性（$B - A' = A$）、結合性（$(A + B) + C = A + (B + C)$）などがあげられる。

図2-5では、具体的操作段階と形式的操作段階がまとめて操作段階とされ、ピアジェの発達段階は大きくは3つに分けられているが、ここでは具体的操作段階と形式的操作段階を分けて、通常扱われることの多い4区分された段階について順に説明を行う。
(1)　感覚運動的段階
　誕生後から生後1歳半頃までの乳児期に相当するが、正確な時期については個人差がある。この段階では、乳児は感覚運動的シェマを使って、対象に直接はたらきかけて外界を認識する。ピアジェ（Piaget, 1948）は自分の3人の子どもを対象とした綿密な観察から、感覚運動的段階には、図2-5に示した6つの下位段階（Ⅰ～Ⅵ）があるとした。
　Ⅰは、誕生直後からの反射の行使の段階で、上述した原始反射を通して外界の事物を同化し、さらに環境の事物に合わせてシェマを調節していく。
　Ⅱは、生後1ヵ月頃からはじまる第1次循環反応の段階である。第1次循環反応とは、自分の身体の感覚運動器官を繰り返し行使する行動で、たとえば、次々に視覚シェマで新しい対象を同化していく（興味ある新奇な対象を次々に見る）、あるいは発声シェマを繰り返し行使して、発声の仕方を調節していくことなどが、例としてあげられる。このように第1次循環反応とは、自分の感覚運動器官を使っていくこと自体を目的とする行動で、反射ではない最初の獲得性の反応である。
　Ⅲは、対象に対する直接的なはたらきかけを行うようになることからはじまる。生後4ヵ月頃になると乳児は目の前の対象に手を出すようになる。たとえば、つかんだひもを振り回していると、ひもの先に結びつけられたガラガラが鳴る。そして、その興味ある結果を持続させるために、またひもを振り回す。このような対象に対して意図的なはたらきかけを繰り返すシェマを、第2次循環反応と呼ぶ。
　Ⅳでは、対象に対するはたらきかけを含む2つのシェマを協応させるようになる。たとえば、8ヵ月頃になると遠くにある対象をとるために、近くにある障害物を払いのけるようになる。これは目的（遠くの対象をとること）の

ために手段（近くの対象を払いのけること）を使っており、この目的と手段が協応された行動は、ピアジェによれば乳児が行う最初の知的な行為である。

　また対象の永続性とピアジェが呼んだ認識がはじまるのもこの段階である。乳児の目の前にある対象の上に布をかぶせると、乳児はこの段階以前では対象が消えてしまったかのようにふるまうが、生後8ヵ月頃になると、布を取り除いて隠されていた対象を探すようになる。このことは、対象が永続的に存在することを乳児が認識しはじめていることの現れであると、ピアジェはみなした。このようにⅣは、外界認識や知的行為において重要な変化があるとされる時期である。ただしこの段階では、隠された対象の位置を正しく認識しないこともあることから、対象の永続性が完全に確立するのは、この後のⅥの段階であるとした。

　Ⅴは、生後12ヵ月頃からはじまり、対象に対して変化をつけてはたらきかけるという第3次循環反応がはじまる時期である。たとえば、対象を傾斜面から落として遊んでいる乳児は、落とす位置を変えたりしながら変化をつけて、対象の軌道を追う。乳児は実験的態度で対象の動きを理解しようとしているのである。手の届かないところにある対象をとるため、近くにある棒を利用することを試行錯誤で学習することも、この第3次循環反応の例としてあげられる。

　Ⅵは生後1歳半頃からはじまる段階で感覚運動期最後の段階であると同時に、後の表象的思考段階（前操作的思考段階以降すべての段階）のはじまりを示しているため、前操作的段階で説明を行う。

　(2) 前操作的段階

　この段階は、表象シェマが出現する1歳半ないし2歳頃からはじまる。表象シェマとは内面化された感覚運動シェマのことであり、実際に対象に直接はたらきかけなくても、頭の中でイメージして行使するものである。たとえば、1歳6ヵ月のある乳児は手の届かないところにある対象をとるため、近くにある対象を道具として使うことを、試行錯誤ではなく、突然の発明によって解決した。つまり頭の中で表象シェマを用いて、解決方法を見出した

のであり、このことは洞察とも呼ばれる（p.91参照）。

ただし、この段階の特徴は、先に述べた論理的な操作には至らない前操作と呼ばれるものである。この段階はさらに2つに区分され、2歳から4歳頃までが象徴的思考段階、4歳から6歳頃までが直観的思考段階と呼ばれる。まず前半の象徴的思考段階では、象徴（シンボル）機能を使いはじめるようになる。象徴の特性は、現実を表象（再現）できるという点にあるとピアジェは述べている。そこでは能記（意味するもの）と所記（意味されるもの）は異なるが、何らかの類似性を持ちながら分化している。

たとえば、ままごとをしている子どもが小石を飴玉に見立てる場合は、飴玉と大きさや形が類似する小石が、飴玉の象徴になっている。このような行動は1歳半～2歳前頃からよく観察されるようになり、そして同時期に、時間をおいての模倣である延滞模倣も出現するが、それは象徴遊びも延滞模倣もその場にないものを思い浮かべるという表象のはたらきを前提としているからであろう。

また象徴的思考段階は、前概念的知能の段階とみなされている。すなわち、ピアジェはこの段階の推理が、シュテルンのいう転導推理または前概念的推理に特徴づけられているとしている。転導推理とは、具体的な個々の事象間の直接的類推や混同によって、特殊から特殊へと推理がなされることである。ピアジェは「月が大きくなるのは自分も大きくなるから」という子どもの行った推理の例をあげている。また前概念とは、一般性と個別性が区別されていない概念である。たとえばピアジェがあげた例では、複数のナメクジに別の場所で次々に出会っても、1つのナメクジがいろいろな地点で何回も現れたとみなすようなことである。

4歳頃からはじまる直観的思考段階では、象徴的思考段階に比べると次第に概念化が進んでいくが、直観的な認識を行うため論理的思考はまだ難しい。たとえば、6個の等間隔で並べられた青い札を子どもにみせて、これと同数の赤い札を置くように子どもにいう。平均4、5歳頃の子どもは、青い札の列と同じ長さの赤い札をつくるが、要素の数には無頓着で1対1対応をさせ

ようとはしない。

　しかし5、6歳頃になると、子どもは青い札に対して1枚ずつ赤い札を置き、2つの集合が等しいことを結論づける。そこで、赤い札同士の間隔をやや離して、赤い札を長くしてみる。すると何も加えていないのに、子どもは長い列になったほうが、たくさんあると判断するようになる。つまり、視覚的に1対1対応を行っているときは同じであると判断できるが、その配列が変わってみかけが変化すると等しさが保存されないのである。このように数の概念は形成されつつあるのだが、まだ直観的なレベルでの理解である。

　ピアジェが論理的思考の発達として重視したのが保存の形成である。保存の課題とは、上記の例のように、物質の数や量などが、何もとったり加えたりしなければ、たとえみかけが異なっても、元の数や量は変わらないことを子どもが理解できるか調べるものである。

　次に、液体量の保存課題の例をあげる（図2-6）。形も大きさも同じ2つのコップがある。このコップを A_1、A_2 とする。両方に同じ量の水を注ぎ、最初に子どもに同量の水が入っていることを確認させる。次に、子どもの見ている前で、A_2 のコップの水を細長いBのコップに、1滴たりともこぼさないように移し替える。そして、A_1 のコップとBのコップに入っている水の量について子どもに質問をすると、直観的思考段階の子どもからは「Bのコップは背が高いから A_1 のコップよりもたくさん水が入っている」という反応が得られた。このことから、この段階では、水位が高くなったという目立つ知覚的特徴に注意が向いてしまい、何もとったりつけ加えたりしていな

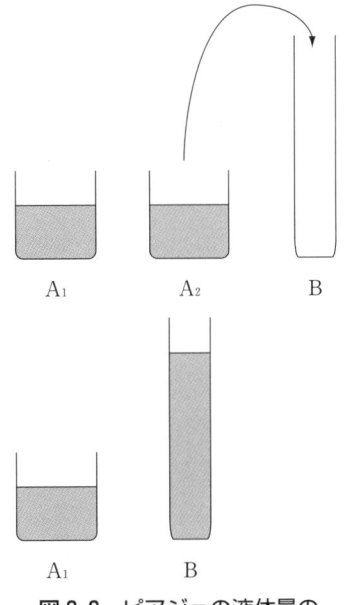

図2-6　ピアジェの液体量の保存課題

いから、水の量は変化しないという保存の概念が理解できていないことがわかる。

　背は高いが幅は狭いという2次元的思考は行わず、上記の例のように、知覚的に目立つ次元にのみ注意を向ける傾向を、ピアジェは中心化と呼んだ。中心化とは注意が特定の次元にのみ集中することである。また中心化傾向を脱していくこと、すなわち複数の次元から思考できるようになることを、ピアジェは**脱中心化**と呼び、前操作段階から具体的操作段階の移行期において、脱中心化がなされることを示した。

（3）　具体的操作段階

　この段階は、7、8歳頃から11、12歳頃までであり、一般的区分の学童期にほぼ相当する。保存の概念が成立することは、具体的操作の重要な点である。液体量の保存の例では、形の異なるコップに移し替えた場合、7歳頃になって、水の量は変化しないと答えるようになっていくが、その理由として、子どもがあげるのは、①同一性（こぼしたりつけ加えたりしていないので同じである）、②可逆性（元のコップに戻すと水位は同じになる）、③相補性（水位は高くなるが幅は狭いので同じである）の3点である。

　他に具体的操作の例として、加法的操作があげられる。ピアジェの行った加法的操作のクラスの包括関係を扱う課題は、以下のようなものである。箱の中に約20個のビーズを入れる。子どもたちは、これらのビーズが「全部木でつくられている」ことを知っている。これらの大部分は茶色で、残りのいくつかは白色である。つまり全体（木のビーズ）は茶色のビーズと白のビーズという2つの部分の合計である。

　そして、「この箱の中には木でできたビーズのほうがたくさんあるか。それとも茶色のビーズのほうがたくさんあるか」と7歳頃までの子どもに尋ねると、「茶色のほうがたくさんある」と答える傾向があった。つまり茶色のビーズという目立つ特徴に中心化してしまい、全体と部分との比較ができなかった。そこでは全体が保存されていないという直観的思考の特徴が現れている。

それに対して、具体的操作段階の子どもは、脱中心化した認識を行うようになり、茶色のビーズは木のビーズよりも少ないという問題を解くことができた。そこでは、クラスの包括関係つまり全体が各部分から成り立つ関係が理解されている。

他には、長さの違う棒を長さの順に並べるという系列化の課題も、具体的操作段階で成功するようになる。直観的操作段階の子どもでは、多くの棒の長さを比較する際、棒の下の位置をそろえて比較することが難しいが、具体的操作段階では、系統立てて長さの順番に棒を並べることが可能になった。

ピアジェは、直観的思考段階から具体的操作段階への変化を説明するのに、直観的思考がいわば氷解して脱中心化し、突然弾力性を持つようになることから、操作が生まれるとしている。ピアジェはいくつかの操作が均衡を保った状態で成り立つ「群性体」という全体的な論理的体系を仮定しているが、群性体が存在するところには、全体の保存性があるという。7、8歳頃からつくりあげられる群性体には、上記の例で示したクラスの包括関係や系列化などがある。

(4) 形式的操作段階

11、12歳頃になると、知的な操作は再構成され、具体的場面を離れても仮説演繹的やり方で推理することが可能になっていく。形式的操作段階のはじまりである。

形式的操作は具体的操作の内容の繰り返しではあるが、命題的、抽象的形式で提示された課題への操作であるため、難易度は具体的操作と大きく異なっている。命題による系列的加算の操作の例として、ピアジェ（Piaget, 1952）があげたバートのテスト課題は、以下のようなものである。

「エディスはスザンヌよりも髪の色が明るい（金髪だ）。エディスはリリーよりも髪の色が濃い（褐色だ）。それでは、3人のうちで誰が一番濃いでしょうか」。

この課題は $E<S$、$L<E$ ならば、$L<E<S$ であることを導く推移律の命題であるが、解くことができるのは12歳以降の子どもであり、棒を系

列的に長さの順に並べることができる具体的操作段階の10歳児でも、言語的仮説として与えられる上記の系列操作を解くことは困難である。

　次に、ピアジェが重視した形式的操作として、組合せ操作の例をあげる。たとえば、ピアジェの共同研究者であるインヘルダーが行った実験では、まず子どもに、無色無臭の液体の瓶を4本与えた。このうち2本を混ぜ数滴のある液を加えると黄色になることを目の前で示した後、実験者はもう一度黄色をつくるように教示し、視覚的には区別ができない4本から2本ずつ選択するように求めた。11、12歳の子どもは、この課題に対して組織的組合せを行うことによって成功したが、この可能なすべての組合せを組織的につくり出すことは、命題論理の「束」を構成するもので、形式的操作思考によるものであるとピアジェは考えた。

　他に形式的操作としてピアジェが重視した課題に、比例概念に関するものがある。たとえば天秤を使った釣り合いの問題で、支点からいろいろな距離にいろいろな重さの錘をつるして、釣り合うかどうか子どもに判断させる。具体的操作段階の子どもは、同じ重さの錘は支点からの距離が異なっても釣り合うと考えるが、形式的操作段階になると、釣り合いがとれる錘の重さは、支点からの距離に反比例することを見出すことができた。

　以上のように、具体的操作と形式的操作の違いは、活動や現実の上での推理と、命題の上での推理との違いにある。具体的操作段階の群性体はまだ内面化されておらず、形式的操作のシェマで完全に内面化され、命題のレベルでの論理的、反省的思考が行われる。この形式的操作は青年期に開花する。青年は現在を超えて思索し、あらゆることに関して理論をつくり、とくに非実際的な考察を喜ぶものであるとピアジェは述べている。そして、ピアジェは、このような形式的論理に基づく操作は14、15歳頃までに完成され、そこで知能は完態（完成された状態）に達するとしている。

　以上4つの段階を紹介したが、ピアジェは、個人により各段階のはじまる時期は異なるが、すべての人に同じ順番で現れるとして、4つの段階の普遍性を主張した。

(5) ピアジェの発達段階説への批判

ピアジェの示した発達段階説は、その後の研究でさまざまな反論や修正がなされてきた。その1つに、文化差の問題がある。ピアジェは、4つの段階の普遍性を唱えたが、文化・社会によっては、たとえば成人になっても量の保存課題達成者の割合が低い社会があることが指摘された（若井, 1982）。その場合、学校教育を受けたかどうかや西洋文化への接触度が、課題の達成とかかわっていることが示唆された。

また、ピアジェは1つの段階内では、どのような内容でも精神構造は同一であるとしたが、実際のデータからは、その人の得意不得意分野は存在し、精神機能の領域間でアンバランスさがあることが指摘されてきた。たとえば、チー（Chi, 1978）によって、チェスの熟達者である小学生は、チェスのコマの配置に関する記憶について、チェスの熟達者ではない大学卒の大人に比べるとはるかに優れているが、単なる数字の記憶に関しては大人のほうが優れていることが示された。そして、発達は熟達度に応じてさまざまな領域で固有に進んでいくとする領域固有性が唱えられるようになった。

しかし、ピアジェが示した4つの発達段階がとらえた道筋は、文化差や個人差はあるにせよ、認識の発達の過程を説明する理論として、現在もなお重視されている。

2 フロイトとエリクソンの発達段階説

ピアジェは、知的な面を中心にした発達段階を表したが、情緒面の発達やパーソナリティの形成については、精神分析の立場のフロイトとエリクソンの発達段階説が代表的である。

(1) フロイトの心理・性的発達段階説

精神分析学の創始者であるフロイトは、成人の神経症患者に幼少期を回想してもらい、子ども時代における精神的葛藤を見出した。そして、乳児期から成人に至るまでの過程を、精神分析的立場から発達段階説で説明した。フロイトはリビドーという性的エネルギーを仮定し、幼い頃から体のある部分

にリビドーの快感を求める欲求が生じるとして、独自の幼児性欲説を立てた（フロイト，1969）。

　人間のパーソナリティは、無意識の欲求（リビドー）の貯蔵庫である**イド**（id）または**エス**（Es）、イドの充足を目的として現実世界に適応しようとする**自我**（ego）、自我を監視するはたらきをする**超自我**（super-ego）の3つから成り立つと、フロイトは考え（p. 150参照）、これらの基本構造は幼児期までに形成されるとした。フロイトは5つの心理・性的発達段階について以下のように述べた。

　口唇期（または口愛期）　誕生から生後1歳頃までの時期に相当する。口唇期では、リビドーの充足は口唇の経験に求められる。具体的には、母親の乳房を吸うことが快楽の中心になり、早すぎる離乳などその欲求が十分に充足されない場合は、甘えや依存心の強い性格になると述べた。

　肛門期　1、2歳頃の幼児期前半に相当する。肛門への刺激にリビドーの充足が求められる時期で、排泄のしつけの時期に相当し、親からのコントロールと欲求の充足が葛藤を生じる。このとき、親からのしつけが厳しすぎると強迫的な行動をとるようになる。また肛門期の排便についての抑制が成功するまでに長い年月を必要とした人は、肛門期に固着した性格が形成される。その特徴は、几帳面、倹約家、わがままの3点である。

　エディプス期（男根期）　3〜6歳頃までの幼児期後半に相当する。この時期は成人と同様に、性器にリビドーの快感が求められる。エディプスとは、知らずして自分の父親を殺して、実の母親と結婚することになった、ギリシア悲劇に登場する王の名前であるが、フロイトは、幼児には同性の親を排除して異性の親の愛情を求めようとする性的な欲求があり、その欲求から抱く罪悪感が、エディプス・コンプレックスとして、子どものパーソナリティの形成に大きくかかわると考えた。つまり子どもは、エディプス・コンプレックスによる懲罰を恐れる気持ちから、同性の親を同一視する。そして、親の要求や禁止を自分の中に内在化していくことを通して、超自我を形成する。この超自我は、自我を戒める良心や道徳心のはたらきをする。

潜伏期　6歳頃〜11、12歳頃では、性的なエネルギーであるリビドーは、いったん沈静化する。したがって、精神的には最も安定する時期で、子どもは、同性の友人との社会的活動に従事するのである。

性器期　12歳頃になると、再びリビドーが活性化され、性的に成熟し、異性のパートナーとの間で性的充足を求めるようになる。

　以上が、フロイトが示した心理・性的発達段階であるが、この理論には性的な側面を重視しすぎているという批判、そして果たして一般化できるかどうかという疑問が、多く寄せられた。また前節で述べたように、幼い頃の特定の育児習慣が、その後のパーソナリティに影響を及ぼすというフロイトの仮説は実証されなかった。しかし、フロイトの発想は、大人の患者の精神病理を子ども時代からの親子関係や情緒的発達と関係づけて理解することを示した点、さらにはエリクソンの自我形成を主体にした発達段階説の土台を築いたという意味でも重要である。

(2)　エリクソンの心理・社会的発達段階説

　エリクソン (1902-94) は、フロイトの娘のアンナ・フロイトから精神分析を学んだ。アンナ・フロイトは、父フロイトの理論から自我のはたらきをさらに発展させる自我心理学の分野を築いたが、エリクソンもその流れをくんでいる。エリクソンは、フロイトのように性的な側面にのみ着目するのではなく、人が周囲の人との関係の中で、自我をどのように形成していくかという心理・社会的側面を中心にした発達段階説を提唱した。

　そしてエリクソンは、心を病む人だけでなく、健康な人のパーソナリティ研究も行い、人間が人とのかかわりの中で、危機にぶつかりながら健康な自我を形成していく過程を、乳児期から老年期までの生涯にわたる発達段階説で示した (Erikson, 1963)。以下に紹介する8つの発達段階は、各段階で獲得する自我状態と危機の概念で構成されている。

基本的信頼 対 不信 (乳児期)　フロイトの口唇期に相当する最初の段階では、母親的対象から与えられる世話を乳児がまず受動的に受け入れ、次に乳児の側から能動的に相手を取り込むようになる。乳児と母親の双方は、口

と唇という器官を通してだけでなく、身体全体でかかわり合う。

　そして母親との相互調整を通してよい母親体験をした乳児は、世界は信頼に値すると感じるが、基本的信頼とはそうした世界への信頼感であると同時に、自分自身への信頼をも含む概念である。つまり周囲の人から受け入れられた乳児は、周りを動かすことができる自分の能力にも信頼を持つことができる。また「基本的」とあるのは、すべての段階の基本になるという意味であり、健康なパーソナリティを形成するうえで基本となるのが、人と自分への信頼感であることを意味している。

　もしもよい母親体験が得られない場合は、世界に対して不信の感を抱くようになり、同時に自分自身への不信にもつながるため、この後の段階での自我形成にも影響が生じることになる。

　自律性 対 恥、疑惑（幼児期前半）　1、2歳の時期で、フロイトの肛門期に相当する。子どもは身の回りのことを自分でできるように、親からうながされるようになる。排泄の訓練においては、保持することと手放すことという筋肉の動きを、自分で自律的にコントロールすることが要求される。親からのコントロールは、幼児に確かな安心を与えるようなものでなければならない。幼児が自律を経験するように導かれない場合は、恥・疑惑が生じる。

　恥と疑惑はこの段階での危機であり、恥ずかしいとは自分が完全にむき出しの状態で他人の視線にさらされていることを意味しており、本質的には自己に向けられた怒りである。また疑惑は、自分で自分のコントロールができないため、目に見えないものによって自分が動かされているような感覚が生じてくるような場合をいい、フロイトの肛門期と同様に、危機的状況では強迫的行動が生じることもある。

　積極性 対 罪悪感（幼児期後半）　3歳の終わり頃になると、それまでに信頼や自律の形成を達成してきた子どもは積極的に移動して世界を探索するようになる。また、言葉を自由に使いこなし、想像の世界を欲しいがままにするので、時には親同士の会話に侵入する。この段階では、男女でそれぞれの性的な役割の違いを意識する。そして男女で社会的かかわりは異なり、男

児はフロイトの示したエディプス的願望から、侵入するという攻撃的な面を示し、女児はもっと穏やかな形で自分を魅力的にして相手をとらえるという様式を発達させる。そして男女とも、同性の親への同一化を積極的に行う。

フロイトのいう超自我が形成されるのもこの段階であり、子どもの中に罪悪感、道徳心、良心が形成されるが、罪悪感が強くなりすぎて積極性を脅かすようになると、危機的状況に陥る。

勤勉性 対 劣等感（児童期）　児童期に相当するこの段階は、フロイトでは潜伏期として、情緒的に安定している時期であるとされたが、エリクソンによれば、学ぶことやはたらくことがはじまり、その中で自ら有用な技術や道具について熱心に学ぼうとするが、その一方で、自分を不適格と感じたり劣等感を抱いたりする危機的状況がみられる。

ここでは、子どもには遊びと勉強をうまく両立させることが要求される。社会の中で生きていくうえでの技能を磨くことは、読み・書き・計算するなどの基礎学力のみならず、家の仕事にも関係することで、この時期さまざまな学びを子どもは経験する。そして、そこで経験したことから自分は役立っているという感覚を持つことが、劣等感を抱かないために必要とされる。

またこの段階では、友人、先生など多くの人と出会うことを通して、同一化の対象は広がってくる。

自我同一性の確立 対 拡散（青年期）　12歳頃の思春期以降になると、それまでのすべての同一化を総合し、その総和以上の自分をつくりあげようとする。すなわち**自我同一性**（ego identity）の確立をめざすようになる。自我同一性は、最近は**アイデンティティ**と呼ばれることが多く、「自分とはいったい何か？　どのような人間であるか？」を知ることである。「それまでの過去の自分」と「今の自分」と「これからなっていくであろう未来の自分」がつながる必要があるとエリクソンは述べている。またひとりよがりではない、他者からも認められる自分でなければならない。

具体的には、どのような仕事につくのかという職業的同一性が模索されることが多く、青年はさまざまな職種を体験する役割実験を行いながら、自分

の正体を明らかにしようと試みる。ほかにも民族的同一性、性的同一性、宗教的同一性など、さまざまな同一性についての探求がなされる。

また青年期のこうした自分を模索する時期を、エリクソンは**モラトリアム**と呼んだ。モラトリアムとはもともとは経済用語で、恐慌の際に金融機関が支払いを猶予するための時期であるが、それをエリクソンは心理用語に転用し、大人としての責任を猶予される時期であるとした。

この段階での危機は同一性拡散である。これは自分の正体を見出すことに失敗して、自分のことがわからなくなるような状態である。同一性が見出せない場合、非行集団に同一化することを通して、自分を安定させようとするような場合もみられる。また現代の青年が自分のやりたいことが見出せず、無気力状態に日々を過ごすことも同一性の拡散例としてあげられる。

親密性 対 孤立（若い成年期）　自我同一性を確立した成人は、特定の仕事に従事し、異性との交際や結婚を通して、他者と親密な関係を結ぶことができる。また、性的な親密さだけでなく、友情や闘争、リーダーシップ、愛などのさまざまな親密さを求めるようになる。しかし、もし同一性の感覚の形成が不十分であれば、人間関係の親密さからしりごみをすることになる。

もし親密な関係を他者とつくりあげることができない場合、さらに自分自身の内的な資質と親密な関係をつくり出せない場合、自分自身を孤立させ、暖かみを欠いた形式的人間関係しかつくり出せないことになる。

生殖性 対 停滞（壮年期）　他者と親密な関係を結ぶことができる成人は、やがて子を育てる親として、あるいは職場で後輩を育てる先輩として、次の世代の人間を育成することに積極的な関心を持つようになる。しかし自分自身の同一性の確立が不十分な場合は、他者を育てることは困難で自己専心に浸り、人間関係は貧困になる。それは停滞の状態ともいえる。

統合 対 絶望（老年期）　最後に、何らかの形でものごとをやり遂げ、人々の世話をしてきた人は、老年期に自分のそれまでを振り返り、意味のある人生であったとして、そして自分のただ唯一の人生周期をそうあらねばなかったものとして、受け入れる。それは統合の感覚ともいえる。自分の送っ

てきた人生を受け入れがたい場合は、すでに時間はなく、人生をやり直そうとしてもその機会がないという感情に直面し、絶望を感じることになる。

　以上、エリクソンの示した8つの段階は、自我の形成・統合という観点から、基本的信頼の段階から自我の統合の段階へと積み上がっていくものである。誕生から老年に至るまでのライフサイクルとして発達をとらえたという点で、エリクソンの理論の意義は大きい。この発達段階説は、人生の各時期に到達する自我状態とそれに対する危機を示したものである。それはまた、エリクソン自身が人生を送った当時の西欧文化圏の価値観を、多分に反映しているとも考えられ、どの時代どの社会にも当てはまる普遍的な段階としてはみなされていない。しかし、現在の日本においても、エリクソンが示した発達段階説は、十分意味のある理論として受けとめられている。

③　コールバーグの道徳性の発達段階説

　ピアジェによる認識の発達段階説と、フロイトとエリクソンによるパーソナリティの発達段階説を紹介したが、認識の発達とパーソナリティの形成の両方に関係するのが、道徳性の発達領域である。

　道徳性の発達とは、何がよいことで何が悪いことであるかを認識し、そうした善悪に関する価値を自己の中に内面化して、パーソナリティを形成していく過程であるといえる。道徳性がいつ頃どのようにして獲得されるかについては諸説がある。たとえば、先に述べたフロイトとエリクソンの精神分析理論によれば、幼児期後期に、親への同一化によって、超自我が形成されると想定されていた。この超自我は自我のはたらきを監視し方向づける役目を果たすもので、罪悪感、良心、道徳心に関係しているとされた。

　しかし、幼児期後期のみに道徳性の獲得を限定することは事実に反する。1、2歳の子どもでも、親から叱られたことを再び行う場合、ためらったり親の顔色をみたりする。幼児なりに善悪の判断を身につけはじめているのである。

　さらにピアジェは、幼児期から児童期にかけて、他律的道徳から自律的道

徳へと道徳性の発達がみられることを示した。他律的道徳では、他者を一方的に尊敬し、服従することによってその善悪の基準を受け入れる。つまり他律とは、大人から罰を受けるから悪いことはしないなど他者によって統制されている状態であり、幼児は自分で善悪を判断していない。自律的道徳は、児童期における子ども同士の相互的尊敬の上に成り立つ。たとえば、遊びの規則は遊ぶ者同士の一種の契約から成るもので、子どもたちが自律的につくっていくものである。

またピアジェによれば、年少の子どもは、行為の客観的結果から善悪の判断を行う傾向がある。たとえば「1個のコップをわざと割った子どもと10個のコップを、お手伝いをしようとしてうっかり割ってしまった子どもではどちらが悪いか」という質問をした場合、行為の意図には関係なく、結果の大きさに着目して、「10個のコップを割ったほうが悪い」という判断をする。これは行為の結果という目立つ特性に着目した点で、直観的思考の特徴を有している。それに対して、9歳頃になると「わざと割ったほうが悪い」と意図や動機も判断材料になり、結果論的判断から動機論的判断へと移行する。このようにピアジェは、幼児期から児童期にかけての道徳性の発達過程を示したが、12歳以降の道徳性の発達的変化について問題にしていない。

ピアジェの理論を踏まえながらも、さらに道徳性の発達過程を青年期にまで拡張しようとしたのが、コールバーグである。コールバーグは、公正の概念（すべての人を道徳的に平等なものとして扱うこと）が基本的な道徳原理であることを前提にして、道徳性の発達段階説を唱えた。そして、公正の原理が獲得されるまでの発達段階を示した。

段階を設定するにあたって、コールバーグが収集したデータは、道徳的ジレンマ課題に対する子どもや青年の反応である。以下にジレンマ課題の一例を示す（Kohlberg, 1971）。

〔ハインツのジレンマ課題〕
　ヨーロッパで、1人の女性がたいへん重い病気のために死にかけてい

た。その病気は特殊なガンだった。彼女の命をとりとめる可能性をもつと医者の考えている薬があった。それはラジウムの一種であり、その薬を製造するのに要した費用の10倍の値が、薬屋によってつけられていた。病気の女性の夫であるハインツは、すべての知人からお金を借りようとした。しかし、その値段の半分のお金しか集まらなかった。彼は、薬屋に、妻が死にかけていることを話し、もっと安くしてくれないか、それでなければ後払いにしてはくれないかと頼んだ。しかし、薬屋は、「ダメだよ、私がその薬を見つけたんだし、それで金もうけをするつもりだからね」といった。ハインツは思いつめ、妻の生命のために薬を盗みに薬局に押し入った。ハインツはそうすべきだったろうか？　その理由は？

このようなジレンマ課題を年齢や文化の異なる被験者に示し、課題の回答への理由づけの内容からコールバーグは以下に示す(1)〜(3)の3水準を設定した。また、各水準は2つの下位段階からなっている。

(1)　前慣習的水準

この水準では、行為によって生じた結果がどうであるか（罰、報酬など）が重視される。この水準では、規則や「よい」「悪い」といった価値ラベルに敏感である。また規則やレベルを宣言した人の身体的な力がどうであるかという点から解釈される。

第1段階：罰と服従への志向　　　罰を避け、力のあるものに対しては盲目的に従うが、罰や権威の背後にある道徳的秩序には言及しない。ピアジェのいう他律的道徳の段階に相当する段階である。

第2段階：道具主義的な相対主義志向　　　人間関係は、相互的な取引の場のようにみられている。たとえば、友人の命を救うために薬を盗むのは「いつか自分のために友人にも同じことをしてほしいからだ」という。公平、相互性、平等な分配という要素はあるが、基本的にギブ・アンド・テイク（give and take）なので、人への忠誠、感謝や公正といった事柄は含まれない。

この段階以上の子どもは、ピアジェの自律的道徳の段階に相当する。したがって、ピアジェの示した道徳性の発達段階では、コールバーグが示したこれ以降の段階に関する区分はみられない。

(2) 慣習的水準

この水準では、各人の家族、属している集団、社会の持つ期待が、それ自体価値を持つとする。他者からの期待や社会に同調し、自ら集団・社会に同一視しようとする。

第3段階：対人的同調あるいは「よいこ」志向　　よい行為とは他者から肯定されるようなことである。多数派の行動あるいは「普通の」行為といった慣習化されたイメージに自分を同調させる。たとえば上記のジレンマ課題では、「ハインツがもし薬を盗まなかったら、家族から人でなしの夫だと思われるから」などの理由づけを行う。また行為は、よいことを意図しているかどうかということで判断される。

第4段階：「法と秩序」志向　　正しい行為とは、義務を果たすこと、権威への尊敬を示すこと、すでにある社会的秩序をそれ自体維持することである。たとえば「薬を盗んでいるときは気がつかなくても、刑務所に入れば悪いことをしたと気づくだろう」というような場合である。この段階では、社会的役割や社会的秩序の観点から公正を規定し、単に権威に屈しているのではない理性的な側面がみられる。

(3) 後慣習的（原理的）水準

この水準では、道徳的価値と道徳的原理を定義しようとする明確な努力がみられる。

第5段階：社会契約的な法律志向　　正しい行為は、一般的な個人の権利や社会全体によって批判的に吟味され一致した基準によって定められる傾向がある。法はあらゆる人の最大幸福のために合法的・契約的手続きによってつくられるべきで、社会との契約で守られるものである。このように法律は社会契約的視点からとらえられるため、人の幸福を妨げる場合は変えることも可能で、立法者としての視点が出てくる。ハインツのジレンマでは、法律

が社会の構成員の基本的な欲求を妨げていないかどうかについて考慮するような場合である。

コールバーグは、この段階をピアジェの形式的操作段階に関係づけている。思考について考えるという形式的操作の能力は、道徳領域については道徳判断について考えるという能力になる。

第6段階：普遍的な倫理的原理の志向　正しさは、論理的包括性、普遍性、一貫性に訴えて、自分自身で選択した倫理的原理に従う良心により定められる。この段階で求められるのは公正、人間の権利の相互性と平等性、個人の人格として人間の尊厳を尊重することという普遍的な原理である。たとえば、この段階のハインツのジレンマに対する回答例は、「それは法的には間違っているが道徳的には正しい。人は誰でもとにかく生命を救うべきであるという明白な義務を持つ」である。

コールバーグが最も重視した公正の原理とは、各個人を公平に扱う原理である。公正以外に哲学者によって重要と考えられてきた一般原理には、最大幸福とか思いやりであるが、これらの原理では個人間の幸福の葛藤を解決することはできないことから、コールバーグは、公正こそが最も普遍的で規範的な原理であるとしている。

以上が、コールバーグの示した3水準6段階説である。この説は、普遍的な道徳発達段階として唱えられたが、社会契約論的視点の濃い西欧文化圏の道徳観を多少とも反映しているものと考えられ、日本では義理・人情を重んずる第3段階が重視される傾向がみられるという。

3　一般的発達区分

この節では、一般的発達区分である乳児期・幼児期・児童期・青年期について、それぞれ認知発達（思考・言語発達を含む）と社会性の発達（自我形成を含む）に関する概説を行う。

1　乳児期

(1) 認知発達

ここでは前節で紹介したピアジェの感覚運動的段階に相当する時期、すなわち誕生から1歳半頃までを乳児期とみなすことにする。ピアジェによって乳児期の詳細な観察的研究が行われたが、それ以降の実験的研究において、乳児の認知発達に関して、数々の重要な知見が得られることになった。

たとえばファンツは、2つの刺激を対にして呈示し、どちらをよく見るか、両刺激に対する注視時間を測ることによって、乳児が刺激間の違いを弁別していることを調べる方法を考案した。ファンツ（Fantz, 1961）の実験では、図2-7に示したように、生後2、3ヵ月児もそれ以降の乳児も、とくに人の顔図形を他の図形よりも長く注視することがわかった。この方法は視覚的偏好法と呼ばれ、ファンツ（Fantz, 1963）は、この方法を用いると誕生後1週間の乳児でも、人の顔の刺激を他の刺激よりもよく見ることを示した。人間は、生得的に人の顔に対する視覚的好みを持つと推察される。

さらにピアジェが示した対象の永続性（p.33参照）について、ピアジェが示したよりも早い時期から、視覚的に認知しているということが、バウアーらの実験で明らかにされてきた。ピアジェの観察では、目の前で物の上にカバーがかけられると、そのカバーを取り除くことができるのは、生後8、9ヵ月頃からであった。しかし、バウアー（Bower, 1971）によって、スクリーンの背後に隠された物がスクリーンが取り除かれても再び現れなかったとき、3ヵ月児の心拍数が増加したことから、3ヵ月児はスクリーンの背後に隠された物

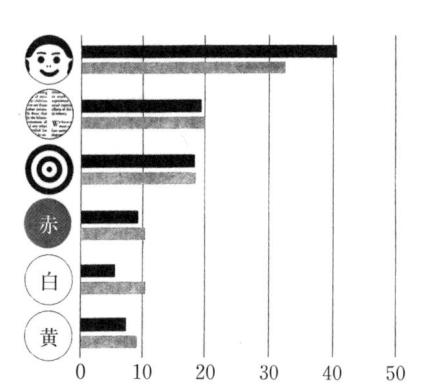

図2-7　ファンツが示した乳児の図形への注視時間（Fantz, 1961）

注：1）（横軸）総注視時間（％）。
　　2）黒色棒は2、3ヵ月、灰色棒は3ヵ月以上。

が存在し続けることを知っていることが示された。

また乳児の知覚・認知の発達には、乳児期に大きく発達する姿勢・運動発達も関係してくるだろう。奥行き（遠近）は、新生児が自分のほうに接近してくる対象を避けることから、新生児期においてすでに知覚されているとされている（Bower, 1974）。しかしギブソンとウォーク（Gibson and Walk, 1960）の考案した視覚的断崖（visual cliff：図2-8）を用いたキャンポスらの実験からは、ハイハイが可能になってから11日ではまだ深い側を恐がらない子どものほうが多いが、ハイハイが

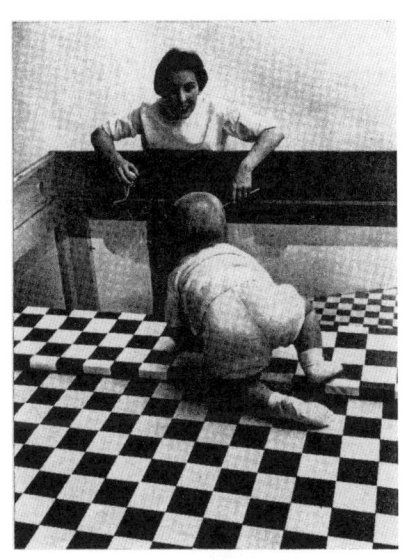

図2-8 視覚的断崖
(Gibson and Walk, 1960)

可能になって41日経つと、多くの子どもが深い側を恐がることが示された。したがって、遠近の知覚は運動経験以前から可能でも、「深くなっているところが危険である」ということは運動経験によって学ばれること、それ以前は、深いほうが危ないという意味は、理解していないことが明らかになった（無藤, 1994）。このことは、運動発達がもたらす経験が、認知の発達に関係していることを示唆している。

(2) 社会性の発達

先述したように、ファンツは人顔刺激への視覚的偏好性が新生児期からみられることを示したが、人の話し言葉への反応も新生児期からみられることが、コンドンとサンダー（Condon and Sander, 1974）によって報告された。そこでは、英語と中国語でそれぞれ人が話している声に反応して、英語圏に誕生した新生児が、どちらの言語にも身体をその抑揚に同期させて動かすことと、機械的な音や人が一定のリズムで母音を繰り返す音には、同期反応は行

わないことが示された。これらのことは、人間の子どもは生まれつき、人刺激に対して反応性が高いことを示唆している。

　そして、人刺激に対する反応は、次のように発達する。生後1ヵ月頃には人に対する微笑や発声が現れるようになり、生後2、3ヵ月頃にはスピッツ（Spitz, 1965）のいう「3ヵ月微笑」が出現するようになる。3ヵ月微笑とは、知っている人、見知らぬ人両方に対して愛想のよい現象であり、人一般に対して、乳児はポジティブに反応する。しかし0歳後半になると、スピッツが「8ヵ月不安」と呼んだ見知らぬ人に対する不安、すなわち人見知りが出現するようになり、親しい人とそうでない人への反応は大きく異なっていく。

　このように乳児期は、人刺激への反応性が誕生直後より高く、反応の仕方も月齢が進むにつれて大きく変化していくが、もしもこの時期に、養育者とのかかわりが十分行われない場合、どのような問題が生じるのであろうか。20世紀の初頭から、小児科医たちに注目されていたのは、親から離れて乳児院等に収容された子どもの死亡率の高さや発達の遅れである。その原因として、栄養面の問題や病気の感染が考えられたが、それらの要因を除去しても、発達上の問題は残ったことから、愛情あふれる養育の必要性が叫ばれるようになった。乳児院などの施設環境において母性的養育の欠如などにより、子どもの心身の発達が遅れることは、**ホスピタリズム**（hospitalism）と呼ばれている。

　「3ヵ月微笑」と「8ヵ月不安」を指摘したスピッツは、ホスピタリズムの研究も行った。スピッツは、母親の養育が十分なされた乳児は、たとえ刑務所のような恵まれない環境でも、その環境によって発達上の問題が生じることはないが、母性的養育がなされない乳児院では、とくに0歳後半になると、健常に生まれた子どもでも発達の遅れがみられるようになることを示した。

　精神分析学者であるボウルビィは、乳児院で過ごす子どもに問題が生じるのは、母親との親密で継続的な関係が欠けているためであるとした。このような養育上の問題から母子関係が形成されていない場合は、**マターナル・ディプリベーション**（maternal deprivation）または母性剥奪と呼ばれ、乳児院

の子どもだけでなく一般の家庭でも起こりうる現象である。

　ボウルビィ（Bowlby, 1969）は、人間や動物が特定の個体に対して持つ情愛的きずなのことを**愛着**（attachment）と呼んだ。それまでの母子関係に関する説明は、学習理論における2次的動因説、すなわち食べ物、飲み物、睡眠などを求める生理的欲求が1次的動因であり、それを満たしてくれる母親への愛情は2次的に学習されるものであるという考えが主流であった。しかし、子どもには本能として、他者との結びつきを求めるシステムが生得的に備わっているとして、ボウルビィは愛着の1次的動因説を唱えた。

　そして、吸いつく、しがみつくなどの接近行動や微笑む、発声するなどの信号行動に対して、特定の他者からの応答が返される中で、生後2、3年の間に愛着関係が成立するとした。ボウルビィは、とくに0歳後半から2歳頃の時期に、特定の人への接近を求める行動が出現することを重視し、2歳頃までに愛着が形成されなければ、その後も人への愛着を形成することは困難であるとした。しかしこのような臨界期説に関しては、養子縁組の研究において、2歳以降からでも愛着は十分形成可能であることが示されていることなどから、誕生直後に決定的な愛着の刷込み学習が行われるとは、人間では考えにくい（Hodges and Tizard, 1989）。

　ボウルビィの愛着の理論をもとにして、エインズワースら（Ainsworth *et al.*, 1978）は、ストレンジ・シチュエーションと呼ばれる実験的手続きを開発し、愛着の質的分類を行った。ストレンジ・シチュエーションでは、1歳頃の子どもが新奇な部屋に母親と入室し、そこで見知らぬ女性の実験者と出会う。そして母親が退出して見知らぬ人と残される場面や母親と再会する場面などを次々に経験するが、とくに母親との再会場面で子どもがどのような態度をとるかによって、愛着の質が測定された。

　母親と分離すると機嫌が悪くなるが、母親と再会してすぐに機嫌が直るタイプの子どもは、安定した愛着を形成している子ども、すなわち「安定型」と評価された。この子どもたちは家庭での母親のかかわりも安定しており、子どもが要求を出してきたとき、母親の子どもからの要求を受けとめる感受

性は高いことがわかった。

　一方、再会場面で母親を避ける子どもは「回避型」、母親に執拗に接近するにもかかわらず抵抗したりもする不安定なタイプの子どもは「抵抗型（あるいはアンビバレント型）」と呼ばれ、それぞれ日常の母子のかかわりにも何らかの問題があることがわかった。

　回避型の子どもの母親は、子どものはたらきかけに拒否的にふるまうことが多く、抵抗型の子どもの母親は、子どもからの要求に応じるが、その仕方は弱かったり一貫しなかったりするという。ただしこのような愛着の型の出現率は国によっても多少異なっている。日本では他国に比べ回避型が少なく、抵抗型が多い。母親からの分離経験が日常的に少ない日本の場合、ストレンジ・シチュエーションの状況が、子どもにとってストレスを引き起こしやすいようである（三宅，1990）。

　ボウルビィが理論化し、エインズワースらによって実際に測定が行われた愛着の概念は、いくつかの点で、エリクソンの基本的信頼の概念との共通性がうかがえる。たとえば乳児期に形成される養育者（多くの場合は親）との関係が、その後のパーソナリティの基盤になると考える点や、愛着関係または信頼関係は、主に養育者と乳児との相互交渉で形成されると考える点などである。

　さらに、近年注目されるようになった**社会的参照**という現象において、乳児は親しい人との関係を基盤として、外界の事象の認知や他者の認知を行うことが示された（Feinman, 1992）。社会的参照とは9、10ヵ月児が曖昧な事象に出会ったとき、母親など親しい人の表情などを手がかりにその事象を理解しようとすることである。たとえば、危険であるかどうかわからない状況において、母親が不安な表情をしている場合、子どもは、その状況は危険であると判断する。一方、安全であるということを母親が表情や発声で表現すれば、子どもはそう認識する。人見知り現象も、親しい人が見知らぬ人と親しく話している場面をみているうちに、乳児は人見知りを少しずつ克服していくことになるだろう。

このように、乳児は母親など愛着の対象となる他者を**安全基地**として、そこから外界の認知を行っていくと考えられる。子どもが親しい人を介して物（あるいは事象）にかかわることは、一般に3項関係と呼ばれている。たとえば、乳児が母親とボールのやりとりを行う場合、乳児・母親・ボールが3項をなしており、乳児と母親はボールを介して、体験を共有する。こうした3項関係は、社会的参照が観察されはじめる9、10ヵ月頃より出現するようになるが、2人で1つのテーマを共有する経験は、1歳頃よりはじまる指さしや言葉のやりとりにもつながっていく。

2 幼児期

(1) 言葉・思考の発達

　ピアジェは、生後1歳半頃に表象機能が発達し、その場にないものを思い浮かべたり、感覚運動的シェマを用いないでも頭の中で表象シェマを用いたりするようになることを示した。幼児期は言葉の発達が急速に進む時期であるが、言葉によってイメージされるものが、子どもの中に表象として存在することが、言葉の意味すなわち概念の形成には不可欠である。そのため、表象機能の発達は言葉の発達の前提になる。

　子どもは1歳頃から言葉を話しはじめるが、最初は単語を続けるのは困難で1つの語を話すだけである。この1つの単語で行う言語表現を1語発話という。たとえば、子どもが「マンマ」というとき、絵本の食べ物を指さしているならば、「これはマンマ（食べ物）である」と表現していると推定されるが、冷蔵庫の前にいってそう言っているならば、「マンマ（食べ物）がほしい」と表現していると推定されるだろう。子どもの発話を聞いた周囲の大人が、その発話をどのような意味に受け取ったかによって、子どもとのやりとりは変わっていく。このように最初の頃の言葉は、具体的文脈に依存しており、周囲の大人の対応によって支えられている。

　こうした1語発話は、表象機能の発達とともに、1歳台に急速にその数を増やし、やがて2つの言葉で表現する2語発話、さらには助詞「てにをは」

などが加わった多語発話へと発達していき、3歳頃になると個人差はあるが、多くの子どもは他者と多語発話で会話するようになる。多語発話での表現能力が高まると、具体的文脈に依存しない会話、すなわち脱文脈化された会話が行われる。たとえば、3、4歳頃になると、保育園や幼稚園でのできごとを、その場に居合わせなかった親にもわかるように話すようになる。

　幼児期の思考は、前節で述べたように、ピアジェによって、前操作思考と表現され、論理的思考は難しいとされた。またピアジェは、3歳から7歳頃の幼児にひとりごとがよく出現することから、ひとりごとを他者の視点がとれないで自分の視点に中心化している「自己中心性言語」とみなした。そして、ひとりごとが出現しなくなる7、8歳頃になって、言葉は完全に社会化されたものになると主張した。

　それに対して、ヴィゴツキー(1934)は、幼児期のひとりごとは自分自身に向けられた言葉であり、こうした自分との対話は思考能力が発達してきたことを示すと考えた。そして、ひとりごとが減少する7、8歳頃に、言葉は音声にはならないが、自分に向けて発する「内言」になると考えた。つまり、言葉には、人に向けられた言葉すなわちコミュニケーションの言葉である「外言」と、思考の言葉である内言の2種類があり、最初は外言として発達した言葉が、次第に外言と内言に分化していくこと、そして3歳から7歳頃のひとりごとの出現は、内言が外言と分化しはじめる過渡期を示すものであると主張した。その後、子どもが困難な課題を行っているとき、すなわち思考活動が活発に行われていると推定されるときに、ひとりごとが多く出現することを示す実験データが示された。したがって、ひとりごとについては、ピアジェの解釈よりもヴィゴツキーの解釈が、一般には受け入れられることになった。

　またピアジェは有名な3つ山問題（3つの山の模型を子どもにみせて、自分が見ている場所とは異なる場所からその山々を見るとどのように見えるかを予測させる課題）を用いて、幼児期にはまだ他者の視点をとった見方ができないことを示したが、1980年代から盛んになってきた**心の理論**研究では、幼児の心の理解を

調べる新たな実験方法が開発されてきた。

　他者や自分の行動を心的状態（意図・感情・欲求・信念・思考など）との関係で理解することを「心の理論」を持つというが、最初にこの概念を提起したのはプレマックとウッドラフ（Premack and Woodruff, 1978）である。彼らはチンパンジーが他者の意図を理解した行動をすることを示し、チンパンジーが心の理論を持つと表現した。その後、ヒトの幼児の心の理論に関する研究が盛んになり、誤信念課題を用いて研究がなされてきた。誤信念課題の例をあげると、ウィマーとパーナー（Wimmer and Perner, 1983）の実験では、次のような話が人形を用いて子どもに提示された。

　ある少年がチョコレートを、後で食べようと思って、緑色の整理箱に入れて出かけた。少年がいない間、母親がチョコレートを少しケーキづくりのため使い、その後、青色の整理箱に残りのチョコレートを戻した。少年が戻って、チョコレートを食べたいと思ったとき、どこを探すだろうか。

　現実にはチョコレートは青色の整理箱に入っているが、少年は移し替えられたことを知らないから、緑色の整理箱を探すだろうと正しく回答する子どもの比率は、4、5歳から6、7歳の間で増加した。その後の多くの研究から、このような他者の誤信念（事実とは異なるが他者が信じていること）を理解できるのは、4歳頃からであることが示されてきた。

　他者が現実とは異なる誤信念を持つことを理解できるということは、心の表象を現実とは切り離して理解できることを表しているとパーナーらは考え、4歳頃以降の幼児は、心とはどのようなものか理解する素朴理論、すなわち心の理論を持っているとみなした。このように、ピアジェが自己中心性を特徴とするとみなした幼児期において、すでに他者の心の理解が発達していることが明らかにされてきた。

　ほかにピアジェは、幼児期に特徴的な世界観として、原始的な心性である**アニミズム**（animism）の傾向があることを指摘した。アニミズムとは、実際は生命のないものにも生命を感じる認知傾向のことである。たとえば、ピアジェによってなされた子どもへのインタビューにおいて、「太陽はどこまで

も自分を追いかけてくるので生きている」などと幼児は考える傾向があることが示された（波多野，1966）。

その後の研究では、ピアジェがアニミズムと呼んだ認知傾向は、人でないものを人にたとえて認知する擬人化の傾向としてとらえられるという見方がなされるようになった（波多野・稲垣，1997）。そこでは、幼児の思考を原始的心性の現れとしてとらえるのではなく、幼児なりに一貫した素朴理論を持っているというとらえ方をしている。

以上のように、ピアジェが述べた前操作的段階の認知および思考の特性は、その後の研究で修正を加えられながら、幼児にも幼児なりの素朴理論があることが明らかにされてきた。

(2) 社会性・自我の発達

乳児期には愛着の形成、基本的信頼関係の形成が重視されたが、幼児期には、子どもは1人の人間として自分を形成していくための一歩を踏み出すことになる。エリクソンの理論では、幼児期前半には、自分で自分の運動機能をコントロールする自律の形成が重要な課題とされた。スプーンやコップを自分で扱って食事を行うこと、必要なときに自分からトイレに行って排便・排泄を行うこと、衣服の着脱など、基本的生活習慣の確立が親から期待され、さまざまな形で、幼児期には本格的なしつけがはじまる。

植村（1979）が示したように1歳から2歳にかけての時期に、子どもは自分や友だちの名前や持ち物を理解したり、自分の要求を他者に向けて、言葉や動作で表現したりするようになる。このような変化から、外界にかかわる際に主体となる自分すなわち自我が発達してきていることが示唆される。

自我の発達の過程で、子どもの自我が親の側のつもりや期待とぶつかり、2、3歳頃には**第1次反抗期**と呼ばれる激しい反抗がなされる場合もある。その場合親と子どもはお互いに関係を調整させていくが、そのような経験が積み重ねられてか、幼児期後半になると次第に子どもは自分で自分の衝動を押さえる自己抑制の力を発達させるようになる。柏木（1988）によれば、自己主張は3歳から4歳にかけて強くなり、4歳半で頂点に達しその後は減少

していくが、自己抑制はその後も発達し続けることが示されている。

こうした子どもの自己抑制の発達には、親子関係のあり方が関係しているのだろうか。親の養育態度と子どもの性格との関係は、1939年サイモンズによって行われた古典的研究以来、数多く扱われてきた。サイモンズは親の養育態度を「支配的―服従的」と「保護的―拒否的」の2つの軸でとらえ、この2つの軸で分けられる4領域を4つの類型（過保護・残忍・甘やかし・無視）に分けた。そして、これらの中間点にある態度が理想的であるとした。

サイモンズ以降も、親のさまざまな養育態度が子どもの性格にどのように影響されるかが調べられたが、親の養育態度は変化すること、子どもの個性との相互作用で同じ養育態度でも子に与える影響が異なることにより、必ずしも一貫した結果が得られているわけではない。

幼児期は、また友だちとのかかわりにおいても大きな変化がみられる時期である。パーテン（Parten, 1932）が行った古典的研究によれば、2、3歳頃は周りの子どもと同じような遊びをしているが、それぞれが勝手に遊んでいるため、実質的な子ども同士のかかわりはみられないことが多い。このような同じことをしているが子ども同士のかかわりがない遊びは、平行遊びと呼ばれている。しかし4、5歳になると、一緒に行っている活動に対する会話や、活動の分業など子ども同士がかかわる遊びが成立するようになる。すなわち、パーテンが連合遊び、協同遊びと呼んだ遊びが増加してくる。連合遊びとは一緒に遊ぶ子ども同士のやりとりがある場合をいうが、役割の分業はみられないものであり、協同遊びはさらに役割の分業もみられる遊びである。

幼児期後半に、友だち同士の遊びが展開していく背景には、言葉による会話の発達や心の理論研究で示されたような他者理解に関する認知発達が、関係すると考えられる。そして、保育園や幼稚園などの集団生活を経験して社会的スキルを学習していくことも、友だちとの関係調整の発達に影響しているのだろう。

3 児童期
(1) 認知・思考の発達

児童期は、ピアジェによれば、具体的操作と呼ばれる論理的思考が発達する時期である。児童期の知的な発達には、学校教育あるいは周囲の環境の影響が大きく関与してくる。ヴィゴツキーは、子どもが自力で到達できる発達の水準と親や教師など他者の援助を受けて到達できる水準の差を、**発達の最近接領域**（zone of proximal development）と呼んだ。そして、発達の最近接領域を最大限伸ばすために、周囲の人間が子どもの発達の**足場づくり**（scaffolding）を行うことを重視した。

足場づくりとは、家を建てる際に仮につくる枠組みのことであるが、ここでは周囲の人が子どもの発達を支える姿の比喩として使われている。発達の早い時期には、この足場は強固なものでなければならない、すなわち大きな援助が必要とされるが、子どもが力をつけていくに従って、足場を次第に外していく。そして、最後には足場はすべて取り除かれ、子どもは自力で仕事や学業などに取り組むようになる。それでは、周囲の援助や学校教育によって伸びていく認知能力にはどのようなものがあるのだろうか。

学校教育において行われる読み書きの学習において、内田（1999）は、よりよい表現をめざすため推敲が行われることを、認知的能力の発達に影響を及ぼすものとして重視した。内田の行った研究では、小学校1年生の9月頃、文字がスムーズに書けるようになると、作文を書き終わった後、自発的に文章を読み返し、新たな文の書き加えを行う子どもも出てくる。子どもは自分の認知活動をモニタリングしているのである。

このように、子どもが自分自身の認知活動に関して認知することは、一般に**メタ認知**と呼ばれている。たとえば、自分が算数の文章題を理解して解いているのか、あるいは理解できていないのかを認知している場合、あるいは先に自分が解いた問題を間違えたのはなぜか自分で説明する場合は、それぞれメタ認知を行っていると考える。すなわち、メタ認知とは自分の認知活動や思考活動をモニタリングする力のことである。

メタ認知の発達は、学校教育とどのように関係しているのであろうか。学校の教師は、小学校中学年頃から、児童に対してメタ認知活動をうながすようなはたらきを行う傾向がある。たとえば、割り算で出てきた商と余りを、かけ算と足し算を使った検算を行って確かめるようにうながしたり、問題をよく読み直すようにうながしたりすることが増加してくる。

　岡本真彦（1991）は、小学校5年生を被験児として、「あなたは算数の問題を解くとき何度も読み直しますか。またそれはどうしてですか」とか「あなたは算数の計算問題で間違いやすいところに気づいていますか」などのメタ認知質問に、高い得点を得た子どもと低い得点を得た子どもを比較した。そしてメタ認知的知識が発達しているものほど、算数の文章題の成績がよく、効果的な問題解決をしていることを示した。メタ認知能力は、「なぜその問題が解けなかったのか」など自分自身の認知への気づきであり、教師によってそのような気づきをうながすことは可能である。

(2)　社会性の発達

　幼児期の後半、子ども同士の遊びはお互いのイメージを共有したものへと発展していくが、児童期になって子ども同士の遊びは、さらに活発なものになっていく。サッカーなど集団でルールのある遊びを楽しむことも頻繁になってくる。

　ワロン（1983）は、児童期の社会性は集団と個人の関係を中心に展開するととらえた。学級集団、近隣の仲間集団などさまざまな集団に個人は属し、その中で1人ひとりの子どもは特定の役割を果たすことになる。たとえば、クラスの中でリーダーシップをとる子ども、人を笑わせるのが上手な人気者などポジティブな役割を果たす場合もあるが、逆に親しい仲間を形成しにくい子どもなど集団への適応が難しい場合もある。こうした仲間集団の中でどのように自分を位置づけるかが、自己意識の発達にも関係していく。

　小学校中学年から高学年にかけて、子どもたちが自然発生的に形成する仲間集団の規模は最大になる傾向がある。同性の子ども同士で構成する近隣の仲間を中心にしたこの集団は、「ギャング（徒党）」と呼ばれ、ギャングを構

成する時期は**ギャング・エイジ**（徒党時代）と呼ばれている。子どもたちが構成するギャングは、大人の暴力集団であるギャングのように、ボスと手下（リーダーとフォロアー）が存在し、メンバーのみに共有される秘密基地や「おきて」がつくられる。また仲間以外の集団に対しては、攻撃的になることもある。この仲間集団においては、メンバー同士の相互援助や役割の分化がみられ、その経験から子どもは社会性の発達に必要な多くの事柄を学ぶ。ギャング集団は時には非行化し、集団で反社会的活動を行う危険性もあるが、一般的には、子ども同士のかかわりを通して、他者とのかかわり方すなわち社会的スキルを学んでいき、子どもの社会性の発達をうながすというポジティブな影響を及ぼしていくものと考えられる。

ただし近年、子どもたちが形成するギャング集団のあり方が変化してきているのではないかという指摘がなされるようになってきた。たとえば、都市化現象、テレビゲーム類の普及、通塾率の増加などは、子どもの遊びを、戸外において大人数で行うものから、室内において少人数で行うものへと変化させ、ギャング集団を形成させにくくしているという。こうした変化が、子どもの社会性の発達にどのように影響を及ぼすのかについては、実証的データとして明らかにされていない。近隣の自然発生的集団において社会的経験が十分なされない場合は、相対的に学級集団での社会的経験の重要性が高まってくると考えられる。

学級集団における人間関係は、遊びや勉学を共有する仲間の形成につながるが、時にはいじめなどの深刻な問題を引き起こすこともある。問題が生じた場合、教師には学級内の人間関係を正確に把握し、リーダーシップを持って問題に対処する姿勢が望まれる。

教師がクラス内の人間関係を把握する1つの手段として、モレノにより1934年ソシオメトリックテストが考案された。このテストは、学級内で仲のよい子、好きな子どもなどを何人か書かせて、その選択のしかたから、多くの子どもから選択されている子や排除されている子、学級内での小グループの数や大きさなどを知ろうとするものである。このソシオメトリックテス

トは、実際の運用については、子ども同士の人間関係を意識化させることにつながるため、慎重に行う必要がある。テストの標準版はないので、実施するものが自分のやり方で行うが、好きな子だけでなく嫌いな子どもを書かせるなどテスト後の人間関係にも悪影響を及ぼすような不用意な質問は避けるべきである。

　このテストで調べられた人間関係から、その学級が全体としてまとまっている、すなわち凝集性が高いのかどうか知ることができるが、そうしたまとまりのある学級が形成されるかどうかには、教師の人間的配慮やリーダーシップのあり方が大きく関与する。

　児童期の道徳性の発達において、ピアジェは正義の概念もとりあげた。ピアジェは7、8歳頃までの子どもは、大人の権威に服従することを正義と考えたが、8歳頃から11歳頃までの子どもはお互いに平等であることが正義であると考えることを示した。このように、児童にとって、仲間で平等性を確立することは重要な問題である。したがって、特定の児童をひいきすることは、最も嫌われる教師の特性の1つになる。

4　青年期

(1)　青年期とは

　青年期（adolescence）とは、子どもと大人の境界にある時期である。したがって、子どもでもない大人でもない、その狭間で揺れ動く「境界人」と呼ばれる。青年期のはじまりの時期は思春期（puberty）と呼ばれ、**第2次性徴**がはじまる時期、すなわち女性と男性がそれぞれ大人の身体へと性的に成熟する時期に相当する。

　第2次性徴のはじまる年齢として、たとえば初潮年齢があげられるが、日本では第2次世界大戦以前は平均14、15歳程度であったのが、それ以降急に年齢が低下していき、現在では平均12、13歳頃になっている。また身長・体重などの増加速度は思春期に最も大きくなるが、身体的成長の思春期発達速度が最大になる年齢も、第2次世界大戦後、同様に早くなっている。

このようにある身体成熟が、後の世代になっていくにつれ、次第に早くなる現象は**発達加速現象**と呼ばれ、原因としては、栄養面など生活水準の向上があげられる。

青年期の終わりは「大人」とみなされるようになる時期であるが、具体的な年齢については、大人をどのような基準でとらえるかによって変わってくるため、特定しにくい。

フロイトは、児童期に沈静化していた性的なエネルギーであるリビドーが、青年期のはじまりとともに再び活発になり、大人の性器愛へと目覚めていくとした。性的な衝動の高まりは、その衝動の直接的充足を求めるだけでなく、フロイトの提唱した防衛機制（pp.173-175参照）である昇華の機制によって、スポーツや芸術、学業など他方面の活動へと発展していく可能性もある。

青年期は身体的変化が著しいと同時に、精神的な面でも大きな変化のみられる時期で、親に依存する状態から脱して、精神的に離乳する時期といわれている。親から子ども扱いされることには大きな抵抗を示し、時には親子の親密な関係が崩れることもある。親への反抗は、家庭内暴力のような激しい反抗になることもある。子どもと大人の中間にある不安定な時期であるため、その暴力の背景には、親への甘えと自立への願望という相矛盾するアンビバレントな感情がみられる傾向がある。

青年期には、それ以外にもさまざまな問題行動が出現する。たとえば、いじめ・登校拒否など学校生活での社会性や適応上の問題は、児童期にも多くみられるが、青年期のはじまりの中学生における出現率が最も高い。

家庭や社会における人への激しい攻撃性や自我の不安定さなどから、青年期は「疾風怒濤の時代」ともいわれる。岡本（1995）によれば、疾風怒濤という語は青年期の代名詞として古くから用いられたもので、青年期の感情の激しさだけでなく、要求の強さ、非妥協性、既存秩序や体制への反抗、自由と創造的営みへの希求などの意味がこめられていたという。このように既存の社会に対して反骨精神を持つことは、気概のある青年の特性を表すものではあるが、時代・社会の変貌とともに、現在はそうした青年期の意味は薄れ

てきているようである。

(2) 思考の発達

知的な発達においては、ピアジェは11、12歳頃より形式的操作段階がはじまり、具体的な課題でなくても抽象的課題において、論理的思考が可能になることを示した。たとえば、仮想の論理的命題を解くことや可能なすべての組合せを答える問題ができるようになることは、形式的操作段階において可能になる。

仮想の論理的命題の例としては、たとえば、もしネズミがイヌよりも大きくイヌがライオンよりも大きいことが真であるならば、ネズミとライオンではどちらが大きいかといった三段論法の問題の場合、ネズミのほうがライオンよりも大きいという結論が論理的には導き出されるが、これは具体的事実としては認めがたいものである。形式的操作段階ではこのように事実としては認めがたい命題でも論理的に推論を行うことが可能になってくる。

またワロン（1983）は、青年期は社会的価値への接近の時期であるとした。個人によって関心のある分野は異なるが、青年期には文化、芸術、政治、哲学、宗教などへの興味も芽生えてくるため、思考の内容は幅広い分野に広がっていく。

このように、青年期以降、具体的な場面を離れた思考が可能になっていくとされるが、形式的操作段階にある青年がいつも抽象的思考を行うとは限らない。ジョンソン・レアードら（Johnson-Laird *et al.*, 1972）が紹介しているウェイスンが示した4枚カード問題は、大学生であっても形式的な課題を解くことが難しいことを明らかにした。

4枚カード問題とは次のようなものである。A、B、3、2という文字あるいは数字が書かれた4枚のカードがある。すべてのカードには、一方の面にアルファベット、もう一方の面に数字が書かれている。ここで「一方の面にAがあれば、その裏には必ず3がなくてはならない」というルールが正しいかどうかみるには、最小限どのカードを裏返す必要があるのだろうか。

この問題の正答は、Aの裏は必ず3である必要があるため、まずAは裏

返さなければならないが、Bの裏は3でもそれ以外でもどちらでもよいため、Bは裏返す必要はない。このことは容易に理解できるが、間違いが生じやすいのは、数字の場合である。3の裏はAでもそうでなくてもかまわないが、もし2の裏にAがあればこのルールが間違っていることになるので、正しくは2を裏返す必要があるのだが、多くの大学生は3と回答する傾向がある。

　これは論理学で、「PならばQである」場合、「Pである。ゆえにQである」という肯定的推論と「QでないゆえにPでない」という否定的推論の2つの推論が導き出されるという演繹的推論の課題であるが、大学生でもこうした演繹的推論は難しいことがわかる。しかし同じ構造の課題を、具体的な課題で提示すると正答率が高まることが、ジョンソン・レアードら (Johnson-Laird *et al.*, 1972) によって示された。このことは演繹的推論においても、日常的知識の影響を受けることを示しており、青年期においても、論理的思考が具体的経験と乖離したものではないことが示唆される。

(3)　社会性・自我の発達

　青年期には、同性の友人関係だけでなく異性の友人との交遊も盛んになる。親友と呼べる相手と親密な関係を形成するが、同性あるいは異性の友人との関係は、自分自身の自我形成においても重要である。とくに青年期の恋愛は、相手との同一化によって自分を形成したり、自分の姿を相手に投影したりするなど、自我形成と深く関係していく傾向がみられる。エリクソンは、真に異性と親密な関係が結ばれるのは、お互いに自我同一性が確立されて以降の、成人期であるとした。なぜなら親密になるということは相手と深くかかわることができることを意味しており、自分の確立が不安定である場合は、そのようなことは難しいとした。したがって、青年期の恋愛は、親密になりきれない不安定さを持つ傾向があるといわれている。

　一方、親子関係においては、第2次反抗期と呼ばれるような激しい反抗がみられることがあるが、第1次反抗期と同様、自我が大きく発達する時期である。子どもから大人になっていく途上にある青年が、親の干渉に対して強く抵抗したり、親の見方を変化させたりすることは、大人としての自立に向

けて第一歩を踏み出すことでもある。ただし、青年期の親子関係を、親から子が離れていくという視点からのみとらえるのでは不十分である。親子がともに生きてきた中で、親の価値が青年に内面化されて、青年が自己を形成していくという点も見逃せない。

エリクソンは前節で述べたように、青年期の課題は自我同一性（アイデンティティ）の確立であるとした。マーシャ（Marcia, 1966）は、エリクソンのこの概念をもとにして、自我同一性地位（アイデンティティ・ステータス）という概念を提起した。この概念では、危機（crisis）と傾倒（commitment）の2点をもとに4つの自我同一性地位を分類した。危機は自我同一性確立に向けていままでいろいろな選択肢を試してきたかを、傾倒は現在ある活動に積極的に打ち込んでいるかをそれぞれ表す。

4つの自我同一性地位とは、かつて危機を経験し、現在自分で意思決定した活動に傾倒している「同一性達成」、過去の危機を経験せず、現在特定の活動に傾倒している「早期完了」、現在危機を経験しており（いくつかの選択肢で迷っており）、意思決定をいまだ行っていないため、傾倒に向けて模索している「モラトリアム」、過去の危機を経験している場合もしていない場合もあるが、現在意思決定に向けて努力していない「同一性拡散」の4つである。このうち早期完了は、親の期待に対して無批判に自分を形成してきたタイプで、心理的な硬さが特徴的である。またこのタイプはストレスのかかった状況下で行われた課題の達成度が他のタイプよりも低いことがわかっている。

同一性拡散は、エリクソンによって、青年期の危機とされた概念であり、自我同一性地位においても、最も同一性の確立とはかけ離れた地位とされている。同一性拡散の例としては、前節にあげたような非行集団への同一化や無気力があるが、とくに大学生が陥る無気力な状態をスチューデント・アパシーと呼ぶことがある。この概念はもともとアメリカの大学生で問題にされたが、日本の大学生にもあてはまる。たとえば大学に入ることを目的に勉強してきたが、いざ大学に入学すると自分の目的や目標を見失い、アパシー状

態に陥るものもいる。その状態を脱して、モラトリアム期を積極的に過ごしていくように転換していく力になるのは、さまざまな出会い、とりわけ同性あるいは異性の友人の存在である。青年期は友情が深まっていくと同時に、孤独感も経験していくが、他者とのかかわりも孤独感も、ともに自分をみつめ直すことにつながっていくと考えられる。

　以上、乳児期から青年期までの発達の様相を概観した。便宜上、各発達段階において、認知的発達と社会性の発達を分けたが、これらの発達は関係し合いながら人間全体を形成していくものと考えられる。

参考図書
バターワース，G.・ハリス，M.　村井潤一監訳　1997　発達心理学の基本を学ぶ　ミネルヴァ書房
無藤隆・久保ゆかり・遠藤利彦　1995　現代心理学入門2　発達心理学　岩波書店

第3章

学　　習

1　学習の理論

　生活体（ヒトを含む動物を総称して生活体と呼ぶ）は、その知識と行動様式により環境に適応するが、その知識と行動様式は、遺伝情報に基づく生得的プログラムにより基盤が与えられ、環境内での経験に基づき形成および変容され多様化する。心理学における学習の概念は、生活体が経験に基づき行動様式および知識構造を形成し変容させる過程をさす。

1　生得的行動と習得的行動

　生得的行動とは、遺伝情報に強く支配される行動をさす概念であり、経験に強く支配される行動をさす概念である習得的行動と対をなす。一般には、生得的行動とは、虫が光に向かって飛ぶ走光性に代表される走性や、膝の下を軽く叩くと脚が跳ね上がる膝蓋腱反射のような反射や、種に固有な行動としての本能行動をさす。
　種に固有な行動（species-specific behavior）とは、種に特有な遺伝情報に基づき生じる固定的な行動様式を意味する。たとえば、トゲウオの一種イトヨの雄は、春になり発情期に入ると、群れから離れなわばりをつくり、雌を誘い生殖行動を行う。この雄は、下腹部の赤い他の雄が近づくと跳びはね闘争の攻撃行動を示すが、その攻撃行動は、図3–1の実際のイトヨの雄とは似ても似つかぬ模型（Rシリーズ）であっても、底部が赤い場合には引き起こされる。

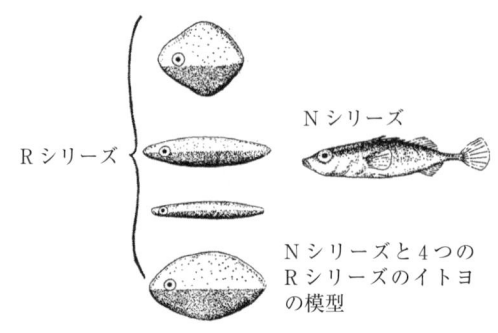

図3-1　イトヨの攻撃行動のサイン刺激（Tinbergen, 1969）

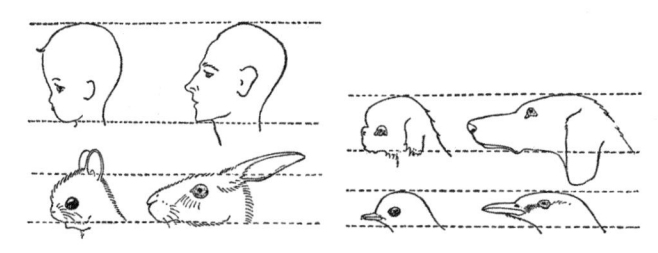

図3-2　人間の養育反応を解発する図式（Lorenz, 1965）
注：人間の養育反応を解発する図式。左側は「かわいらしい」と感じられる頭部のプロポーション（幼児、アフリカトビネズミ、チン、ロビン）、右側は養育衝動を解発しない近縁のもの（大人、ウサギ、猟犬、コウライウグイス）。

底部が赤くなければ、実際の雄に近い模型（Nシリーズ）には生じない（Tinbergen, 1969）。このように本能行動は、サイン刺激あるいは解発刺激と呼ばれる特定の刺激パターンにより誘発される**生得的解発機構**（Innate Releasing Mechanism：IRM）として機能する。

　ローレンツは、この生得的解発機構が人間にも存在することを幼児図式（図3-2）で示した。すなわち、人間も含めて多くの種の子どもは、一般に、相対的に大きな頭、丸い顔、大きな下方にある目、ふっくらした頬、太く短い手足を持つが、この特徴がサイン刺激となり、生得的解発機構により「可愛らしい」という感情を成体に発生させ、保護的行動を招く（Lorenz, 1965）。

　他方、習得的行動とは、後述する条件づけ、認知構造の変化、観察学習な

ど、生活体が環境内での経験に応じて形成し変容させる行動をさす場合に用いられる。しかし、これらの行動も種に固有な遺伝的制約の下にある。

　生活体の各行動が、生得成分と習得成分にそれぞれどの程度支配されるかは、種によりまた行動の種類により異なる。たとえば、キタリスを仲間から隔離飼育して成長させた後、檻の中で木の実を与えると、このリスは食べ残した木の実を檻の隅に運んで、木の実を鼻でその隅っこに押し込む動作をし、穴はないのに、前足で土を穴にかぶせ踏み固める動作をする。この実験は、この一連の行動が親や仲間の行動を観察して学習したものではなく、ほぼ生得成分によることを示す（Eibl-Eibesfeldt, 1974）。なお、この行動は、野生のリスが冬の間生き延びるために食料を蓄える行動であり、系統発生的に獲得した適応行動といえる。

　他方、本能行動といえども、遺伝プログラムにより完全に決定づけられているのではなく、習得成分を必要とすることもある。第2章（p.25）で述べたインプリンティング現象はその例である。また、ミヤマシトドという鳥が隔離飼育により仲間のさえずりを聞く経験を奪われると、本来のさえずりの鳴き方を獲得できなくなる現象（三宅・宮本, 1988）もその例となる。

　一般には、生得成分と習得成分の割合は、下等動物では前者の支配比率が高く、高等動物になるほど後者の支配比率が高くなる。人間では、多くの行動様式において習得成分の支配比率がきわめて高く、その必然として、学習、そして、教育の重要性が高まる。

2　条件づけ

　口の中に乾いた食物や酸味のものを入れると、唾液分泌が生じる。眼に空気を吹きつけると、瞬き反応が生じる。突然大きな声で怒鳴れられた場合や強い電気ショックが与えられた場合には、驚愕や恐怖の情動反応が生じる。また、腐敗した食物を食べると、気分が悪くなったり嘔吐したりする反応が生じる。これらの反応は、特定の刺激により生得的プログラムに基づき誘発されるものであるが、この刺激と反応の関係を、刺激が反応を無条件に誘発

するものととらえ、無条件刺激と無条件反応の関係と呼ぶ。これは、前項のサイン刺激と生得的解発機構の関係に類比する。

　ところで、もしある電球の点灯に続いて強い電気ショックを数回経験すると、その後その電球の点灯をみただけで、恐怖反応が生じるようになる。この場合、たしかに電気ショックは恐怖反応を引き起こす無条件刺激である。しかし、光刺激はもとは恐怖反応を誘発するものではない。電気ショックと接近呈示されることで、このように恐怖反応を引き起こすようになったのである。この場合の光刺激は、もとは注意を引く定位反応を生むだけで、当該の恐怖反応を誘発しない。それゆえ中性刺激と呼ばれる。しかし、中性刺激は、無条件刺激と接近呈示されるという条件に基づき、無条件刺激により誘発される反応に類似した反応を生むようになる。これは刺激と反応の新たな結合の条件づけである。

　この種の条件づけに着目し組織的研究を行い 1927 年に集大成したのが、ロシアの生理学者パブロフである。彼は、イヌを被験体とした消化器系における消化腺分泌物の研究中、実験者がイヌに肉片を与える際、イヌが皿の音を聞くだけで先に唾液分泌することに興味をひかれた。そこで、イヌの唾液分泌量を直接体外で測定できるようチューブで唾液を導出する外科的処置を行い、イヌに対してメトロノーム音等の音刺激と肉粉を対呈示する手続をもとにして、さまざまな条件での実験を行った。この種の条件づけを**古典的条件づけ**、または、**レスポンデント条件づけ**と呼ぶ。

　他方、生活体の日常行動には、古典的条件づけにおける反応とは異なるものも多い。ある人が、テレビをつけたり、本箱から本を出したり、冷蔵庫を開けるとき、その行動をその人から生得的に誘発する刺激は存在しない。何をするかは、その人の状態、過去経験、そのとき可能な反応群など多くの要因に依存する。たとえば、その人は、空腹時には、まず冷蔵庫を開けるとしよう。本箱を開ける、テレビをつけるなど、可能な反応はほかにもあり、冷蔵庫にも、開ける以外の反応が可能である。それにもかかわらず冷蔵庫を開けることを選択したのは、その人が、過去の空腹時に、冷蔵庫を開けて食物

を得て空腹をいやした経験があるからである。このように、ある環境刺激に対する反応の結果の条件に応じて、その刺激と反応との結合強度が増加したり減少したりする条件づけがある。この種の条件づけを組織的に研究し、**オペラント条件づけ**と名づけ、1930年代後半に集大成したのがアメリカの心理学者スキナーである。

この2種の条件づけは、生活体の行動変容の多くを説明するものとして重要である。

(1) 古典的条件づけ（レスポンデント条件づけ）

無条件刺激（Unconditioned Stimulus：US）と**無条件反応**（Unconditioned Response：UR）の関係をもとに、元来は当該の無条件反応とは無関係であった中性刺激が、無条件刺激と対呈示されるうちに、無条件反応と類似した反応を**誘発**（elicit）するようになる条件づけが、古典的条件づけである。なお、この種の条件づけは、応答的（respondent）という意味でレスポンデント条件づけとも呼ばれる。そして、元来は中性刺激だったが、古典的条件づけ手続きにより無条件反応と類似した反応を生むようになる刺激を、**条件刺激**（Conditioned Stimulus：CS）と呼び、条件刺激により引き起こされる反応を、**条件反応**（Conditioned Response：CR）と呼ぶ（図3-3）。また、条件刺激と無条件刺激を対呈示する手続きを古典的条件づけにおける強化と呼ぶ。

ほとんどの古典的条件づけ実験では、CRを十分に発達させるまでにCSとUSを何度か対呈示しなければならない。最初の数試行ではCSに対するCRはまったく観察されないか、あってもほんのわずかである。対呈示を繰り返すと、条件反応は徐々にその強度を増す。一般にはCSがUSよりほんの数秒早く呈示される時間関係のとき条件づけは成立しやすい。

古典的条件づけは、唾液分泌、情動反応、瞬目反射などの不随意的反応に生じることが多く、本人の意志や自覚とは関係せずに生じる点が重要である。成立要件は、CSとUSの時間的接近

対呈示 { US（無条件刺激）────── UR（無条件反応）
        　　　　　　　　　　　　　┈┈┈┈【CR（条件反応）】
　　　　CS（条件刺激）┈┈┈┈┈┘

図3-3　古典的条件づけ

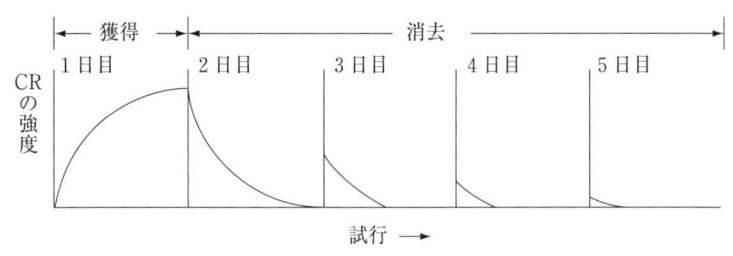

図 3-4 古典的条件づけ経過模式図（Mazur, 1994 より）

だけと考えられていたが、時間的接近そのものは重要ではなく、CS と US に相互依存関係があること、CS が US を予告する関係にあることが重要との見解が近年支配的である。

ところで、単なる時間経過はいったん成立した CR の強度をあまり減衰させない。たとえば、ネコを被験体として脚への電気ショック（US）を用いて皮膚接触刺激（CS）に対する足屈曲反応を条件づけると、3 ヵ月後に行った CS だけの呈示に対しても条件づけ期間の最後と同程度の反応が得られる（Dethier and Stellar, 1970）。CR を消滅させるためには、US を伴わず CS だけを呈示する**消去**という手続きを繰り返す必要がある。なお、CR を消滅させるのに要する消去の回数が多い場合を**消去抵抗**が大きいという。一般に、消去手続に伴う CR 強度の減少経過は、図 3-4 の 2 日目のように進行する。

さて、この経過をみれば、消去により刺激と反応の結合が次第に弱まり、ついには CR をもたらす刺激と反応の結合が消滅したかのようであるが、決してそうではない。その証拠とされる現象の 1 つが**自発的回復**である。図 3-4 の 3 日目の最初の部分がそれを示す。図 3-4 の 2 日目のように消去を行い条件反応が生じなくなった後、3 日目に再び CR を呈示すると、2 日目の最後には観察されなかった CR が再び現れる。

パブロフは、消去された CR が他にもさまざまな契機により再出現することから、消去とは、CR の破壊でもなく形成された神経経路の切断でもなく、反応を抑制する過程が新たに CS に結合することであると結論づけた。そして、消去された反応が回復するのは、反応を起こす興奮過程を相殺する抑制

過程が弱まるため生じると考えた (Pavlov, 1927)。そして、図3-4の4、5日目と消去を続ければ自発的回復が次第に小さくなることは、消去の繰り返しにより、抑制過程の結合が強固になるためと説明できる。

また、消去によりCRが現れなくなった後、CSとUSを対呈示してCRを再獲得させる場合、元の学習よりかなり速くCRが獲得できる傾向がみられる。これも、何らかの痕跡が残っていたからこそ、CRの再獲得が元学習より速やかに進行したことを示すと考えられる。つまり、消去が、条件づけられた刺激と反応の結合を消滅させたのでないことを示す証拠となる。このように、外見上は反応が現れなくなっても、いったん成立したこの条件づけの痕跡は永続すると示唆されることは、後述するように、この条件づけが人間の行動にも深く根を下ろすものだけに重要である。

ところで、1分間に100拍のメトロノーム音と肉粉による唾液分泌を条件づけた場合、60拍や30拍の音を聞かせてもある程度の唾液分泌は生じる。このように類似した刺激に対してCRが生じることを**般化**という。ただし、元のCSと別の刺激との類似度が小さくなれば、それだけCRの大きさは減じる。ところで、100拍の音に対しては継続して肉粉を呈示するが、80拍の音に対しては肉粉を伴わせないと、やがて80拍音に対しては唾液分泌が生じなくなる。このようにCSの区別が行われることを**分化**または**弁別**という。

また、パブロフは、メトロノーム音をCS、食物をUSとした唾液条件づけを形成し、次にメトロノーム音の直前に黒い四角形を繰り返し呈示し、この黒い四角形が、一度も食物と対呈示されたことがないにもかかわらず、唾液反応を生むことを見出した。この場合、黒い四角形を2次条件刺激と呼ぶ。さらにパブロフは非常に困難ではあると断りながらも、3次条件づけの成立を報告している。このような2次以上の条件づけを**高次条件づけ**と呼ぶ。

この高次条件づけは自然界で重要な役割を果たす。たとえば、野生において、オオカミはシカの捕食者であり、シカは、常にオオカミの存在を察知するため、オオカミの臭いやオオカミの出現の前に聞こえる音に対して恐怖反応や警戒反応を引き起こすことが生存上必要であるが、このような反応は高

次条件づけにより学習される。経験の浅い若いシカにとって、オオカミの姿は最初は中性刺激である。一方、オオカミをみた別の大人のシカが示す恐怖反応ないし警戒反応は、若いシカに生得的恐怖反応を誘発する。そこで、オオカミの姿（CS）と大人のシカの示す恐怖反応（US）が対呈示されることになり、オオカミの姿が1次性CSとなる。これがいったん形成されると、1次性CSと対呈示されることになるさまざまな刺激が、高次条件づけによるCRとして、恐怖反応を引き起こす。たとえば、オオカミの臭い、オオカミが現れる前に聞こえる吠え声や木の葉がガサガサ揺れる音、あるいは、しばしば特定の場所でオオカミに出会うとすれば、その場所の風景が、それぞれ恐怖反応を誘発する（Mazur, 1994）。

　古典的条件づけの重要な点は、情動や内蔵受容器など意志で制御できない反応（不随意反応）において、本人の自覚や意志とは無関係に生じることである。また、本人がUSとCSの対呈示経験の存在を自覚しなくとも、あるいは、その経験の自覚的記憶を失っても生じる点も重要である。本人はなぜか理解できないが、特定の人物、特定の出来事に出会うと、心臓がドキドキして緊張したり、落ち着かなくなり不安を感じる場合、過去にその特定の対象をCSとして、緊張なり不安を引き起こすUSと対にして経験したことが原因である可能性が高い。これは恐怖症の形成にも当てはまる。

　恐怖症とは、ある物体、場所、状況などに対し過剰で不合理な恐怖が生じることだが、ワトソンとレイナー（Watson and Rayner, 1920）は、アルバートという11ヵ月の健常な乳児に、古典的条件づけにより白ネズミに対する恐怖症をつくりあげる実験を行った。アルバートにとって、白ネズミは遊び相手であり決して恐怖を引き起こす対象ではなかった。一方、背後で鉄の棒をハンマーで叩いて大きな音を出すと、アルバートは驚きと恐怖で泣きはじめる。そこで、アルバートが白ネズミに手を伸ばして触ろうとしたとき、背後で鋼鉄の棒をハンマーで叩いて大きな音を聞かせる手続きを7回行うと、彼は、もはや白ネズミをみただけで泣きはじめ体をよじって逃げようとする。この場合、USは大きな音で、URは大きな音に対する恐怖反応であり、CS

が白ネズミで、CR が白ネズミに対する恐怖反応である。そして、この実験で誘発されるようになった恐怖は、白ウサギなど白い毛で被ったもの、さらには、白い髭のサンタクロースの面に対しても般化により生じるようになった。1ヵ月後でもアルバートはこれらの対象を怖がったという。このように、もともと恐怖反応とは無関係であった対象が、恐怖反応を UR とする刺激との接近呈示により恐怖反応を引き起こすようになり、恐怖症が成立すると説明できる。なお、恐怖の情動反応がいったん条件づけにより成立した場合、その消去抵抗は非常に大きい。

同様に、対象に対する好感情の形成も、古典的条件づけで説明できる。ある商品の広告では、その商品が、「若い魅力的な人たちが幸せそうにしている場面」とともに呈示される。この場合、その場面が視聴者に好感反応を UR として誘発し、その商品は、その場面と対呈示されることで CS となり、好感反応を CR として引き起こすことが期待されている。この条件づけが成功すれば、その広告をみた自覚的記憶はなくとも、商品に対する好感反応だけは無自覚的に誘発される。

また、古典的条件づけの手続きにのっとる特殊な条件づけとして、味覚嫌悪条件づけがある。ガルシアらは、ラットを被験体とする実験を行った。実験群には、その被験体がそれまで食べた経験のない食物（CS）を与えた後、その動物を害する毒物（US）を注射する。他方、統制群には、その毒物の注射だけを施す。そして、数日後、被験体がその毒物作用状態から十分に回復してから、その食物を両群の被験体に与える。その結果、統制群は普通に食べるのに対して、実験群はその食物をほとんど摂取しない。このように、実験群では、その食物に対する忌避（嫌悪）反応の条件づけが成立する。この条件づけが特殊なのは、わずか一試行でも条件づけが成立するほど条件づけが容易である点、さらに、CS の食物と US の毒物との時間間隔が数時間に及ぶほど長くても条件づけが成立する点、さらには、消去抵抗がきわめて高く学習効果が永続する点にある。これは、この条件づけが生命を守るという重大な意義を持つためと考えられる。他の人はおいしそうに食べるものを、

ある人は食べる気にならない場合、その背景には本人も忘れている過去の味覚嫌悪条件づけの経験が、原因として存在する可能性がある。なお、この条件づけは、その発見者にちなんでガルシア効果とも呼ばれる。

なお、目覚め、就眠、排泄など日常の基本的習慣も、時間経過や一定の出来事がCSとして機能する古典的条件づけが基礎にあると考えることができる。

(2) オペラント条件づけ

以上述べた古典的条件づけによる反応は、特定の環境刺激により無条件に不随意に誘発される反応をもとにしたものであったが、先にも述べたように、生活体にはそうでない反応も多い。たとえば、空腹なネズミを、レバーや、ひもや、押しスイッチなどさまざまな仕掛けのある箱に入れると、ネズミは臭いを嗅ぎ回ったり、レバーを押したり、ひもに噛みついたり引っ張ったりなどの反応を、それぞれ一定の頻度において**自発**（emit）する。このとき、これらの反応を無条件に誘発する特定の刺激はない。ネズミはその環境条件下における各自特有の行動レパートリーの中から反応を選択して自発する。

このような自発する反応をオペラント行動と呼ぶが、このオペラント行動のレパートリー内容は経験により変容する。たとえば、レバーを押して餌を得る経験をすると、行動レパートリー内でのレバー押し反応の順位が高まり、その発生頻度が高くなる。逆に、レバーを押して電気ショックを受ける経験をすると、レバー押し反応の発生頻度は下がる。このように、ある反応の結果の条件に応じて、反応生起頻度を変化させる条件づけを、オペラント条件づけと呼ぶ。なお、条件づけ手続き前の元のオペラント行動の生起頻度を、オペラント水準と呼ぶ。条件づけの成果は、オペラント水準との比較により評価される。

このように、オペラント行動は、ある環境である反応を行った場合に生じる結果により制御されるものであり、しばしばS—R—Oと表される。ただし、Rは反応、Oは結果を表し、SはRを生起させる手がかりとなる**弁別刺激**を表す。そして、この弁別刺激（S）と反応（R）と結果（O）の関係を三

項**随伴性**（contingency）と呼ぶ。

なお、この関係は、望む結果（O）を得るための「道具」として、SにたいしRを生起させるものとみることができる。そういう意味で、この種の条件づけを**道具的条件づけ**とも呼ぶ。

4種の結果　生活体の反応（R）の結果（O）が、その生活体に有効な環境変化をもたらす場合、そのオペラント行動の生起頻度は変化する。有効な環境変化とは、生活体が手に入れ維持しようとする刺激の出現または消失、あるいは、生活体が避けたり終わらせようとする刺激の消失または出現である。なお、生活体が手に入れ維持しようとする刺激を快刺激、生活体が避けたり終わらせようとする刺激を不快刺激または嫌悪刺激と呼ぶ。そして、スキナーの唱えた実験的行動分析では、反応の結果として生じる、この快刺激や不快刺激とオペラント行動との関係として、表3-1の4種を想定する。

表3-1　4種の結果
結果として随伴する刺激の種類

		快刺激	不快刺激
反応の結果	出現	正の強化（行動の増加）	正の罰（行動の減少）
	消失	負の罰（行動の減少）	負の強化（行動の増加）

そこでは、オペラント行動の生起頻度を増加させる事象を**強化**（reinforcement）、減少させる事象を**罰**と呼び、結果として刺激が出現する事象を**正**（positive）、消失する事象を**負**（negative）と呼ぶ。すなわち、第1の場合は、オペラント行動の結果として快刺激が現れるもので、これを**正の強化**と呼ぶ。第2の場合は、不快刺激（嫌悪刺激）が現れるもので、**正の罰**（単に罰）と呼ぶ。第3の場合は、快刺激が消失するもので、**負の罰**と呼ぶ。第4の場合は、不快刺激（嫌悪刺激）が消失するもので、**負の強化**と呼ぶ。この中で、第1の正の強化と第4の負の強化が生じた場合には、その結果をもたらす行動の頻度は増加し、第2の正の罰と第3の負の罰が生じた場合には、その結果をもたらす行動の頻度は減少する。なお、その出現が正の強化とな

表3-2 強化のスケジュール

連続強化（Continous Reinforcement：CRF）	毎回強化が与えられる。
消去（Extinction：EXT）	強化は一切与えられない。
固定比率強化（FR）	一定回数ごとに強化を与える。FR20では20反応ごとに強化する。強化後休止が現れ，停止 - 進行のパターンを示す。たとえば，工場労働者に対し，100個製品をつくるごとに1000円支払うような出来高払い制が相当する。
変動比率強化（VR）	何回に一度強化を与えるかは変動するが，平均すると一定回数ごとに強化を与える。VR20では平均して20回に1回強化を与える。強化後休止はFRより短い。多く行動するほど強化の機会が多くなるので反応は高率で生じる。たとえば，スロットマシーン，パチンコ，宝くじなどが相当する。
固定時間隔強化（FI）	一定時間が経過した後の最初の反応を強化する。FI60秒とはある強化を与えた直後から60秒経過した後の最初の反応を強化する。強化後休止がみられ，休止後，反応がゆっくり立ち上がる。たとえば，月給制が相当する
変動時間隔強化（VI）	強化を変動する間隔で与える。その間隔は変動するが，平均すると一定の間隔で強化する。VI60秒とは，平均して60秒に1回強化を与える。安定した中程度の反応が得られる。VRでみられるような，短期間に高率の反応が生じることがない。たとえば，魚釣りが相当する。

るものを正の**強化子**、その消失が負の強化となるものを負の強化子と呼ぶ。また、その出現が正の罰となるものを正の罰子、その消失が負の罰となるものを負の罰子とも呼ぶ。用法上の誤りを避けるために、正の強化子と負の罰子を好子、負の強化子と正の罰子を嫌子と呼ぶ場合もある。

　また、強化によりオペラント行動の生起頻度を高めた後、そのオペラント行動が生起しても強化を与えないと、オペラント行動の生起頻度は減少する。強化を与えないこの手続きを**消去**と呼ぶ。そして、オペラント行動の生起頻度を元のオペラント水準まで低下させるに必要な消去の回数により測定されるものを消去抵抗と呼び、形成されたオペラント行動の強固さの指標とする。

　強化のスケジュール　　強化には、すべてのオペラント行動に強化を与える連続強化と間欠的に強化を与える部分強化がある。強化が反応数、時間経過に対していかに与えられるかの規則を強化のスケジュールと呼ぶ（表3-2）。

　部分強化としては、固定比率（Fixed Ratio：FR）、変動比率（Variable Ratio：VR）、固定時間隔（Fixed Interval：FI）、変動時間隔（Variable Interval：VI）の4

つが代表的である。この中で、VI強化は、いつ強化が得られるかわからないが、むやみに反応しても強化が得られないので、疲れて休むことなく適度な頻度でむらのない反応を維持できる。消去抵抗も大きい。このような理由で、VIはさまざまな場面で反応を形成する際に用いられる。

なお、消去抵抗は、反応が生起するごとに強化する連続強化よりも、反応の一部分だけ強化する部分強化において大きい。これは、強化の総数が少ないのに条件づけが強固に成立したと解釈できるので、強化の矛盾と呼ばれる。また、**部分強化効果**とか、ハンフリーズ効果とも呼ばれる。この現象は、連続強化と消去の弁別は容易だが、部分強化、とくにVIやVRと、消去との弁別が困難なため生じるものと考えられる。

シェイピング　オペラント条件づけの考え方の応用により、通常は形成が困難と思える行動をも形成できる。たとえば、次のようにすれば、ハトにピンポンする行動を形成させることができる。

ハトの眼前にラケットとピンポン玉を置いても、ハトはラケットを口にくわえピンポン玉を打たない。しかし、ハトのオペラント行動レパートリーには、ラケットに近づくとか、ラケットを突く行動は含まれる。そこで、たまたま、ハトがラケットに近づきラケットを突いたときに、餌を与えると、ハトは次第にラケットに近づき突くようになる。そして、この行動の生起頻度が高まり確立すると、同じ行動をしても餌を与えない消去の手続きに変える。すると、ハトはラケットをいっそう強く突いたり、噛みついたり、あるいは、口にくわえたりなど、いままでみられなかった行動をも行うようになる。これを反応変動性が高まると呼ぶ。

そして、反応変動性が高まり、たまたまラケットを口にくわえたときだけ強化を与えると、次第に、ハトは、ラケットを口にくわえる行動の生起頻度を高める。なお、このように、ある特定の基準に合致する行動だけを強化し、それ以外は強化しないことを**分化強化**と呼ぶ。そして、同様に、ラケットがボールに当たったときだけ、ボールがネットの方に飛んだときだけ、ボールがネットを越したときだけ、……と次第に目標の行動に近づける。

このように目標に少しずつ近づける方法を**漸次的接近法**と呼ぶ。新しい複雑な目標行動に至る道程を小さな段階（スモールステップ）に分け、徐々にその目標に近づける方法を、一般に**シェイピング**（shaping：反応形成、行動形成）と呼ぶ。

強化子の多様性　シェイピングでは、強化子として餌そのものを使用する場合もあるが、古典的条件づけ手続きにより、餌の持つ強化の役割を条件づけた別の刺激を、強化子として使用することが多い。このように、本来は強化子でない中性刺激に強化の役割を条件づけたものを**条件性強化子**（2次性強化子）と呼ぶ。なお、空腹生活体に対する餌などの、生得的に強化子の役割を果たすものを、1次性強化子と呼ぶ。条件性強化子の例としては、チンパンジーに対しポーカーチップを用いたウルフによる実験が有名である。別の場所でポーカーチップと干しぶどうを交換できるようにしておくと、チンパンジーは、ポーカーチップを得るため、さまざまな学習を行う。人間社会における貨幣も、食物、衣類、娯楽などの、さまざまな1次性強化子と連合した条件性強化子とみることができる。

ところで、何が強化子として機能するのか。一般には、行動に随伴する結果の内容が強化子と考えられている。空腹の生活体に対する食物、水分不足状態の生活体に対する水分など、その生活体の生理的要求を充足するものは動物実験でよく使われる強化子である。また、他者による賞賛や注目も強力な強化子となる。問題行動を起こす生徒を叱ることは罰を与えるつもりでなされるが、叱ることが注目を与えるという正の強化子となる場合もある。他方、電気ショックなどの嫌悪刺激は、その消失が強化子となる。また、元は中性だった刺激が、条件づけを経て条件性強化子となる。

これに対し、プレマック（Premack, 1959）は、強化子の本質を「物」に求めるのではなく、行動間の相対的価値に求める理論を提唱し、「より生起確率の高い行動は、より生起確率の低い行動を強化する」という**プレマックの原理**を提案した。なお、より生起確率が高いとは、その生活体にとってより価値が高いことを意味する。たとえば、レバー押しによりラットが餌を得る

典型的なオペラント条件づけに対し、随伴性はレバー押し行動と餌との間でなく、レバー押し行動と摂食行動との間にあるとみる。空腹ラットにとって摂食行動はレバー押し行動より価値が高いので、レバー押し行動が摂食行動を随伴する場合、レバー押し行動の頻度が高まるとみる。彼は、従来のオペラント行動の強化をこのように解釈し直した。そして、その証明として、飲水行動の価値より輪回し走行の価値が高い状態を設定し、水を飲めば輪回し走行ができる仕掛けを与えたときには、飲水行動の頻度が増大することを実験で示した（Premack, 1962）。このプレマックの原理は、行動修正の応用場面で使える柔軟な方法をもたらす。たとえば、勉強、禁煙、運動など望ましい行動を増加させるため、金銭や食物などの物質を使わずに、本人が好む行動（トランプする、本を読むなど）の随伴を、強化子として使うことができる。

　ところで、人間や動物が日常行うさまざまなオペラント行動の自発は、そのときなしえるさまざまな行動レパートリーからの選択行動とみることができる。ある子どもが今日学校へ行くのは、さまざまな選択肢の中から学校へ行くという1つの行動を選択したことになる。このようにオペラント行動を選択行動とみなす立場からの研究により、オペラント行動の出現頻度は、その行動に対する強化頻度だけでなく、それ以外の行動に対する強化頻度との相対的関係により決定されることが明らかになってきた。この「相対反応頻度は相対強化頻度に対応（matching）する」は、**マッチングの法則**と呼ばれ、オペラント行動を理解する有用な枠組みを提供する。このマッチングの法則を展開したハーンシュタイン（Herrnstein, 1961）は、ハトを被験体とした実験からこの法則を導いた。壁面に設けた赤色の左キーと白色の右キーに対する突き反応に対し、たとえば、全強化数のうち、左キーから約67％、右キーから約33％の強化が得られるように、それぞれ独立したVIスケジュールで配分すると、ハトの反応が安定したときには、左キーへは全体の約66％、右キーへは全体の約34％の反応が配分された。すなわち、各キーへ配分される反応の割合は、各キーへ与えられる強化回数の割合に対応することが見出された。そして、彼はそれを次の式で表した。

$B_1/(B_1+B_2) = R_1/(R_1+R_2)$（ただし、$B_1$ は反応1の回数、B_2 は反応2の回数、R_1 は反応1に配給された強化数、R_2 は反応2に配給された強化数）。

　この式は、二肢選択場面における各選択肢への反応分配は、各選択肢への強化分配に対応することを示す。

　以上、主に、正の強化を例として、オペラント行動を説明してきたが、次に、負の強化に関して述べる。負の強化とは、嫌悪刺激の消失の随伴により行動の生起頻度を増大させることだが、それにより形成されるのが逃避反応と回避反応である。逃避反応とは、電気ショックなどの嫌悪刺激（負の強化子）をいったん受けた後に、除去または低減する行動であり、回避反応とは、嫌悪刺激を予期して、未然に逃れる行動である。とくに、回避反応の形成である回避学習は、後述の重要な論点をもたらす。

　ソロモンとワイン（Solomon and Wynne, 1953）の次の実験は回避学習の典型である。数インチの高さの障壁で2区画に分けられ、障壁を飛び越して行き来できるシャトル箱と呼ぶ部屋にイヌを入れる。それぞれの区画には、電気ショックを与えるための金属床と、頭上から光を与える照明がある。そして、それぞれの区画において、照明が消えた10秒後に、床から電気ショックがくる。ただし、反対側の区画の照明はついたままである。被験体のイヌは、最初は電気ショックを受けた後に隣区画へ逃げる。しかし、ほぼ5試行までには、ほとんどのイヌは、照明が暗くなると、電気ショックを受ける前に隣区画へ移動する。20～30試行後には平均2～3秒で移動するようになる。

　ところで、多くのイヌは、最初の回避反応の後、それ以上電気ショックを経験することがほぼなくなる。それにもかかわらず回避反応が長く維持されることには疑問が生じる。つまり、回避行動は電気ショックを未然に回避するので、回避行動が成功する限り、嫌悪刺激を除去するという負の強化が生じない。強化が生じなければ、消去が生じて回避行動がやがて失われ、再び電気ショックを受ける事態に至るはずであるが、再び電気ショックを受けることはほとんどない。強化がないのに消去が生じないこの現象は、回避パラドックスと呼ばれる。

回避パラドックスを説明する1つの理論として2要因説がある。2要因とは、古典的条件づけとオペラント条件づけである。まず、古典的条件づけにより、US（電気ショック）とCS（予告信号など）の関係からCSに対するCR（恐怖反応）が条件づけられ、CSの呈示は、CRとしての恐怖反応を誘発するようになる。それゆえ、CSから逃れたりCSを停止する回避反応は、CSにより誘発されるCR（恐怖反応）からの逃避反応となり、負の強化をもたらす。ゆえに回避反応は維持されると考える。さらに、恐怖などの情動反応は消去されにくいと仮定すれば、回避反応は永く維持されることになる。

　これは重要な視点を与える。なぜなら、嫌な事態を未然に避ける行動は、さまざまな場面で生じるが、それは、いったん学習されると長期間維持されることを示唆するからである。

　罰の効果と副作用　オペラント行動を変容させるものには、強化と罰がある（表3-1）。強化に関しては、目的とする行動をそれにより制御できることが繰り返し確認されてきたが、罰（とりわけ正の罰）に関しては、その効果がどのように生じるかは明確でない。

　ソーンダイクは、最初に「効果の法則」（p.90参照）を提唱したときには、好ましくない結果による刺激と反応の結合の弱化を、好ましい結果による結合の強まりと対称関係にあるものとして認めていたが、後に、罰による結合の直接的な弱化を否定した。スキナーも、ラットの足に軽い罰を与える実験の結果などから、罰は、反応の一時的な抑制をもたらすだけで、永続的な効果を持たないとして、罰の効果を重視しなかった。

　しかし、その後、シュスターとラックリン（Schuster and Rachlin, 1968）は、ハトを被験体としてキー反応に対して電気ショックを与える実験で、一方のキーへの反応には、それを随伴させるが、他方のキーへの反応には、反応と無関係にそれを与えると、前者に対する反応は減少するが、後者に対する反応は減少しないことを見出した。つまり、罰は、刺激と反応の結合を随伴性に基づき直接に弱める役割を果たすことが示された。しかし、罰には、直接的効果以外のいくつかの副作用が指摘される。

第 1 に、罰には、恐怖や怒りのような情動的効果を誘発し、抑制したい特定の反応だけではなく、行動を全般的に抑制させる副作用が指摘される。たとえば、大学生に記憶課題を与え、間違いに対して音で知らせるだけの場合と、ショックにより罰する場合を設けると、後者において、遂行がより遅くなり、かつより多くの間違いが生じる（Balaban *et al.*, 1990）。

　ある生徒が手をあげて先生の質問に答えたとき、その言葉遣いが悪いので厳しく注意し罰を与えたとする。この場合、罰の目的は不適切な言葉遣いを抑制することにあったはずだが、その後、その生徒は質問すること自体、さらにはその他の自発的な行動をも抑制するかもしれない。これは、罰による恐怖の情動反応の古典的条件づけが生じ、その罰を与えた人物やその場の状況が CS として恐怖や不安の情動反応を誘発するようになり、その人物や状況に対する**条件性抑制**が生じたためと解釈できる。なお、条件性抑制とは、ブザー音に続けて電気ショックを与える手続きを行うと、そのブザー音の呈示中は、十分に成立していたオペラント行動が抑制されるような現象をさす。

　第 2 に、罰の使用は継続的な監視を必要とする。たとえば、子どもに部屋を整理整頓させる場合、①子どもが部屋をきれいにしたとき誉めるという強化を使用する方法と、②子どもが部屋を乱雑にしたときに叱るという罰を使用する方法がありうる。①の場合は、子どもは自発的に部屋をきれいにして、強化を受けるために部屋をみせるだろう。②の場合には、子どもは、罰を受けることを招く乱雑な部屋を敢えてみせないだろう。積極的に整理整頓しようとはせず、乱雑な状態を隠そうとするだろう。したがって、②においては監視が必要となる。罰を恐れて罰を随伴する行動の証拠を隠そうとする可能性がある。あるいは、病気を装ったり、知らぬふりをしたりして当該の事態から逃避し、罰の随伴を避ける可能性がある。

　第 3 に、罰は、罰を与える人、あるいは偶然周りにいた人や対象への攻撃行動を引き起こす。ウルリッヒらは、2 匹のラットを実験箱に入れて電気ショックなどの罰を頻繁に与えると、罰が与えられるまでは仲良くしていたのに、お互いに攻撃し合うようになることを示したが、このような結果は、

ハト，ハムスター，ネコ，サルなどでも報告されている（Mazur, 1994）。

このように，罰には副作用があり，問題も多い。しかし，強化と並び行動を制御するための大きな力を有することには違いない。なお，快刺激を取り除くことによる罰，すなわち，負の罰は，嫌悪刺激を呈示する必要がないので，上記のような嫌悪刺激呈示にまつわる副作用は生じない。したがって，後述するように，負の罰は，さまざまな実際の行動修正の場面で用いられる。

ところで，アズリンらは，罰が効果的なための条件をいくつかあげている。第1に，罰は最初から一定以上の強度で与える。弱い罰に対しては慣れが生じ，徐々に強度を上げる場合には，徐々に慣れが生じ，結果的にかなりの強度の罰が必要になる。第2に，罰は即時に与える。第3に，罰は間歇性より連続性のスケジュールの方が効果的である。第4に，ある望ましくない行動に罰を与える場合，望ましくない行動と両立しえない別の行動に対する強化を用意しておくと効果的である（Mazur, 1994）。

(3) 条件づけの応用

古典的条件づけの応用　先にワトソンとレイナーの実験（p.76）を例にあげ，恐怖症の成立が古典的条件づけにより説明できると述べたが，恐怖症の治療も，同じく古典的条件づけの手続きで計画できる。それは，恐怖を引き起こすCSに対して，恐怖とは両立しない反応，すなわち，拮抗する反応を条件づけることである。その1つに**系統的脱感作法**がある。

系統的脱感作法では，まず恐怖の対象を分析して，弱い恐怖を引き起こすものから強い恐怖を引き起こすものまでの恐怖対象の階層を設定する。たとえば，交通事故を起こして運転することが怖くなった人に対して，表3-3の恐怖階層を設定し，恐怖と両立しない拮抗反応として，身体の筋肉を弛緩させるリラックスした状態を利用する。なお，このリラックスした状態を得るためには，身体の特定部位の筋肉の緊張と弛緩を繰り返して，身体の安静や弛緩状態を得る訓練をあらかじめ行う。

まず，第1階層の「事故を起こす前の車の姿を思い浮かべる」を，このリラックスした状態で行う。この第1階層の刺激は，最も弱い恐怖しか引き起

表3-3 系統的脱感作法で使用した恐怖の階層表(Mazur, 1994より)

1. 事故を起こす前のあなたの車を想像しなさい。
2. あなたが車により掛かっているところを想像しなさい。
3. エンジンを切ったあなたの車に着座しているところを想像しなさい。
4. 車に座ってエンジンをかけ、車がアイドリングになった状態を想像しなさい。
5. ガレージから車をバックで出して、これから運転できるように車を回したところを想像しなさい。
6. その車で近所を運転しているところを想像しなさい。
7. 交差点のない、真っ直ぐな道を走っているところを想像しなさい。
8. あなたの運転する車が交差点に接近するが、そこには他の車はいないことを想像しなさい。
9. その交差点で、今度は一旦停止の表示があり、右側から車が近づいているところを想像しなさい（これが患者が事故を引き起こした状況であった）。

こさないので、リラックス状態との拮抗により恐怖反応を生まない。次に、第1階層の刺激を呈示しても恐怖が生じないことを確認して、第2階層の刺激へ進み、同様のことを行う。このように次第に階層を進みながら、最後には、最も恐怖を引き起こしていた刺激に対しても恐怖が生じないように訓練する。この報告をしたクッシャーによれば、たった6回のセッションを受けただけで、被験者は恐怖を感じることなく車を運転できるようになり、3ヵ月後の経過観察でも恐怖症の再発の兆しはみられなかった（Mazur, 1994）。

また、古典的条件づけの手続きは夜尿症の治療にも応用できる。水分を検知する装置をシーツ下に取り付け、尿が少しでもこぼれると、警告音（ブザー）が鳴り、子どもを目覚めさせる。この場合、USは警告音で、URは覚醒であり、CSは膀胱の膨らみ感である。膀胱が膨らんだ後に夜尿が生じて直ちに警告音が発せられるので、膀胱の膨らみ感と警告音がCSとUSの関係で対呈示されたことになる。このときURは覚醒なので、CSの膀胱の膨らみ感がCRとしての覚醒を引き起こすようになる。

オペラント条件づけの応用　日常生活におけるさまざまな行動傾向や癖はオペラント条件づけの原理で説明できる。たとえば、授業中注意をしても

私語をやめない生徒の場合、教師がその生徒を叱る行為が強化となっている可能性がある。つまり、叱る行為は注目することを含み、注目されることは、その生徒にとっては正の強化として作用する可能性がある。また、子どもが泣きわめき「だだをこねる」行動がひどくなるのは、その行為を知らず知らずに親が強化していた可能性がある。すなわち、子どもは欲求不満に際して泣く行動をあるオペラント水準で行うが、子どもがある強度で泣いても親が強化を与えないと、子どもはいっそう強く泣くなどして反応変動性を高める。そして、親がそのいっそう強く泣く行動に対して強化を与えてしまうと、そのいっそう強く泣く行動の生起頻度が高まる。これは反応形成において述べた分化強化に等しい。このようにして子どもの泣き癖が次第にひどくなることが説明できる。反対に、泣き癖を緩和するためには、より弱く泣いているとき、あるいは泣きやんだときを狙って強化を与えるようにすればよい。このようなシェイピング技法はさまざまな臨床的場面において応用される。

　ところで、**トークンエコノミー**（token economy）とは、条件性強化子のトークン（代用貨幣）を用いて望ましい行動を増加させ、望ましくない行動を減少させる方法である。これは行動を矯正する行動療法において用いられることが多い。患者はトークンが一定量に達すると特定の物品と交換できたり、特定の活動を許されたりする。フィリップス（Phillips, 1968）は更生施設で暮らす非行予備軍の少年たちにトークンシステムを適用し成果をあげた。そこでは、宿題をしたり、よい成績をとったり、風呂の掃除をしたり、部屋を整理整頓した場合にはトークンを得ることができ、トークンは、軽食の購入、テレビの視聴、遅くまで起きていられること、町へ出かけることなどの特典のために使用できた。一方、攻撃的言動を行う、寮母の指示に従わない、マナーが悪い、遅刻する、うそをつく場合には、トークンを失うことになる。望ましくない行動の後で、トークンの損失を随伴させることは「反応コスト」と呼ばれ、負の罰が有効にはたらく例である。なお、負の罰が有効にはたらく別の方法としては、不作法な行動をした子どもに一定期間自分の部屋で謹慎させるような「タイムアウト」と呼ばれるものもある。タイムアウト

や反応コストの手続きは、学校や行動療法家の間でよく使用されるが、それは嫌悪刺激を用いずに望ましくない行動を減少させる方法だからである。

また、オペラント行動を選択行動ととらえるマッチングの法則の視点は、応用場面で重要な視点を与える。つまり、望ましい行動を増加させるためには、望ましい行動への強化を増やすだけではなく、その行動以外への強化を減らすことも必要であることを教える。同様に、望ましくない行動の減少には、望ましい行動への強化を増加させるとよい。

たとえば、ある子どもの勉強時間を増加させるには、勉強をするとほうびを与える操作だけでなく、勉強以外の行動の選択肢を少なくすることや、勉強以外の行動には、負の罰（娯楽等の楽しみにしているものをとりあげる）や正の罰（嫌悪刺激）を与えることが有効となる。一方、望ましくない行動を減少させるためには、他の行動の選択肢を増やし、減少させたい行動以外に、正の強化や負の強化を与えることが有効となる。マクドゥウェルは、保護司を凶器で威嚇するほど凶暴な精神遅滞者の暴力行動を減少させるために、毎朝のひげ剃りや読書など、暴力行動以外の行動を強化したところ、暴力行動は劇的に減少した例を報告している（岩本・高橋, 1988）。

3 問題解決

既有の行動様式では直ちに要求を満足できない場面を問題解決場面と呼ぶが、問題解決場面における学習は2つに大別できる。1つの型は、**試行錯誤**型学習である。それは、オペラント行動を試行錯誤的に順々に行い、望む結果をもたらすオペラント行動の水準を上げ、望む結果をもたらさないオペラント行動の水準を下げ、徐々に問題解決の迅速な遂行に至る学習過程である。ソーンダイクは、問題箱というさまざまな仕掛けのある箱にネコを閉じ込め、箱の外に魚などのネコの好物を置き、その行動を観察した。その結果、箱から外へ出て餌にありつけるまでの時間は徐々に短くなることを発見した。そして、満足をもたらす刺激と反応の結合は次第に強まり、満足をもたらさないその結合は次第に弱まるとする「**効果の法則**」を提唱し、後のオペラント

条件づけ研究の先駆けとなった。

　もう1つは、**洞察**型学習である。それは、生活体が問題場面に対する認知構造を持ち、実際に行動を起こす前に認知構造の内部で問題解決の方法を洞察するものである。なお、認知構造とは、環境内の刺激と刺激の関係、自らの行動と環境の変化の関係を反映する表象から成り立つもので、問題解決に役立つ有機的な構造として存在するものである。

　この種の学習に関して、ケーラーは、著書『類人猿の知恵試験』(Köhler, 1917) で、チンパンジーを被験体としたさまざまな問題解決場面での観察を記した。たとえば、柵から手の届かない位置に餌（好物のバナナ）を置き、檻の中に棒を置くと、優秀なチンパンジーは難なく棒を使って餌を引き寄せる。そこで、柵から1本の棒では届かない距離に餌を置く。檻の中には棒として使える葦の茎を2本配置する。最初は1本で餌をとろうと努力するができない。そのうち1本の葦をできるだけ遠くに差し出し、もう一方でそれを押したり突いたりして餌に近づける「よい間違い」をするようになる。やがて努力を放棄してあきらめた様子となる。その後、餌に背を向け所在なさそうに座って葦の棒を弄んでいたところ、両手に持った2本の葦がたまたま一直線になったとき、彼は、それまでは背を向けていた柵の方へ飛んで行き、2本の葦をつないで躊躇なく餌を引き寄せはじめた。翌日には、引き寄せた餌が柵の近くにきて、2本を継いだ棒では長すぎて邪魔になると、すぐに1本を抜き離して、残り1本で引き寄せた。その後は、2本では届かないと、3本を継いで餌を引き寄せることもできるようになった。

　これは、棒を使用して餌を得る解決方法が、その行動を実際に引き起こす前に、手段と目標との関係を内的に見通すことにより獲得されたことを示す。洞察による学習においては、洞察がいったん成立すると、その後間違うことがない。これは、先に述べた試行錯誤型学習では解決に要する時間が徐々に短くなるのと対照的である。

　また、ウェルトハイマー（Wertheimer, 1945）は、問題の本質的な構造を理解しなければ生産的な問題解決はできないと指摘し、小学校での平行四辺形

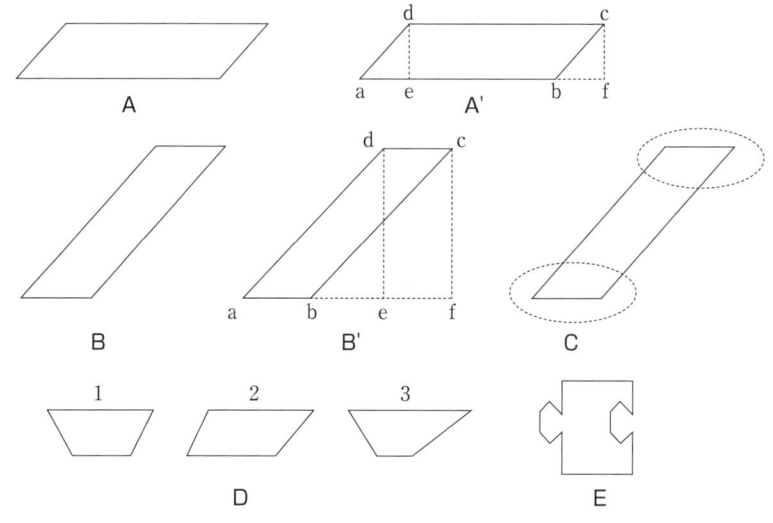

図 3-5 平行四辺形の面積問題（Wertheimer, 1945）

　の面積を求める授業を例に次のように記す。長方形の面積の求め方をすでに知る小学生に対して、ある教師は、図3-5の平行四辺形（A）において、上辺の両端から垂線を引き、下辺の右端を延長し、その垂線を高さとし、平行四辺形の左右辺を辺とする左右の三角形（△adeと△bcf）が合同であることを証明して、平行四辺形の面積が、上辺を一辺とし、垂線を高さとする長方形の面積に等しいことを生徒に教える（A'）。このとき、生徒は、しばしば、「上辺の一方の端から垂線を引いてできた三角形を他方に移動して長方形に変形する」と、単に手続きだけを機械的に覚える。教師も、その手続きをそのまま適用できる練習問題を多数与える。しかし、その生徒たちに、（B）の平行四辺形（これはAを反転し回転しただけ）を与えると、たちまち困惑を示し、「こんなのまだ習ってない」という。上記の手続きをそのまま適用できないからである（B'）。

　この場合、「長方形と比べて、出っ張った部分を切り取り、足りない部分に移動して長方形にする」（C）、すなわち「同じ面積の長方形に変形する」

という本質的な目的に沿う理解がなされていれば、何の困難も生じない。この場合には、DやEのような図形の面積も容易に求まる。

ところで、すでに獲得した認知構造が、場面の構造の柔軟な理解を妨げることがある。ドゥンカーは、そのような現象を**機能的固定**（functional fixedness）と呼び、次の「箱とロウソク問題」で示す。被験者は、3個の紙の箱と、マッチと、押しピンと、ロウソクを与えられ、ロウソクを、近くの衝立へ、床に垂直にとりつけ、ランプとして使うことを求められる。A群（箱の事前利用群）の被験者は、マッチとロウソクとピンを、3つの箱に入った状態で受け取る。B群（箱の非事前利用群）の被験者も同じものを受け取るが、マッチとピンとロウソクは、箱に入っていない。箱は空で受け取る。さて、この問題の解答は、箱の上に溶けたロウを落とし、それにくっつけてロウソクを立て、箱を衝立にピンでとめることであった。結果は、事前利用群では、非事前利用群より、この問題を解決できない者が多かった。これは、箱が容器として利用される状況にあった事前利用群では、箱に「容器」としての機能が固着したため、箱の機能を再定式化して「台」としてとらえることが、より困難となったためと考えられる（Mayer, 1977）。

ところで、認知構造の変容による問題解決学習は、チンパンジーやヒトのような高等動物だけでなく、ネズミでも生じることをトールマン（Tolman and Honzik, 1930）の実験は示す。図3-6の迷路には出発点から目標の餌箱に至る長さの異なる3本の通路があり、通路1、2、3の順に長くなる。訓練期間では通路1をブロックAで遮断する。その結果、いったん分岐点に戻ったネズミは、明白に通路2を通路3より好んで選択することが確認された（15匹の合計1357回の試行において通路2が91%、通路3が9%選択された）。次のテスト期間では、通路1をブロックBで遮断する。ネズミは後戻りして通路2と通路3の選択を行うことになるが、ここで「洞察」がはたらくかどうかが問われる。その結果、15匹のうち14匹までが、第1回目の試行で通路3を選択した。つまり、ネズミは通路1、2の共通部分のブロックBに対しては、両通路を遮断することを洞察したことになる。これは、ネズミが、単に習慣

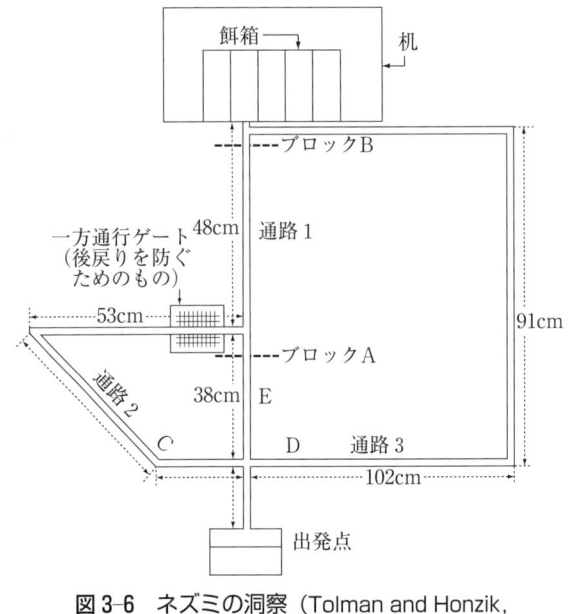

強度の階層順に行動するのではなく、迷路全体の**認知地図**を手がかりに行動することを示唆する。認知地図とは、環境要素の位置関係を内的に表象するものであり、環境の刺激手がかりに対する期待から生まれる手段－目的関係の認知により成り立つ。その獲得が認知構造の変容としての学習の成立となる。なお、この刺激手がかりに対して生活体の側に生じる期待の複合体をサイン－ゲシュタルトと呼ぶ。

図3-6 ネズミの洞察（Tolman and Honzik, 1930 より改変）

トールマンは、さらに、認知地図の獲得による学習（learning）の成立と遂行行動（performance）として現れるものが、必ずしも一致しないことを次の実験で示した。ネズミを3群に分け、14箇所で左右2肢の分岐点がある迷路で、出発箱から目標箱まで1日1試行走行させる。第1（R）群には、初日から最終17日まで毎回目標箱に達すると餌を与える。第2（NR-R）群には、最初の10日間は目標箱に達しても餌を与えず、11日目から餌を与える。第3（NR）群には、最後まで餌を与えない。その結果、第2（NR-R）群は、餌のない無強化試行中には誤反応をあまり減少させないが、途中11日目から餌を与えられると、翌日からたちまち第1（R）群を追い越すほど誤反応を減少させた。なお、第3（NR）群は、最後まで誤反応を減少させない（本吉, 1983）。これは、ラットが、遂行行動には現れないが、無強化期間にも、探索を通して迷路の学習を進行させていたことを意味するので、**潜在学習**と

呼ばれる。この現象は、強化の主たる機能は、遂行を促進することにあり、強化は学習成立には必ずしも必要ないとする考えを導く。

4 観察による学習

これまで述べてきたオペラント条件づけ、古典的条件づけ、および認知構造の変容による学習は、個体が直接経験することによる学習であった。しかし、生活体は、直接経験によらずモデル（手本）の行動を観察することでも学習を行う。このような学習を観察学習と呼ぶ。観察学習の果たす役割は高次の種になるにつれ大きくなる。

バンデューラは、観察者が直接強化を受けなくともモデルの行動を観察するだけで学習が成立することを、**モデリング**と呼び、従来の模倣や同一視を包括する概念として提唱した。そして、モデリングの成立を、子どもに攻撃行動場面をみせる次のような一連の実験で示した。平均4歳の幼児に、空気で膨らませた人形に対して馬乗りになり鼻を殴ったり、金槌で頭を殴るなど、子どもが通常行わない攻撃行動をモデルの人物が行う場面をみせる。その際、子どもたちを、①大人が実際に目の前で攻撃行動を行う群、②同じ情景をフィルムで録画したものをみせる群、③漫画に出てくるネコに扮した人物が同じ行為をする情景のフィルムをみせる群に分ける。また、④攻撃行動をみせない統制群も設ける。攻撃行動の観察後、子どもたちを少し欲求不満の状態にしてから、さまざまな玩具のある別の部屋で自由に遊ばせて、その行動を20分間観察する。その結果、攻撃行動の発生頻度は、①から④がそれぞれ平均で83, 92, 99, 54回となり、モデルの攻撃行動を観察した群は、どれも統制群よりも有意に多く攻撃行動を発生させた（Bandura et al., 1963）。

また、モデルが受ける強化を代理強化（代理罰も含む）と呼ぶが、それは学習の成立自体には必要ないことを、次のバンデューラ（Bandura, 1965）の実験は示す。

まず、通常子どもたちが行わない特異な4種の攻撃行動を、大人のモデルが人形に加える場面を映した5分間フィルムを幼児にみせる。その際、モデ

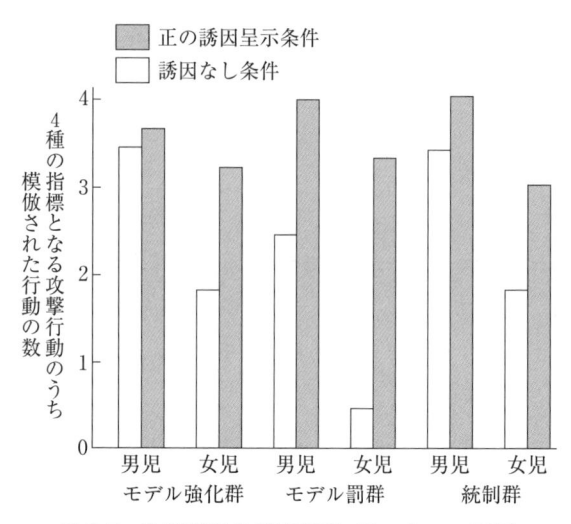

図 3-7　攻撃行動の観察学習（Bandura, 1965）

ルが攻撃行動に対して別の大人から賞賛を受けるのを観察する第1群（モデル強化群）、モデルが叱責を受けるのを観察する第2群（モデル罰群）、賞賛も叱責も受けないのを観察する第3群（統制群）を設ける。その後、子どもたちを自由に遊ばせて観察し、モデルがみせた特異な4種の攻撃行動がいくつ模倣されるかを測定する。その結果は、たしかに、モデルが罰を受けるのをみた群は、他の群に比して、その模倣が少ないことを示し、代理強化が一定の効果を持つことを示す（図3-7の「誘因なし条件」の結果）。

しかし、その後さらに、子どもたちに「TVでみたロッキー（モデルの名前）は何をしていたの。どんなこといっていたの」と尋ね、その真似をすればジュースやステッカーをもらえるようにすると、子どもたちは、図3-7の「正の誘因呈示条件」の結果が示すように、すべての群で、模倣行為を同様に示した。模倣行為の再現を学習成立の証拠とみなすならば、第2群も含めてすべての群で学習は成立していたことになる。すなわち、代理強化は、モデリングの促進条件であって、学習成立そのものの要件ではないこと、学習の成立と行動の遂行は一致しないことを示す。

2　記　憶

1　記憶と忘却

1節で述べたさまざまな学習は、先行経験が後の活動に影響することである。ゆえに、学習には経験の保持が必須となり、そこに記憶という概念が要請される。そして、その保持されるものを記憶痕跡または記憶表象と呼ぶ。

記憶の過程は、経験の効果を、一定時間を経て、再び取り出し利用することであり、①記銘あるいは符号化 (encoding)、②保持あるいは貯蔵 (storage)、③想起あるいは検索 (retrieval) の3段階からなる。なお、符号化とは、入力された刺激を記憶表象に変換する過程をさす。

したがって、記憶に失敗があった場合、この3段階のどこで失敗があったかを問わねばならない。そもそも符号化がなされず記憶痕跡が形成されなかったのか、記憶痕跡は形成されたが、貯蔵の間に減衰または崩壊し、「利用可能性 (availability)」を失ったのか、あるいは、記憶痕跡は貯蔵されているが、検索して取り出すことができなくなり、「アクセス可能性 (accessibility)」を失ったのかが問題となる。このうち、②の貯蔵段階または③の検索段階に原因があり過去経験を利用できなくなる場合を忘却と呼ぶ。

忘却に関して最初に浮かぶ疑問は、②の貯蔵段階での記憶痕跡の持続性の問題であろう。試験勉強で一生懸命覚えたのに試験当日思い出せなかったとか、大事な用事なのにいわれたことを忘れてしまったなどは誰しも経験する。それらは記憶痕跡が崩壊しやすいものだと考えさせる。他方、遠い昔に一度だけ行った場所を再び訪ねたとき、日頃思い出すことはなかったのに、「その角を曲がると寿司屋があったはずだ」などと遠い過去の記憶が蘇ったり、小学校時代のアルバムをめくるうちに、忘れていた過去の記憶が蘇ることがある。これらは記憶痕跡が永続すると考えさせる。

この記憶痕跡の持続性の問題に対する1つの答えが、記憶に関する組織的な研究をはじめて行ったエビングハウス (Ebbinghaus, 1885) の実験から得ら

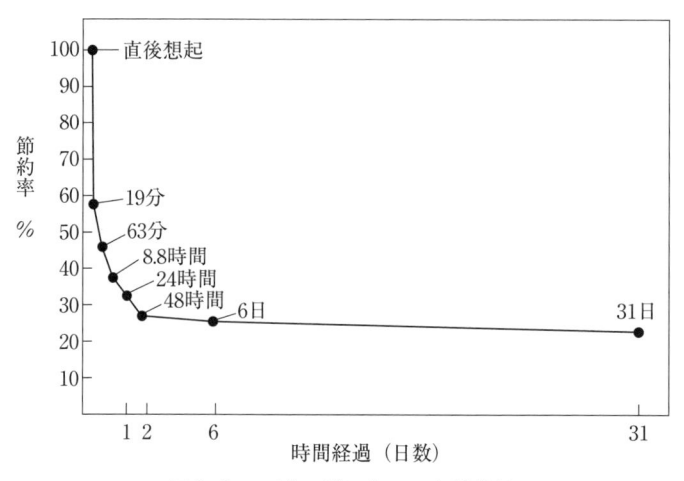

図3-8 エビングハウスの忘却曲線

れる。その実験では、LUN、ZIV、WEKなど3文字1音節の無意味音節が13個で1系列をなすものを記憶材料として、1分間に150音節のタイミングで読み、異なる8系列を、2回連続して誤りなく暗唱できるまでに要する時間を測定した。その結果、はじめての材料に対する学習（原学習）には、平均約18分要した。そして、19分経過後、同じ材料を使っての再学習に要した時間を測定したところ、平均8.3分で学習が完了した。この場合、最初に比べて、9.7分（53.9%）の時間が節約されたことになる。なお、原学習に要した時間をL_1、再学習に要した時間をL_2とすると、$Q = 100 \times ((L_1 - L_2)/L_1)$を節約率という。彼は、自分自身を被験者とし、原学習と再学習の時間間隔として次の7種を設けて、合計163回実験を行い、節約率を求めたところ、それぞれ次の平均値を得た。19分後に58.2%、63分後に44.2%、8.8時間後に35.8%、1日後に33.7%、2日後に27.8%、6日後に25.4%、31日後に21.1%であった。これらの節約率は、その分だけ記憶痕跡が残っていたことを意味するが、24時間後でも30%以上、31日後でもまだ20%以上の節約があったことは特筆に値する。おそらくこのような無意味音節では、数時間も経てば、本人はまったく忘れてしまったと自覚するであろう。しかし、節

約率のデータは、記憶痕跡が残存していたことを示す。なお、この節約率の推移を描くグラフを**忘却曲線**または**保持曲線**（図3-8）と呼ぶ。

　近年の潜在記憶研究も、記憶が本人の自覚とは別に長期間にわたり保持されることを示す。たとえば、小松・太田（Komatsu and Ohta, 1984）は、36名の被験者に、最初の学習段階において、5ないし6文字のひらがな単語90語からなる記銘リストを、3.5秒に1語の速度で一度だけ呈示し、記銘を求める。なお、記銘リスト呈示直後の1分間、被験者には、ある数字から3ずつ引き算する課題を与える。これは、被験者が呈示直後に記銘リストの単語を繰り返し唱えたりして記憶を定着させることを妨げるためである。そして、その8分後、1週間後、5週間後に、第1回、第2回、第3回の記憶テストを行う。その記憶テストとして、再認テストと単語完成テストの2種類用いる。再認テストとは、呈示する単語が先の記銘リストに含まれていたかをyesかnoかで判断させる課題であり、単語完成テストとは、5ないし6文字のうち、2ないし3文字が空白のひらがな単語を呈示し完成させる課題である。なお、被験者は、再認テストばかり3回受ける群と、単語完成テストばかり3回受ける群に分かれる。各テストでは、最初に学習した記銘リストの単語からの30語と、はじめて呈示される単語30語を無作為に混ぜて呈示する。同じ単語は2度使用しない。

　図3-9はその結果を示す。図中の旧項目の値は、記銘リストとして以前に呈示された単語に対する単語完成テストの正答率であり、記憶痕跡の残存を

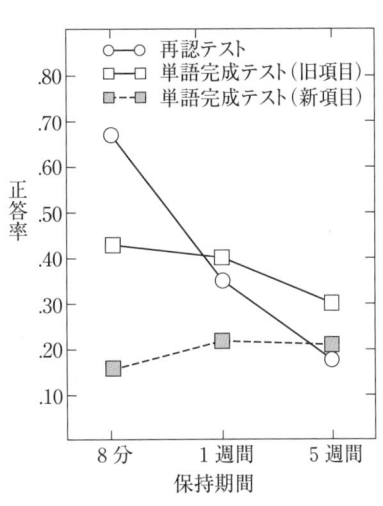

図3-9　再認テストと単語完成テストの正答率（Komatsu and Ohta, 1984, Fig.1を改変）

注：再認テストの正答率は旧項目にyesと答えた正答率から、新項目にyesと答えた誤答率を差引きして補正したものである。

反映するが、新項目の値は、記銘リストとして呈示されたことのない単語に対する正答率で、その残存を反映しない統制条件値である。つまり、旧項目と新項目の正答率の差が、記銘リスト学習経験による記憶痕跡の残存の程度を示す。結果は、保持期間が長くなるにつれ、再認テストの成績は低下するが、単語完成テストの旧項目と新項目の正答率の差は、それほど減少しないことを示し、どの期間でも、記銘リストに対する記憶痕跡残存を示す有意な結果が検出された。ところで、再認テストは自覚できる記憶をテストするものとみなせるので、再認テストの成績が低下することは、自覚できる記憶が失われることを示す。つまり、再認テストの成績が低下するにもかかわらず、単語完成テストの成績がそれほど低下しないことは、自覚できる記憶は失われても記憶痕跡は維持されていることを示す。

また、ペンフィールドらは、てんかん治療手術のため大脳皮質が露出した患者の側頭葉部位に電気刺激を与えたところ、患者は忘れていた昔の記憶を断片的に生き生きと思い出すことを報告し、「それぞれの個人は、自分の意識の流れをその神経細胞の中に記録している」と結論した。たとえば、ある患者は、電気刺激を受けたとき、「おお、懐かしい記憶。どこかの事務所だわ。机が見える。私がそこにいると誰かが私を呼んでいたわ。机にもたれて鉛筆を手に持った人だわ」と現実感を伴うフラッシュバック経験を報告する（Penfield and Roberts, 1959）。フラッシュバックとは、過去の出来事を現在進行中の出来事のように感じる想起が突如起こることであり、過去に経験した意識の流れが再び現在も流れているかのように蘇るものである。これも、記憶された情報は、半永久的に脳に貯蔵されるという主張の根拠となる。

このように、記憶痕跡は本人の自覚なしに維持されることを示す事実が見出されているが、この事実を知ることは教育の場面で有用である。なぜなら、教科学習では、さまざまな事柄を記憶することが求められるが、学習しても「すぐ忘れてしまう」、「すぐ思い出せなくなる」という自覚は、しばしば学習者を悩ませ、学習活動が無益であると学習者に思わせ、学習意欲を阻害する原因の1つになるからである。「すぐ忘れてしまう」のは、学習活動の成

果を本人の自覚を伴う水準では取り出せないだけであり、その学習活動の痕跡は維持されることを知るのは学習活動を勇気づける。

　このように、記憶痕跡が本人の自覚以上に維持されることが示されるが、では、なぜ記憶したことを思い出そうとしても思い出せないのか。忘却の1つの説明として、記憶痕跡は残っていても、似たものが後から入ってくるため、あるいは、先に形成された類似の記憶痕跡があるため、記憶痕跡同士が干渉しあい、区別がつかなくなり、利用可能性を失うとする**干渉説**がある。

　たとえば、ジェンキンスら（Jenkins and Dallenbach, 1924）は、日常生活を続けさせる活動条件群、睡眠させる睡眠条件群の2条件を設け、10個の無意味綴りを記銘させて、1、2、4、8時間後に自由再生を求めた。その結果、睡眠条件群の再生成績は、平均しても2倍以上、8時間経過後では4倍以上も活動条件群よりよいことが見出された。この結果は、日常生活を続けると、その間睡眠する場合に比べて、さまざまな新たな項目が記憶に入るため、項目同士の干渉が生じたことにより得られたと解釈できる。

　また、単語リストなどの学習において、その単語リストの学習後に別の単語リストの学習を行う群（逆向抑制群）、あるいは、その単語リストの学習前に別の単語リストの学習を行う群（順向抑制群）と、前後に別の単語リストを学習しない群（統制群）の成績と比較すると、干渉の原因となる前後のリスト学習のない統制群の成績が最もよいことが古くから知られている。その際、前後のリストと単語リストの類似性が高まるほど、干渉効果が大きく想起を妨げる。歴史上の出来事の年代を覚える際、覚えはじめはその想起が容易であるが、後から覚える項目が増えるほど以前の項目を想起しにくくなるなど、記銘項目間の干渉による妨害効果の存在は日常的にもしばしば実感する。

　忘却のもう1つの説明として、記憶痕跡は健在だが、貯蔵情報へ接近する手がかりが失われるからとする**検索失敗説**がある。次の実験はそれを支持する。高校生の被験者に、武器、犯罪、4足の動物、娯楽の道具、職業などのカテゴリーに属する記銘項目を、カテゴリーごとにグループ化して、一度だけ呈示する。その際、そのグループのカテゴリー名を、各グループに先行し

て呈示する。記銘項目の呈示直後に自由再生で想起を求めるが、再生の際に各カテゴリー名の表を記したカードを手元に与えられる群（CR群）と、与えられない群（NCR群）を設ける。その結果、12個のカテゴリーの各4項目からなる合計48語の記銘リストに対し、前者（CR群）は、約30語再生できたが、後者（NCR群）は、約20語しか再生できなかった。その後、後者（NCR群）に対してもカテゴリー名の表を与えると、さらに約8個（合計28語）想起できた（Tulving and Perlstone, 1966）。

この結果は、カテゴリー名の表が貯蔵情報へ接近する手がかりを与えたためと解釈できる。つまり、忘却は、記憶痕跡の利用可能性を失ったためではなく、アクセス可能性を失ったためであることを示す。これは、想起の手がかりをいかに保持するか、そして、記銘項目をいかに手がかりに結びつけるかが、忘却を防ぐ決め手となることを示唆する。

2 記憶の理論

前項では、記憶痕跡が本人の自覚以上に永続すること、および、記憶痕跡が存在するにもかかわらず忘却が生じる原因について考察したが、次に、記憶に関する代表的理論を紹介する。

記憶には2種類あるとする考えは19世紀に遡る。ジェームズ（James, 1890）は1次記憶（primary memory）と2次記憶（secondary memory）を提唱した。前者は、ある程度の時間的広がりを持つ現在の意識内容であり、後者は、現在の意識からは消失しているが必要に応じ意識の対象として呼び戻されるものを指す。このような2つの記憶システムを想定するモデルは、アトキンソンとシフリンにより、短期貯蔵庫と長期貯蔵庫からなる二重貯蔵モデルとして1968年に集大成された（Atkinson and Shiffrin, 1971）。なお、彼らは短期貯蔵庫の前に感覚登録器を加える。

このモデルによれば、入力情報はまず感覚登録器（sensory registers）に入る。その内容を**感覚記憶**（sensory memory）とも呼ぶが、感覚記憶は、入力情報に対する初期特徴抽出処理を行う間、詳細な情報を生のまま保持する役

割を果たす。視覚刺激の場合は数百ミリ秒、聴覚の場合は数秒以内といわれる。

　感覚記憶の中から選択された情報は、符号化され、短期貯蔵庫に入る。その内容を**短期記憶**（Short-Term Memory：STM）と呼ぶ。短期記憶は、注意を向けている間だけ、あるいは数秒から十数秒間だけ保持されるものである。たとえば、電話帳ではじめて調べた電話番号は、他のことに気をとられるとすぐ想起できなくなる。短期貯蔵庫は、情報を一時的に保持することで、意識的思考作業の場、注意の場、暗算やシンボル操作の場、意識が直接同時にとらえることのできる場となり、会話、計算、推理など種々の認知機能の遂行中に情報が自覚的に操作される作業の場となる。そういう意味で**作動記憶**または**作業記憶**（working memory）と呼ばれる。それは、心の中に数個の情報を同時に保持し、相互に関係づける作業を行うシステムである。

　作動記憶が保持できる項目数には限界がある。その項目数に関しては、イギリスのジェヴァンズが豆粒を箱に投げ入れて行った豆の数当て実験（1871年）が、1つの推定を与える。それは、豆の数が3、4個のときは正確にいい当てるが、5個以上になると誤りが生じはじめ、7個で正答率が70％、10個で半分以上間違え、15個では20％以下になることを示した（大山，1978）。このように、われわれは、7個ぐらいまでならば、1つひとつ数えることなく、ひとまとまりにしてある程度いい当てることができる。この同時に注意を及ぼせる範囲は、作動記憶において保持できる項目数を推定させる。また、一連の記銘項目を次々と呈示された被験者が直後に再生できる項目数の限界は、直接記憶範囲と呼ばれ、大人の場合、7項目ぐらいであることが知られている。これも作動記憶の保持容量の推定を与える。

　さらには、洋の東西を問わず「七」がよく使われることも、その容量を示唆する。たとえば、七不思議、七曜（1週間）、七色、七音、七つの海、七福神、七草、七つ道具である。これは、思考の場で同時に扱える項目数の限界が7個程度であることの反映と考えられる。

　ミラー（Miller, 1956）は「七」の問題を「不思議な数 7 ± 2（magical number

7±2)」と表現し、これを人間の伝達情報容量の問題としてとらえた。彼は、周波数の異なる複数の音を聞いて絶対判断で同定し判別できる範囲が6種類程度となる実験結果から、人間という通信系が伝達できる情報量は、音の高さの場合、約2.5ビットと推論した。ビットとは、情報量（N種類から1つ同定した際に得られる情報量は2を底とするNの対数$\log_2 N$となる）の単位で、6種類は情報量として約2.5ビットとなる。その他さまざまな1次元刺激による実験結果の平均は、約2.6ビットで、これは約6.5種類に相当する。評定尺度（p.157参照）が7段階までであることも、この限界に対応すると考えられる。

そして、彼は、人間の記憶範囲の単位を「チャンク」と呼び、その限界を7±2チャンクとした。ここで重要なことは、1つのチャンクに収容する情報量を大きくすれば、7±2項目の限界を超えて、実質的にはそれ以上の情報量を記憶範囲で扱うことができる点である。たとえば、16個の数字からなる「1192133816031868」の場合、この数字列が、それぞれ、鎌倉幕府（1192年）、室町幕府（1338年）、江戸幕府（1603年）、明治政府（1868年）の成立の年代の並びとすれば、記憶範囲に収まる4項目として扱える。この16個の数字列を覚えてその順序で再生することも困難でなくなる。つまり、人間の記憶範囲は、「どのような金額のコインでも一定数だけ入る財布」のようなもの、すなわち、収容できる金額に限界があるのではなく、収容できるコインの個数に限界がある財布のようなものである。

ところで、先にあげた電話帳で電話番号を調べる場面で、もし筆記具がなく、電話帳の場所から電話器の場所までが2分もかかるほど離れている場合にはどうすればよいか。その場合は、心中で繰り返し呟くことによって短期記憶を維持できる。このように記銘項目を繰り返すことをリハーサルと呼ぶ。短期記憶は、リハーサルにより長期貯蔵庫への転送が促進される。

なお、リハーサルには、項目を単純に反復するだけの維持リハーサルと、情報に対するイメージの構成や意味的処理により既有知識と関連づける精緻化リハーサルがある。精緻化リハーサルは、情報を短期貯蔵庫から長期貯蔵庫へ転送する効率を高める。長期貯蔵庫の内容を**長期記憶**（Long-Term

Memory：LTM）と呼ぶが、それは、いつでも想起できる自宅の電話番号や、さまざまな言葉の意味、文法規則など、膨大な知識からなる。

　ある程度以上の長期にわたり維持される記憶を長期記憶と呼ぶと述べたが、長期記憶は、**宣言的記憶**（declarative memory）と**手続記憶**（procedural memory）に分類できる。宣言的記憶とは、意識的想起が可能な記憶であり、内容を述べることができる事実に関する記憶である。他方、手続記憶とは、自転車乗りの技能、セーターの編み方、チェスのやり方、暗算や計算のやり方、司会の仕方などの技能や認知的操作に関する記憶であり、繰り返しにより一定パターンとして頑健になり、利用する際に想起意識を伴わないものである。熟練技能を意味するスキルはこれに相当する。

　この区別は健忘症患者の症状により支持される。1953年に、てんかん治療のため、脳の両側海馬およびその近傍の摘除手術を受け、症例HMとして有名なHM氏は、手術後は、新しい出来事の意識的想起（宣言的記憶）はまったくできない症状を示したが、感覚運動技能（手続記憶）の習得は可能であった（Squire, 1987）。同様に、将来は法律家をめざしていた記憶力抜群のイギリス人大学生ジェレミー・カス氏は、ある日突然、脳内の海馬への情報伝達路が腫瘍により阻害されるようになり、新しい出来事の記憶（宣言的記憶）をまったくつくれなくなった。しかし、新たな技能（手続記憶）の習得は可能であり、彼は、法律家になることはあきらめ、家具職人として新しい人生をはじめた（NHK取材班, 1993）。このように、海馬付近の損傷は、宣言的記憶には著しい影響を与えるが、手続記憶には影響しない。宣言的記憶は自覚される記憶の基盤となり、手続記憶は自覚されない記憶の基盤となる。

　また、宣言的記憶は、エピソード記憶と意味記憶に分類できる。この分類を提唱したのはタルヴィング（Tulving, 1972）である。**エピソード記憶**（episod-ic memory）とは、出来事の知覚的特徴が保たれたものであり、その出来事の日時・場所などの文脈情報を付随した記憶である。たとえば「昨日、食堂の机の上から食塩が床に落ちたのを見た」などの個人的経験に関するものである。他方、**意味記憶**（semantic memory）とは、単語の意味、概念、文

```
                    記憶
                   /    \
             宣言的記憶    手続記憶
              /    \      /  |  |  \
        エピソード記憶 意味記憶 技能 プライミング 単純な古典 その他
                                      的条件づけ
```

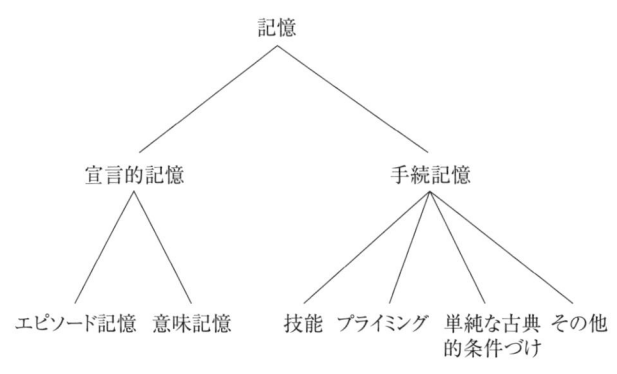

図 3-10　スクワイアによる記憶の分類（Squire, 1987 を改変）

法の法則、演算規則などを組織的に構成した知識の宝庫であり、言語の使用に必要な記憶である。化学式の知識が定着した人にとって、「食塩の主成分の化学式は NaCl である」は、意味記憶に存在する情報から成立する。そのとき、この内容をいつどこで覚えたかの意識は一般に伴わない。

　先に忘却を考察した際、覚えたことをすぐ忘れてしまい困るという問題をとりあげたが、そこで想定したのは、いつ、どこでという体験の自覚を伴うエピソード記憶だったことになる。

　なお、宣言的記憶、手続記憶の分類と、エピソード記憶、意味記憶の分類の関係をスクワイア（Squire, 1987）は図 3-10 のように位置づけた。

　ところで、意味記憶は、情報がバラバラに集まったものではなく、一定の体制化された構造を有する。弓野（1977）は、大学生に花のカテゴリーに入る項目を自由連想で想起させたところ、春の花、歌謡曲に現れる花、五十音順、白い花、春の七草などのように、何らかの手がかりをもとに再生が行われることを見出した。このように、意味記憶では、上位概念による体性化が行われている。

　また、言語理解をコンピュータで実現するためのモデルとしてキリアンは意味情報の階層的ネットワーク構造を提案したが、コリンズとキリアンの反応時間実験は、このモデルが人間の意味記憶構造のモデルとなることを示す。

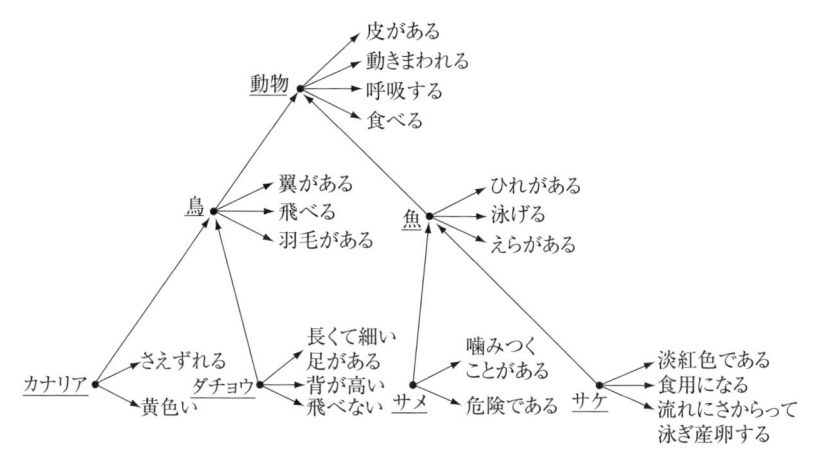

図 3-11 意味記憶の階層表現（Collins and Quillian, 1969 を改変）

たとえば、①「カナリアは黄色い」、②「カナリアは飛べる」、③「カナリアは呼吸する」に対する Yes か No での真偽判断に要する反応時間を調べると、①よりも②、②よりも③と約 75 ミリ秒ずつ長くなる。これについて、意味記憶の階層ネットワーク構造を、図 3-11 のように、概念を結節点（node）で表し、その特性を結節点からのポインター（pointer）で結び、概念と概念の結合もポインターで表すとすれば、この結果は、判断するために通過せねばならないポインターが多いほど判断が遅くなったからであると解釈できる。

しかし、文の真偽判断課題の結果には、このままのモデルでは説明できないものがある。ロッシュ（Rosch, 1973）は、たとえば、鳥というカテゴリーにおいて、コマドリやカナリアは、ニワトリやダチョウよりも典型的な成員と評定されることを示した上で、「カナリアは鳥である」のような、カテゴリーの典型的な成員に対する判断に要する時間は、「ダチョウは鳥である」のような、非典型的成員に対するものよりも短いという典型性効果を見出した。先のモデルでは、「カナリア」も「ダチョウ」も、「鳥」との間のポインターの数が同じなので、この典型性効果を説明できない。

そこで、コリンズとロフタス（Collins and Loftus, 1975）は、先のキリアンの

モデルを改訂したものを提唱した。そこでは、意味記憶のネットワークは図3-11のような厳密な階層性を持たず、特性も概念として結節点で表され、概念と概念は自由に結合するものとする。そして、2つの概念が共通して結合する概念が多いほど、その共通概念を通じて、両概念の関係はより近密となり、意味的関係性が高まると考える。すなわち、意味的関係性は、概念間の相互結合の総体により規定されるとする。

そして、典型性効果は次のように説明される。典型性の低い成員（ダチョウ）の概念と結合する特性（2mの大きさ、飛べないなど）のいくつかは、上位概念（鳥）と結合する特性（十数センチの大きさ、飛べるなど）と一致しない。他方、典型性の高い成員（カナリア）の場合には、そのような不一致特性がない。そのため、「ダチョウは鳥である」に対するYes判断は、「カナリアは鳥である」に対するよりも遅れる。また、概念間の接近性、すなわち結合の強度も典型性効果を説明する。概念間の結合は、よく使用されるほど強度が増し、強度の増加は概念間の接近性を高める。つまり、上位概念（鳥）とその典型性の高い成員（カナリア）の概念間の結合は、典型性の低い成員（ダチョウ）との結合より、使用頻度が高いため、強度が増し、その間の接近性が高くなり、典型性効果が生まれると考える。

ところで、1つの語の処理が、この語と関係ある他の語の処理を促進することを、プライミングというが、概念の活性化がネットワークを通じて拡散する点を重視するこのモデルは、プライミングの説明にも適する。この種のモデルは、活性化拡散モデルと呼ばれる。

このように、意味記憶研究から概念の記憶痕跡の貯蔵状態に関するモデルが提案されてきたが、記憶が実際に効率よく活用される日常場面を説明するためには、事物や出来事に関する記憶の枠組みを与える構造が要請される。

バートレット（Bartlett, 1932）は、「幽霊の戦い」という民話を被験者に読ませ、十数分後、数日後、数ヵ月後、数年後と何回か再生させたところ、物語の内容は、時間の経過とともに、一定の規則に従い変化することを見出した。この民話は、被験者のイギリス人とは文化水準や社会的環境が非常に異

なる北米原住民の超自然的なものであり、被験者には合理的な筋道を欠くと思われる物語なので、その解釈は各被験者の持つ背景知識に影響されやすいものであった。この実験は、記憶の想起過程が、記憶痕跡そのままの固定的断片的な再興奮ではなく、過去経験の集積から選ばれた特定の心的枠組みに適合するよう再構成する働きであることを示した。そして、彼は、この心的枠組みを**スキーマ**（schema：図式）と呼んだ。それは、特定の事象に関する知識を1つのカプセルに収めたようなものであり、知覚的要素から、カテゴリー（たとえば鳥類）、物語の筋、買物、通学などの行動のプランに至るまで、さまざまな抽象度のものに関する一般化された知識の構造である。

また、スキーマは、フレーム（frame）という、知識の表現形式の基本構造により表現されうる。フレームは、結節点（node）と関係（relation）からなるネットワークであり、特定の例やデータで埋められるスロット（slot）と呼ばれる多くの終端を持つ（Minsky, 1975）。スロットのいくつかは、固定値を持つが、いくつかのスロットには、異なる場面や対象に対処できるように変数が入る。例えば、「自動車の購入」に関してはたらくフレームは、金額や品物というスロットに、適当な金額や車種を入れて使われる。スロットに情報が欠ける場合には、デフォルト値（default value）で埋められる。デフォルト値は、一般的に期待されるものとなる。たとえば、普通のサラリーマンが自動車を購入するといったとき、それを聞いた人は、その人が購入するのは、定員5名程度で、価格が月給の10倍以内の乗用車として聞く。まさか、20人乗りのマイクロバスを購入するとは思わない。

また、シャンクらは、一連の定型的行動を表現するスキーマを、スクリプト（script）と呼ぶ。それは、レストランにいく、歯医者へいくなど、一連の行動に関するものである。スクリプトのおかげで、必要な情報が欠けても、状況に対する推論からそれを補うことにより、円滑な活動が可能となる。

③ 記憶の方法

覚えたことを忘れないためにはどうすればよいか。これは多くの人が古く

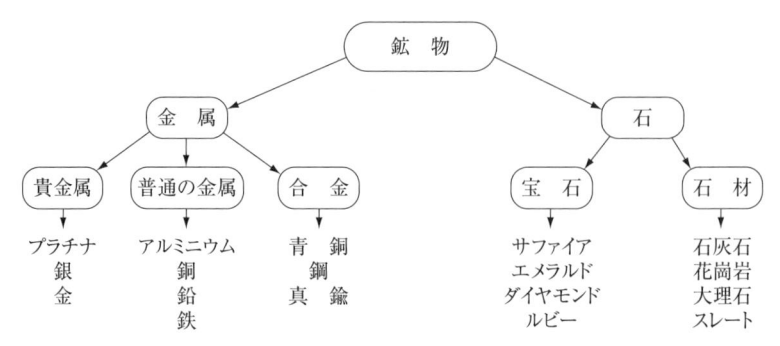

```
                    鉱 物
                   /      \
                金 属      石
              / |  \      / \
         貴金属 普通の金属 合金  宝石  石材
         プラチナ アルミニウム 青銅  サファイア 石灰石
         銀    銅      鋼   エメラルド 花崗岩
         金    鉛      真鍮  ダイヤモンド 大理石
              鉄            ルビー   スレート
```

図 3-12　体制化された記銘材料（Bower et al., 1969 より改変）

より関心を寄せてきた問題である。その答えは、先述したように、忘却の大きな原因が検索手がかりの喪失にあるので、いかに検索手がかりを失わないかにある。

　その1つの方法は、記銘項目の関係を階層的な構造にするなど、よく体制化することである。バウアーら（Bower et al., 1969）の次の実験は、記銘項目を体制化して呈示するのが効果的であることを示す。単語を、図 3-12 のような階層構造（鉱物、動物、道具、身体部位等ごとの階層構造）で体制化して、1枚当たり約 28 語ずつ記したカード 4 枚（合計 112 語）を記銘材料として呈示する群（実験群）と、同じ 112 語から無作為に選んで、1枚に 28 語ずつ記したカード 4 枚を呈示する群（統制群）を設ける。各群の被験者は、4枚のカードをみた後、覚えている単語を口頭で答える。これを 1 試行として、同一記銘材料で 4 試行繰り返す。その結果、実験群は、1回目で既に 65％正答となり、2回目以降はほぼ 100％正答するが、統制群は、1回目 18％、2回目 35％、3回目 47％、4回目でも 62％であった。このように、記銘材料の体制化により生まれる記憶構造は、検索手がかりとなり、想起を促進する。

　記銘項目を既存の堅固な記憶構造と結びつけることにより検索手がかりを頑健にする方法は、記憶術として利用される。古代ローマの雄弁家キケロが演説内容を思い出すために利用したとして有名な「場所法」が、その1つである。それは、自分の熟知する場所、たとえば、いつも散歩する庭の各場所

や、自分の家の各部屋に番号をつけ、それぞれの場所に、演説内容の項目を結びつけ、演説を進行させながら、心の中で庭や各部屋を順番どおりめぐり、それぞれの場所で、結びつけた内容を思い出すものである。

また、たとえば、「いい国つくろう鎌倉幕府」(1192年の鎌倉幕府成立)のように、年号を覚えるとき、語呂合せすると忘れにくいが、これは、検索手がかりを豊富にすることにより、項目の差異性を高めて、後の検索を容易にするものである。

3 動機づけ

① 動機づけの種類

「馬を水辺につれて行くことはできても、水を飲ませることはできない」という故事があるように、水があっても喉が渇いていなければ馬は水を飲まない。無理に飲ませようとしてもいやがるだけである。一般に、生活体がある活動を起こし、その活動を維持するには、生活体の内部にその活動を求める状態が生じなければならない。その内的状態を欲求（要求：need）と呼ぶ。そして、欲求の対象となるものを誘因（incentive）と呼び、欲求と誘因の出会いにより生じて行動の直接的な推進力となるものを動因（drive）または動機（motive）と呼ぶ。生活体は、何らかの欲求を持ち、同時に欲求の対象（誘因）が存在するとき行動を起こすが、このように、行動を一定方向に向けて発動させ、推進し持続させる過程全体を動機づけ（motivation）と呼ぶ。

生理学者キャノン（Cannon, 1932）は、生活体には、内部環境、すなわち、からだを満たす液質の水分、塩分、糖分、温度などの状態を一定に維持する自動調節機能があることを指摘し、その機能をホメオスタシス（homeostasis）と呼んだ。それゆえ、内部環境を一定状態に維持しようとする機能に基づく欲求をホメオスタシス性欲求と呼ぶ。たとえば、血糖値低下や水分不足状態のネズミに発生する欲求は、そのネズミに餌や水を得るためのレバー押し反応などの行動を引き起こし維持する。なお、homeoとは等しいとか同一と

いう意味で、stasisとは平衡状態、定常状態という意味である。

　また、大きな音などの過度の環境刺激、電気ショック、ある種の化学物質など、身体に有害な刺激に遭遇した際には、それから逃れようとする欲求が生じる。この欲求、および、ホメオスタシス性欲求、さらには、性的欲求、睡眠欲求などを生理的欲求と呼ぶ。

　感覚刺激に関しても、生活体は、正常な状態を保つためには一定水準の刺激量を必要とする。ベクストンら（Bexton et al., 1954）の感覚遮断実験は、それを示す。大学生に、通常の倍の賃金を支払う条件で、食事とトイレ時以外は心地よいベッドの上で横たわるだけの「何もしない仕事」を求める。ただし、防音室で、眼にはゴーグルを、腕には筒を装着し、視聴覚、触覚刺激を極力制限する。その結果、彼らは、集中力を欠き、簡単な計算作業にも困難をきたすようになり、幻覚がみえはじめ、2日から3日で耐えられなくなった。このように、人間は外的刺激が少なすぎることには耐えられない。

　また、身体活動に関しても、一定水準を求める欲求がある。たとえば、ヒル（Hill, 1956）の実験は、ネズミが箱に閉じ込められ活動の機会を長く奪われるほど、輪回し行動を活発に行うことを示す。

　さらに、生活体は最低限の感覚刺激を求めるだけでなく、より豊富な外界情報を求め探索する欲求を持つ。たとえば、バトラー（Butler, 1953）は、サルを箱に入れ、箱に青色の窓と黄色の窓を用意し、一方の色の窓を押せば開いて30秒間外の光景がみえる仕掛けにすると、サルは他に餌などの外的報酬はなくとも、色の弁別を学習して、外の光景をみようとすることを示した。その際、外の光景は、何もない部屋よりは、オモチャの汽車が走っていたり、仲間のサルがみえたりするほうがより有効である。

　また、生活体には、対象を操作して探索し、変化が生じることを求める欲求もある。ハーロウ（Harlow, 1950）は、十分な餌と水を与えたサルに、一定の順序で操作すれば解ける掛け金や蝶番からなる複雑な機械的パズルを与えた。すると、サルは、餌などの外的報酬が何らない事態で、12日間もこのパズル解きに熱中し上達した。

このように、生活体には積極的に外界を探索する欲求があるが、探索行動に関して、バーライン（Berlyne, 1966）は特殊的探索（specific exploration）と拡散的探索（diversive exploration）の２種類を提唱した。特殊的探索とは、刺激の不確かさや情報の不足に対して、その不確かさを低減し情報の不足を補おうとする欲求に基づくもので、その欲求を好奇心と呼ぶ。彼は、対象間の相違や類似を見出す比較過程を対照（collation）と呼び、それにより見出された、新奇性や、不適合や、驚きは、認知的な特殊的探索を動機づけると指摘した。また、概念的葛藤も、それを解消しようとする特殊的探索を生むが、その欲求を、知的好奇心と呼ぶ。なお、特殊的探索からは「面白い（interesting）」が体験される。他方、拡散的探索とは、不確かさや不適合がない状況で生じるもので、適度な新奇性や変化を自ら積極的に求める欲求に基づくものである。この探索からは「満足した（pleasing）」が体験される。

　同様に、ハント（Hunt, 1965）は、生活体は既有の基準や期待と入力情報との間に最適量のズレ（discrepancy）または不適合（incongruity）を求める欲求を持つことを指摘し、心理的不適合の最適水準という概念を提唱した。すなわち、生活体は、その不適合が適量となる入力情報に対しては、興味を抱き、積極的にそのズレを解消しようと接近するが、不適合があまりに大きすぎる入力情報に対しては、嫌悪や恐怖が生じ回避する。他方、不適合が少なすぎるときには、適量な不適合をもたらす事態を求めて新たな探索を行う。

　さらに、人は、適量の不適合を求めるにとどまらず、事象の因果関係のより深い理解を求め、その中に規則性を見出そうとするような、より積極的な認知的欲求を持つ。たとえば、コンドリイとコスロウスキーは、４歳の子どもに、レバーを動かすと少し離れたところにあるベルが鳴る仕組みを与えた。子どもたちは面白がってこの装置をいじり続けるが、そこで、子どもたちに、何気なく「どんなことが起こったのかしら」と尋ねたところ、単に「レバーを動かすとベルが鳴る」というような、相関関係だけを指摘する子どもはごく少なく、相関関係を超えた因果関係、たとえば「レバーとベルの間をつないでいる何かがあるはずだ」と予想し、内部をのぞいて確認しようとする傾

向があった (稲垣・波多野, 1989)。

　また、波多野・稲垣は、学生に英文を日本文に翻訳する作業を求めたところ、単に英文を日本文に置き換えるだけでなく、文中の語句に関して、翻訳作業には直接必要ないような関連情報も求めたり、意味不明な略号があれば、その意味を前後から推測したりして、自分なりに納得のいく解釈をつくりだそうと熱心に努めることを見出した。これらは、人が、単に求められたことを超えて、より深く理解することを求める存在であることを示唆する（稲垣・波多野, 1989）。

　以上のように、生活体は自分を取り巻く環境を積極的に理解しようとする認知的欲求を有するが、ホワイト（White, 1959）は、生活体が自ら積極的に環境にはたらきかける側面を重視し、コンピテンスという概念を提唱した。**コンピテンス**（competence）とは、生活体が環境と効果的に相互作用し合える能力を意味する概念である。それは、探索、操作、思考、言語など広範な活動に関係する。そして、彼は、生活体は自分の活動の結果として環境に有効な変化をもたらすことができたとき、**効力感**（feeling of efficacy）という本来的に快である体験をするとし、この効力感を追求する動機づけの存在を指摘し、イフェクタンス動機づけ（effectance motivation）と呼んだ。この動機は、それに基づく行動が完了したときに欲求が停止するのではなく、むしろ欲求が増大する。この点で、動因の低減を求めて行動がなされるとする動因低減説（p.9 参照）などにおける動機と大きく異なる。

2　学習意欲

(1)　達成動機

　人が課題に立ち向かうときに、その課題遂行を支える有力な動機が、達成動機である。それは、困難なことを成し遂げること、環境を自分の力で支配すること、競争して他者をしのぐこと、才能を発揮して自尊心を高めることなどを求める動機である。達成動機は学習意欲の大きな源泉となる。

　この達成動機に基づく達成行動に関して、アトキンソンは1964年に次の

理論を提唱した。まず、達成志向行動の強さ (Ta) は、成功への接近傾向 (Ts) と失敗からの回避傾向 (Taf) の葛藤の結果として生じると仮定する (①)。つまり、達成行動は、成功願望と失敗恐怖との情緒的な葛藤の結果と考える。

$$Ta = Ts - Taf \quad \cdots\cdots\cdots\cdots\cdots\cdots\cdots\cdots\cdots\cdots\cdots\cdots ①$$

次に、成功への接近傾向 (Ts) は、成功達成欲求 (Ms) と、成功の見込みの主観的確率 (Ps) と、成功に伴う誇りの感情 (Is) との乗算関係になり、失敗からの回避傾向 (Taf) は、失敗回避欲求 (Maf) と、失敗の見込みの主観的確率 (Pf) と、失敗に伴う恥の感情 (If) との乗算関係になると仮定する (②)。

$$Ts = Ms \times Ps \times Is \text{ および } Taf = Maf \times Pf \times If \cdots\cdots ②$$

そして、②式を①式に代入し、さらに、いくつかの仮定 ($Ps + Pf = 1$, $Is = 1 - Ps$, $If = 1 - Pf$) をおくと、次の③式が得られる。

$$Ta = (Ms - Maf) \times Ps \times Is \quad \cdots\cdots\cdots\cdots\cdots\cdots\cdots\cdots ③$$

Ms と Maf はパーソナリティ要因であり、Ps は本人の期待を、Is は課題成功の価値 (誘因価) を表すので、この式は、達成志向行動が、パーソナリティ要因を基盤として、「期待×価値」により定まることを意味する。

さらに、成功に伴う感情 (Is) は、成功の見込み (Ps) と反比例するとの仮定 ($Is = 1 - Ps$) から、③式は④式となる。

$$Ta = (Ms - Maf) \times Ps \times (1 - Ps) \quad \cdots\cdots\cdots\cdots\cdots\cdots ④$$

ここで、$Ps \times (1 - Ps)$ は、$Ps = 0.5$ のとき最大となることに注目すると、達成志向行動 (Ta) の強さに関して、次の予測が生まれる。

成功達成欲求が失敗回避欲求より強い人は、$(Ms - Maf) > 0$ なので、成功の主観的確率が最も不確かな課題 ($Ps = 0.5$) に対して、それが最も強くなる。他方、成功達成欲求より失敗回避欲求が強い人は、$(Ms - Maf) < 0$ なので、④式の値は負になり、この負値より強い他の動機づけ要因が関与しない限り行動は生起しない。他の要因により行動が生起する場合にも、この値は抑制傾向として作用する。その抑制傾向は成功の主観的確率が最も不確

かな課題 ($P_S = 0.5$) に対して最も強くなり、成功の主観的確率がかなり高いもの ($P_S = 1$) か、かなり低いもの ($P_S = 0$) に対して最も弱くなる。つまり、前者は課題の困難度が中ぐらい（成功・失敗確率が50%）のものを好み挑戦しようとするのに対し、後者はそもそも課題遂行を避けたがり、課題遂行を余儀なくされる場合には、中ぐらいの困難度のものを避け、絶対できそうなやさしい課題、または到底できそうもない困難な課題を好む傾向があることになる。この予測は、標的から離れるほど成功した場合の賞が大きくなる輪投げゲームを用いた実験などにより確かめられている。なお、達成欲求 (M_S) を測定するには、投影法のTAT (p.164参照) が、失敗回避欲求 (M_{af}) を測定するには自己評定法のテスト不安尺度が用いられることが多い。

(2) 原因帰属

ところで、人が身の回りに起こるさまざまな出来事や自己や他者の行動に関してその原因を推論する過程、および、そのような原因推論を通して自己や他者の内的な特性や属性に関する推論を行う過程に関する諸理論を、一般に帰属理論という。帰属理論を提唱したハイダーは、人が日常生活で出会う出来事をどう認知し、どう解釈するかを重視する理論を構築するに際して、人の内部にある原因への帰属（内的帰属）と、外部環境にある原因への帰属（外的帰属）の区別に着目した。この考えを受け継ぎ、達成課題での成功と失敗の帰属の理論として提唱されたのが、ワイナーの原因帰属理論である。

ワイナーは、成功、失敗の原因として、能力、努力、運、課題の困難さなどをあげ、それらを、まず、「原因の所在（内的—外的）」、「安定性（安定—不安定）」の2次元で分類する。原因の所在とは、自分の内的な能力や努力に原因を求めるか、それとも課題の困難度や運などの外的なものに原因を求めるかに関するものであり、成功時の誇りや有能感、失敗時の恥など自尊感情を規定する次元である。他方、安定性は、帰属因の時間的安定性・変動性に着目した次元である。たとえば、能力や課題の困難度は、比較的変化しにくい安定な要因だが、努力や運は、その時々によって変化しうる不安定な要因とみなすことができる。これは、将来の類似課題における成功への期待にか

かわる。つまり、成功・失敗を、能力や課題の困難度のような安定的要因に帰属すると、次回においても同じような結果になるとの強い期待が生まれるが、努力や運のような不安定な要因に帰属すると、次回は同じでないかもしれないとの期待が生まれる。

ところで、気分（mood）と努力は、同様に内的で不安定的な要因であるが、気分は、本人の意図とは独立したもので、努力は、本人の意図に依存するものである。したがって前者は統制不可能、後者は統制可能と分類できる。そこで、ワイナーは「統制可能性」を第3の原因次元として追加設定した。

ここから、能力は、内的で安定した統制不可能なものと位置づけられ、努力は、内的で不安定な統制可能なもの、運は、外的で不安定な統制不可能なもの、課題の困難さは、外的で安定した統制不可能なものと分類される。

達成動機は、成功・失敗の原因をどこに帰属させるかにより生じる感情や予期により支配される。自分の成功を自分の能力に原因帰属すれば、自尊心や成功期待が高まり、高い達成動機を生む。他方、自分の失敗を自分の能力に原因帰属すれば、自尊心が低下し失敗期待が高まり達成動機が低下する。しかし、それを自分の努力に帰属すれば、自尊心は低下し悔しい思いをするが、努力さえすれば成功できるとの成功期待が可能となり、達成動機は維持される。一般に、失敗の原因の帰属を、能力不足ではなく努力不足に変えることにより、達成動機の低下を防ぐことができる（宮本・奈須, 1995）。

(3) 随伴性の認知

上記のように、行動と結果の因果関係の原因帰属は学習意欲を左右するが、自分の行動とその結果の間の随伴性の認知も動機づけに影響する。ロッターの提唱した統制の所在（locus of control）の概念は、行動と結果の随伴性の認知に関するもので、自分の行動や安定した特性に随伴して結果が生じると認知する「内的な統制」の状態と、運や他者の統制下にあるなど、自らの行動に関係なく環境の側の要因で結果がもたらされると認知する「外的な統制」（運統制、他者統制）の状態との区別を提唱する（宮本・奈須, 1995）。学習意欲は、この内的な統制の状態により高められる。

行動と結果の随伴性にかかわるもう1つの重要な概念として、**学習性無力感** (learned helplessness) がある。学習性無力感とは、自分の行動は有効な環境変化を生まないとする認知が獲得されたため、客観的にはその行動により有効な変化を生むことができる事態においても、どうせやっても無駄だと無気力になる状態をさす。

セリグマンとマイアー (Seligman and Maier, 1967) は、イヌを被験体として、無力感を実験的に生み出す次の実験を行った。実験は前処置とテスト課題からなる。前処置では、イヌの胴体をハンモックで固定し、頭を板で挟み、首の部分をくびき (yoke) で固定する。イヌは3群に分け、第1群と第2群のイヌには、後足に電気ショックを与える。第1群のイヌは、板を頭で押すことで電気ショックを自ら切ることができるが、第2群のイヌは、自分の行動で電気ショックを切ることはできない。ただし、第2群が受ける電気ショックの量やタイミングは、第1群が受けるものと同じとする。第3群のイヌは、前処置なしで次の回避学習課題だけ受ける。

第1群と第2群のイヌは、この前処置の24時間後に2部屋に仕切られた箱に入れられ、往復式の逃避回避学習の課題を受ける。この箱は、イヌの肩と同じぐらいの障壁によって仕切られ、予告信号の数秒後に、イヌの居る部屋の床に電流が流れ、電気ショックが生じる。イヌは、障壁を飛び越し隣の部屋に逃げれば、電気ショックから逃れることができる。移動した部屋でも、予告信号のあと同様に床に電流が流れるので、イヌは、また障壁を飛び越し元の部屋にもどらなければ電気ショックを受ける。つまり、イヌは、2部屋をいったりきたりすることで電気ショックから逃れられる。

その結果、前処置のなかった第3群と、前処置で電気ショックは受けたが自らの行動で電気ショックを回避できた第1群のイヌは、予告信号が呈示されると速やかに隣の部屋に飛び移ることを学習した。しかし、前処置で電気ショックを自らの行動で統制できなかった第2群のイヌは、電気ショックを甘受するだけで、予告信号に対する回避行動を行わなかった。

このことは、第2群のイヌは、自分の行動と電気ショックが切れる事象の

間には随伴性がないこと、つまり、自分の行動は何ら有効な環境変化をもたらさないことの認知を形成し、無力感に陥り、客観的には自らの行動により結果を変えられる事態においても、「どうせ何をやっても関係ない」とあきらめているような状態と考えることができる。セリグマンは、このような状態を、無力感が学習されたものとして、学習性無力感と呼んだ。

この現象が人間でも生じることが、不快騒音を用いた同形式の実験で報告されている（Hiroto, 1974）。また、学習性無力感は、不快な経験に対してだけ生じるのでない。自分の行動と無関係に報酬を与えられる事態でも、やはり人間は無気力になるとの指摘もある（鎌原ほか, 1983）。つまり、勉強せずによい成績が得られたり、働かなくとも給料が支払われる状態では、やる気が失われる可能性がある。肝心なのは、結果が自分の行動に随伴しているかどうかという認知である。

学習性無力感に覆われた生徒は、簡単な問題を出されても、「わかりません」というだけで、考えてみようともせず、どうせ考えても無駄だという無力感に支配され、学習意欲を示さない。このような生徒は、答えがわかったり、先生にほめられたりしても、「たまたまそうなっただけ」と考え、やればできるのだとは考えない。これは、自分の行動には報酬的結果が伴わないとする随伴性の認知を持つからである。随伴性の認知は、学習意欲にとって重要な意味を持つ。

(4) 自 己 効 力

ところで、「成績をよくする必要を痛感し、努力すれば成績はよくなる」ことはわかっていても努力しない場合がある。この場合、何をすべきかと、するべき行動と結果の随伴性はわかっているが、必要な行動を自分が適切に遂行できる自信がないため努力しないのかもしれない。このような場合を説明するため、バンデューラ（Bandura, 1977）は、人が抱く期待に関して、結果期待と効力期待を区別する理論を提唱した。結果期待とは、ある行動がある結果に至る可能性に関する、その人の査定であり、効力期待とは、その結果に必要な行動を自らが成功裏に実行できる可能性に関する、その人の査定

である。一連の行動がある結果を生むとわかっていても、自らがその必要とされる行動を遂行できるかに疑問を持てば、行動は生じにくい。すなわち、結果期待があっても、知覚される効力期待が弱ければ努力がなされない。この知覚される効力期待を**自己効力**（self-efficacy）と呼び、この概念を中心に据えた理論を彼は展開した。

　他方、ド・シャームは、行動と結果の随伴性でなく、行動そのものの統制、すなわち、始発性を重視し、行動を自分自身が始発している、自分自身が行動の主人公であるという感覚としての自己原因性という概念を導入し、オリジン（origin）とポーン（pawn）という用語を用いた。オリジンとは、自分の意志で動いている状態であり、ポーンとは、誰かに動かされている状態であり、チェスにたとえれば「指し手」と「コマ」の関係に相当する。つまり、オリジンとは、行動は自分自身が始発している、自分が自分の行動の主人公であるとの自己原因性を認知する状態であり、ポーンとは、その反対の状態である。学習意欲は、オリジンであるとの認知により高められるが、ポーンであるとの認知により低められる。

（5）　内発的動機づけ

　学習指導における動機づけの重要な分類として、**外発的動機づけ**と**内発的動機づけ**がある。外発的動機づけとは、「次の数学の定期試験で80点以上とれば、父から自転車を買ってもらえるから、数学を勉強する」場合のように、その活動自体とは本来関連のない目的のための手段として活動がなされる場合の動機をさす。他方、内発的動機づけとは、「数学の勉強が面白い。自分はもっと数学を学びたいので勉強する」場合のように、その活動自体から引き出される喜びや満足を求めて、自律的に活動がなされる場合の動機をさす。

　内発的動機による学習は、自律的になされ学習者に満足をもたらすゆえに、多少の困難に直面しても、挫折することなく持続される。その学習者は、その活動に全人的に没頭する。このように、内発的動機づけは学習意欲の有効かつ強力な原動力となる。学習指導では、内発的動機づけをいかに高め維持するかに留意することが求められる。

活動が内発的動機づけにどの程度基づくかの主な判定基準として次のものがある（鹿毛，1995）。①自己決定性：他の力により支配され活動がなされるのではなく、自己決定に基づき活動していると感じること。つまり、やらされているのでなく、自らの決定により活動していると感じること。②自己目的性：その活動自体とは無関係な外的目的のための手段ではなく、その活動自体が目的となること。つまり、活動の内容により意欲が引き出されるという性質を持つこと。③没頭性：その活動に全人的に没頭できること。

内発的動機づけの規定因の解明においては、外的報酬が内発的動機づけを阻害することを示すデシ（Deci, 1971）の実験が重要な役割を果たした。大学生の被験者に、カードに描かれた形のとおりに、立体パズル（各セッション4個ずつ）を作成することを求める。第1セッションでは、被験者全員に、単にパズル課題を与える。第2セッションでは、被験者は、課題を制限時間内に仕上げるならば、1ドルの金銭報酬を受け取れると告げられる実験群と、そのような教示は告げられず、相変わらず単にパズル課題を与えられる統制群とに分かれる。第3セッションでは、実験群は、このセッションでは予算の都合でもはや金銭報酬はないと告げられ、単に課題を与えられる。統制群は、何も告げられず、前セッションと同様に課題だけが与えられる。

それぞれのセッションにおいて、実験者は、データ分析するという理由で8分間部屋を離れ、その際、被験者は、何をしてもよいと告げられる（自由選択時間）。部屋には、パズルだけでなく雑誌や娯楽物もある。実は、その自由選択時間内の行動が、マジックミラー（部屋の外から中はみえるが、中から外はみえないガラス）を通して観察され、その時間内に被験者が自主的にパズルの組立てに費やした時間が内発的動機づけの指標とされた。その結果、セッション1とセッション3におけるパズル従事時間の差をみると、実験群では、統制群に比較して、セッション3でのパズル従事時間が減少した。この結果は、パズル解き課題に対していったん報酬を与えられた実験群においては、統制群に比して内発的動機づけが弱くなったことを示すと解釈された。

このように外的報酬が内発的動機づけを低下させる現象は、アンダーマイ

ニング効果と呼ばれる（宮本・奈須，1995）。この現象に対し、デシ（Deci, 1975）は、外的報酬の提供が、自分自身の行動の原因が外的な力により支配されているものと感じさせ、自己決定感を低下させるために、内発的動機づけが弱まると論じた。そして、彼は、自己決定性を内発的動機づけの要因として重視する考えを発展させ、「内発的動機づけとは、人がそれに従事することにより、自己を有能で自己決定的であると感知することができる行動である」と定義した。

しかし、外的報酬は内発的動機づけを阻害するばかりではない。たとえば、数学が嫌いでまったく自らその勉学を行わない子どもに、よい成績をとればほうびを与えるという条件でその勉学を動機づけたとき、その子は、最初は、外発的に動機づけられていたにしろ、やがて数学の勉強自体に興味を持つようになり、ほうびがない条件でも勉学を続ける場合がある。このように、はじめは外的報酬を得るための手段だった行動が繰り返されるうちに、やがて、その行動をすること自体を目的とする動機が、元の動機から独立して、独自に機能しはじめることを、オルポート（Allport, 1937）は機能的自律性（functional autonomy）と呼んだ。

以上、学習意欲にかかわる概念として、達成動機、原因帰属、統制の位置、学習性無力感、自己効力、自己原因性、そして、内発的動機づけに言及したが、鹿毛（1995）は、別の視点から、学習意欲の源泉として次の3種類をあげる。①「～したくて学ぶ」という「内容必然的学習意欲」、②「親や教師が要求するので学ぶ」とか「入学試験に合格するため学ぶ」などの「状況必然的学習意欲」、③「友人には負けたくないので学ぶ」とか、「自分の設定した目標に到達するために学ぶ」など、肯定的な自己像を得ようとする意欲としての「自己必然的学習意欲」である。

たとえば、意欲的にスポーツに打ち込んでいる生徒は、そのスポーツ自体をしたくて打ち込んでいるだけでなく、親や教師を喜ばせたいとか、他者より抜きんでて注目をあびたいとか、自分の能力を確認したいとか、いくつかの源泉の意欲からそのスポーツに打ち込んでいる。どの源泉がどの程度かの

濃淡は、個人により、またその状況により、動的に異なる。

そして、これら学習意欲の根元となる人間が生来有する要求としては、デシとライアン（Deci and Ryan, 1991）が指摘した、①自己の能力を発揮しようとするコンピテンスへの要求、②人は自分自身が自らの行動の原因でありたいとする自律性（autonomy）、あるいは、自己決定（self-determination）への要求、③社会的文脈において、他者とたしかな関係を得ようとする関係性（relatedness）への要求をあげることができる。

3　欲求階層説

マズロー（Maslow, 1943）は、人間の基本的な欲求を次の5層からなる階層として提起した。

第1階層の生理的欲求（physiological needs）は、飢えや渇きなどのホメオスタシス性欲求であり、生活体の内部環境の平衡状態を求めるものである。第2階層の安全の欲求（safety needs）は、身体を外敵などの危険から守り、物質的安定状態を確保するものである。第3階層の所属と愛の欲求（love needs）は、家族や所属集団の一員として、他の成員から温かく受け入れられたい、愛されたいという欲求である。それは、孤独、追放、拒否、寄る辺ないこと、根無し草であることを痛恨させる。第4階層の承認の欲求（esteem needs：尊重欲求）は、自己に対するたしかな基盤を持つ高い評価、自尊心、および、他者からの承認に対する欲求である。つまり、この欲求は2つに分けることができる。1つは、強さ、達成、適切さ、熟達と能力、世の中に直面しての自信、独立と自由などに対する願望であり、もう1つは、他者から受ける尊敬とか承認を意味する評判や信望、地位、名声と栄光、優越、承認、重視、威信などに対する願望である。そして、第5階層の自己実現の欲求は、それまでの各階層の欲求がすべて一定以上満たされたとき生じるもので、自分の潜在的な力を実現しようとする欲求である。それは、よりいっそう自分自身であろうとし、自分の可能性の実現を求め、個性や能力の発揮を求める欲求である。また、それは、自らの可能性を実現して自分の使命を

達成すること、人格の内部統合を果たすこと求めるものでもある。

この欲求階層では、基底の第1階層が満たされると、第2階層を求める欲求が生じ、これも充足されると、次の第3層を求める段階へと進むように、上位の欲求は、下位の欲求がたとえ部分的にせよ満たされてはじめて発生する。そして、最高（第5）層の自己実現欲求が、自己成長や創造活動と関連した最も人間らしい欲求として重視される。

マズローは、自己実現の欲求が満たされた人物の特徴として、行動や思考に際して自己内の自律的基準に従う、自他に内在する特質をそのまま受け入れ他者に寛大であるなどをあげる（p.177参照）。

また、マズローは、動機を欠乏動機（欠損動機）と成長動機に分ける動機論をも提唱した（Maslow, 1968）。前者は、満たされると終了または低減するが、後者は、満たされるといっそう強まる。前者は、人格内で生じた精神的身体的な欠乏状態を外的資源により補うはたらきであり、一般に、他者により実現されるものであり、手段性が強い。これに対し、後者は、その行動自体が目的となり、そこに喜びが見出され、それによる行動の快感は持続発展する。たとえば、勉学や仕事への意欲は、その達成により弱まるとは限らず、さらに強められることがある。その場合の勉学や仕事は、成長動機に基づくものである。

マズローは、健康な人間は、成長動機により自己実現に向かうよう動機づけられていると考え、健全な人格維持の要件として成長動機を重視した。先述の欲求階層論との関係では、第5層は純然たる成長動機だが、下位階層ほど欠乏動機の度合いが高くなる。

教育の究極の目標は、人間の自己実現を支援すること、すなわち、人間が、「その機能を最大限に発揮し、自己のなり得る最高のものになるのを助けること」（上田、1988）となろう。

4 学習の方法

1 学習の転移

(1) 形式陶冶と実質陶冶

実際場面で直接役立つことを目的としない知識や技能の学習（古典語や数学など学習者にとり難解なものが多い）を通して、思考力、判断力、記憶力、想像力、意志の力といった精神能力を高めること、つまり、学習を通して人間の普遍的な精神能力の向上をめざすことを形式陶冶と呼ぶ。他方、実際場面で直接役立つ知識や技能の習得をめざすことを実質陶冶と呼ぶ。単なる知識伝達や職業的知識や技能の授与ではなく、教材を媒介にした人間の陶冶が重要とするヘルバルト（p.6参照）に代表される形式陶冶の立場は、職業教育などを排除し、早期にラテン語やギリシア語の学習をはじめる教育を推進した。

教育の主たる目的が形式陶冶にあるか実質陶冶にあるかは、教育のあり方にかかわる重要な問題であり、古典語や数学中心の古典的教養を重視する形式陶冶の立場と、近代科学技術に直結する実学を重視する実質陶冶の立場とが、学校の教育課程の編成をめぐり対立してきた。この問題は、心理学においては、先行学習が後続学習に及ぼす影響の問題、すなわち、転移の問題として扱われる。

(2) 学習の転移

一般に、先行学習が後続学習を促進する場合を、正の転移、妨害する場合を、負の転移と呼ぶ。たとえば、スケートを習うことがスキーを上達させるとすれば、それは正の転移であり、軟式テニスで覚えた手首の使い方が硬式テニスの上達を妨げるとすれば、それは負の転移である。

転移に関しては、ソーンダイクが、2つの学習間において、学習材料、方法、態度などが類似あるいは共通している場合に転移が生じるとする同一要素説を提唱した。彼の理論（p.90参照）では、学習とは刺激と反応の結合なので、先行学習と後続学習に含まれる結合の共通の度合いが大きいほど、転

移が大きいことになる。そして、学習は個々の刺激と反応の結合強度の階層における変化とみなす彼の考え方からは、形式陶冶は否定されることになる。これに対し、次のハーロウやブルーナーの視点は、形式陶冶を重視する考えにつながる。

ハーロウ（Harlow, 1949）は、学習は特定の刺激と反応の結合ではなく、その学習事態に含まれる構造の学習として成立することを実験で示した。サルに、2つの刺激のうち正答を選択すると餌がもらえる視覚弁別課題を、344題与える。各課題は6試行以上行う。その結果、課題が進むに連れ、少ない試行で高い正答率に達するようになる。200番目の課題にもなると、第2試行で、90％以上の正答率となる。彼は、このような結果になるのは、サルが学習の仕方の構造を学習したからだと考え、この獲得された構造を**学習の構え**（learning set）と名づけた。

ブルーナーも、教授理論の考察において、構造の学習こそ重要であると指摘し、次のように述べている。訓練には、特殊的転移と非特殊的転移があるが、原理や態度の転移につながる構造の学習に基づく非特殊的転移が、教育の中核となるべきである。それは、学習と研究の態度、推量と予測を育てる態度、自分自身で問題を解決する可能性に向かう態度などを発達させる。非特殊的転移をもたらすためには、教材の根底にある基本的構造や原理に忠実な教材を与えることが必要である（Bruner, 1961）。

2 レディネス

学習が効果的に行われるには、学習者の身体的生理的条件、知的能力の条件、学習材料の習得に必要な基礎知識や基礎技能の条件などが、相応しい状態に達していることが必要である。このような準備状態を、一般に**レディネス**（readiness）と呼ぶ。たとえば、書き言葉を学習するには、話し言葉を十分獲得していることが望ましい。この場合、話し言葉の獲得は、書き言葉学習のレディネスにあたる。

学習や訓練は、適切な成熟が備わらなければ効率的に進行しないこと示唆

する例として、第2章 (p.19) で述べたゲゼルとトンプソンの一卵性双生児の階段登り実験はよく引用される。ボール投げ、積み木つみ、言葉の習得などの訓練も同様の結果を示したことから、学習や訓練が効果的に行われるためには、学習者に必要な準備状態が備わっていることが必要であり、早すぎる訓練は、付け焼き刃的なものに終わるとゲゼルは主張した。このゲゼルの実験は身体的成熟にかかわるものであるが、算数や読みの学習など、教科の学習においても、同様の考え方がなされることがある。この考えでは、レディネスは成熟を待って生まれる現下の発達水準に一致することになる。

　他方、ヴィゴツキーは、子どもの知的発達の水準を、自力で問題解決できる現下の発達水準と、他者からの援助や協同によって達成が可能になる水準に分けて考え、この2つの水準のずれの範囲を**発達の最近接領域**と呼んだ (p.60でも言及)。そして、教育は現下の発達水準に合わせて行うべきではなく、発達の最近接領域に合わせて行われるべきとした。すなわち、彼は「教育はそれが発達の前を進むときのみよい教育である」(ヴィゴツキー, 1934) とし、教育は最近接領域の上限を超えることはできないにしろ、現下の発達水準より先にある水準で行われるべきと論じた。レディネスを、学習が行われるべき水準をさす概念と解すれば、この主張は、指導者はレディネスを促進させることができるし、また、そうしなければならないことを意味する。

　また、ブルーナーは、著書『教育の過程』(Bruner, 1961) において、「どの教科でも、知的性格をそのままに保ち、発達のどの段階の子どもにも効果的に教えることができる」という仮説を提起した。そして、教材内容を学習者の発達段階に応じた思考特性に適合させ、表現型を変えながら何度かにわたって提示する方法、すなわち、らせん形的に水準をあげて指導する必要性を説き、いわゆる、らせん型カリキュラムを提唱した。これは教材を工夫して現下のレディネスに合わせることであるが、同時に、子どもの知的発達のレディネスを促進することもめざす。彼は、答えられるが手応えのある工夫された「媒介になる質問」により、成長過程の子どもを次の発達段階に誘い込むことが、教師と教科書に課せられた大きな仕事であるとした。

3 教科学習の形態

　教室における教科学習には、大きく分けて2つの形態がある。1つは、教師が、学習されるべき内容を系統立てて学習者に提示していく方法であり、講義法とか受容学習と呼ばれる。そこでは、提示される学習材料を将来活用できるよう内面化することが学習者に要求される。もう1つは、学習されるべき内容は、はじめに呈示されず、学習者が、その内容を発見しなければならない方法で、発見学習と呼ばれる。

（1）　有意味受容学習

　受容学習に対しては、教師中心の一方的な授業になりやすく、学習者を消極的、受動的にするという批判がある。それに対し、オーズベルは、知識を理解し受容する過程は本来積極的な過程であり、学習者を消極的、受動的にさせるのは、すでに学習した内容と学習材料を適切に結びつけずに、羅列的に呈示する機械的受容学習とするからであると指摘した。そして、学習材料を、知識構造に適切に組み入れられる有意味なものとすれば、受容学習はきわめて有効な方法となると主張して、**有意味受容学習**を提唱した。彼は、新しい情報の意味が学習されるかどうかは、学習者の既有知識構造に大きく依存すると考え、既有知識構造が、新しく入ってくる情報に関して、適切に構造づけられ安定しているならば、その新しい情報は、既有の知識構造に包摂され係留されるとした。反対に、知識構造が曖昧で混乱し不安定だと、新しい情報の受容が妨害される、あるいは、たとえ受容されても、不安定で長く続かないと考えた。

　このような有意味受容学習の理論に基づき、知識獲得を促進する具体的な方法として、**先行オーガナイザー**と呼ばれる前置きを学習材料に先立ち導入することが提案された。この前置きは、学習材料自体よりも抽象的、一般的で包括的なものであり、新たに学ぶべき情報に関連する既存の知識構造を活性化させ、学習材料を知識構造内に係留されやすくする。

　オーズベル（Ausubel, 1960）は、次のような実験を行い、その有効性を示した。実験は、120名の大学生を被験者として、学習材料には、「金属粒子

構造と温度、炭素含有率、冷却速度との関係に関する基本原理の説明や、加熱と焼き入れの技術的過程に関する説明など、炭素鋼の冶金学的特性」に関する2500単語程度の文章を用い、先行オーガナイザーの効果をみるものであった。

実験群では、先行オーガナイザーとして、後続学習材料の文章よりも抽象性、一般性、適用性が高く、学習材料の背景知識となるが、学習材料の内容には直接触れないもの、具体的には、炭素鋼と合金鋼の相違点と共通点、合金の利点と限界、合金を利用する理由などに関する記述を500単語程度で先行呈示する。統制群では、鉄の精錬法の歴史的背景を述べたもの、ただし、学習材料である鋼の精錬に関する概念的枠組みを与える内容は含まない記述(500単語程度)を呈示する。両群の被験者は、3日後に学習材料の内容に関する5肢択一式の36問からなる試験を受ける。その結果、実験群は16.7点、統制群は14.1点となり、前者は後者より、内容に関する理解と保持が有意によいことが示された。

(2) 発 見 学 習

学習者が自ら仮説を立て議論し、実際に仮説を検証して知識を獲得する方法を**発見学習**と呼ぶ。たとえば、「なぜ、火は容器にいれて蓋をすると消えてしまうのか」などの問題を呈示し、教師は、実際にこの現象を再現し、学習者にその理由を考えさせ、各自に仮説を立てさせる。そして、それぞれの仮説を比較して議論させる。さらに、適当な材料を用意して、学習者にそれぞれの仮説を検証させる。たとえば、容器の大きさを、さまざまに変えてみる、火が消えるまでの時間を測る、容器に穴をあけたらどうなるか調べる、ストローで空気を吹き込むとどうなるかなどの実験を行い、仮説を検証し、再び議論して答えを導く（塩見，1993）。この方法では、新しいアイデアを出す、当て推量する、疑問を次々に出す、思いつきを試すといった直観的思考が重視される。

ブルーナー（Bruner, 1961）は、このような発見学習の利点として、①与えられた問題を解くだけでなく、自ら問題を発見し、つくり出す力、身の回り

の事象の中に規則性を発見する力を養えること、②学習者の知的好奇心を喚起し、自律的学習態度を養うことにより、内発的動機づけを高めること、③自らが発見した知識は、長く記憶保持されること、すなわち、問題の所在の発見や仮説の定立は、学習者の既存の認知構造を積極的に活用するので、学習された事項は、既存の認知構造との関連づけが強くなり、学習内容が深く定着し保持されることを指摘した。

(3) 完全習得学習（マスタリー・ラーニング）

ブルームは、指導次第ですべての生徒を目標まで到達させることが可能という考えを発展させ、1人ひとりの能力や適性に合わせて、既習知識や学習到達状況により、重点的に取り組むべき課題や時間量や学習方法を変化させ、最終的に、すべての児童・生徒に90％以上の学力をつけることを教育の目標とする学習計画を、**完全習得学習**として提唱した。

そのために、ブルームは、認知的目標、情緒的目標、運動技能的目標の3つからなる教育目標の分類システムをつくり、教育目標を行動的目標群で構成することで、学習の到達度を明確にし、達成度を測定できると考えた。

そこでは、診断的評価、形成的評価、総括的評価により指導方法が調整される（p.181-182参照）。なかでも生徒の個別の状態を把握する形成的評価が重視され、その結果に応じて、1人ひとりの課題を調整して治療的補習を施すことが必要とされる。

(4) プログラム学習

プログラム学習は、学習者間の理解の進度差に対応するために考案された方法である。それは、スキナーがオペラント条件づけの原理を応用して開発したものであり、目標までの過程を細かなステップに分け、学習者は1つひとつ目標まで自らのペースで各ステップをこなしていくものである。途中でつまずいた場合は、ステップを戻ったり、つまずいた点を補強するステップに入る。

プログラム学習の原理としては、次の5つがあげられる。①スモールステップの原理：学習者が目標まで失敗せずに一歩一歩近づくことができるよ

う、興味を失わない程度に学習内容を細かな段階に分けること。誤反応は無用と考え、正答だけを積み重ねて学習達成できることをめざす。②即時確認の原理：反応の正誤を即刻学習者に知らせること。③積極的反応の原理：学習者の自発的な活動を引き出すこと。④自己ペースの原理：進度を各個人に合わせること。個人差は学習の速度としてとらえられる。⑤学習者検証の原理：学習結果に応じてプログラム自体を修正すること。この原理に基づけば、目標に達成できない学習者がいる場合、その原因は、学習者の側ではなくプログラム側に求められる。

なお、具体的には、各段階が一直線上に配列され、各段階を確実に習得することで最終目標まで到達する直線型（スキナー型）と、学習者の状態に応じてたどるコースを変える分枝型（クラウダー型）とがある。この方法は、もともとは、ティーチングマシンと呼ばれる装置で行われていたが、近年は、目覚ましく発達したコンピュータを利用する学習方法であるCAI（p.133）において実用化されることが多い。

4 学習の最適化
(1) 分散学習と集中学習

同じ学習課題を同一回数練習する場合、これを一度に続けて練習する方法（集中練習）と、一定の休憩を挿入しながら練習する方法（分散練習）のどちらが能率的かに関しては、分散練習のほうが有利であるとの研究結果が多い。たとえば、音節数が8個、11個、14個からなる無意味音節の系列の記銘学習において、系列間に6秒しか間隔をとらない集中練習の場合と、2分の間隔をとる分散練習の場合を比較したところ、どの音節数の系列においても、分散学習のほうが、少ない反復数で完全学習に達することが見出された（Hovland, 1940）。

分散練習の有利性を説明するためには、反応制止という概念が用いられる。反応の反復は、その反応を形成するだけでなく、反応を阻害する要因も同時に生むと考え、その阻害する要因を反応制止と呼ぶ。それは、いわゆる疲労

や飽きに相当するものであり、休憩により速やかに減退する性質を持つ。したがって、課題を休みなしに続けると、反応制止が増加するばかりで、反応の阻害がどんどん大きくなるが、途中で休憩を入れると、反応制止は減退し、反応の阻害は少なくなるとして分散学習の有利性が説明される。

(2) 全習法と分習法

一連の複雑な技能を習得する際、課題の始めから終わりまでの全体を通して反復練習することを全習法という。それに対し、課題をいくつかの部分に分割し、それぞれの部分ごとに反復練習することを分習法という。一般には全習法が有利とみなされるが、学習者の能力、課題の進行段階、課題の種類などによって異なる。一般的に、学習材料の分量が多い場合や、学習材料が学習者に難しい場合には、分習法が有利で、そうでない場合は、全習法が有利と考えられる。

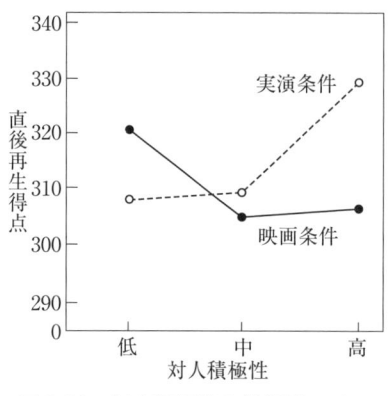

図 3-13 対人積極性と教授法の交互作用（Snow *et al.*, 1965 より改変）

(3) 適性処遇交互作用

どのような学習指導法や学習法が有効かを考えるうえで留意しなければならないのが、学習者の適性との関係である。クロンバックは、学習者の個人特性（適性）により教授法（処遇）の効果が異なること、すなわち、個人特性（適性）と教授法（処遇）の間に交互作用が生じることを、**適性処遇交互作用**（Aptitude Treatment Interaction：**ATI**）と呼んだ。たとえば、スノーら（Snow *et al.*, 1965）は、物理学の学習内容を教える場合、対人積極性の低い学習者には、映画で教える方が、教師が実演して教えるよりも効果的であったのに対し、対人積極性の高い学習者には、逆に教師が実演して教えるほうが、映画で教えるよりも効果的であることを示した（図3-13）。このことは学習者の特性を考慮して教授活動を行う必要があることを示唆する。

(4) コンピュータ利用の教育システム

コンピュータを利用した学習法は、一般に **CAI**（Computer Assisted Instruction）と呼ばれる。これは、コンピュータの持つ高速演算機能、大容量の記憶機能を生かしたもので、次のような有効性を持つ。個々の学習者の適性、学習状態など個人差にあわせた教材呈示を実現できる点、すなわち、学習の個別化、教授の最適化を実現できる点、また、学習者の問い合わせに対し膨大なデータベースから必要な情報を検索して応答する環境を実現することにより、学習者の積極的な情報収集を触発し支援できる点、すなわち、応答する環境を実現できる点、さらには、シミュレーション、仮想現実の実現により、実際に近い体験を学習場面に現出して学習を促進できる点である。

(5) 小集団学習

学習指導は、一般に学級集団という集団の中で行われる。したがって、学習者個人は、学級集団における人間関係や集団の雰囲気の影響を免れえない。

学習指導を行ううえで、望ましい学級集団の形成、学習者間の望ましい人間関係の醸成は重要な役割を果たす。そのための方法として、学級における小集団学習がある。

バズ学習と呼ばれる小集団学習は、学級全体を小集団に分け、がやがやと討論させ、再び全体集団で学習活動を行う。この方法は、学力を伸ばす指導と人間関係を高める指導の統合をめざすもので、学級を1つの学習集団として発達させることをめざす。

ジグソー学習とは、まず学級をいくつかの小集団（ジグソー集団）に分け、次に各集団から1人ずつ集めて新たな小集団（カウンターパート集団）を編成する。教材はカウンターパート集団の数に分割され、カウンターパート集団ごとに分割された教材を学習する。そして、各人が元のジグソー集団に戻り、自分の学習してきた教材を他の構成員に教え合うことにより教材全体の学習をはかる。この方法により協調的雰囲気の形成が期待される。

参考図書
メイザー，J. E.　磯博行ほか訳　1996　メイザーの学習と行動　二瓶社
稲垣佳世子・波多野誼余夫　1989　人はいかに学ぶか　中公新書　中央公論社

第4章 パーソナリティ

1 パーソナリティとは

　パーソナリティ（personality）とは、ある個人の個性や個人差を表す用語として用いられる。われわれは日常生活の中で、自分自身や他者の行動傾向について、「明るい」とか「社交的」とか「几帳面」とか「神経質」などという言葉で表現する。このように、その人を特徴づけている基本的な行動傾向のことを、パーソナリティという。パーソナリティは人格と訳されることが多いが、性格とほぼ同義の言葉として扱われている。

　性格とは、characterの訳語であり、その語源はギリシア語で「刻み込む」という意味を持っていた。土地の境界に目印の石を置いて、所有者の名前などを刻み込んでいたので、そこから転じて標識の意味を表すようになったという。その語源からわかるように、性格は、遺伝的・生得的に規定され、変化しにくい個人的特徴を表すものと考えられており、静態的・固定的なものととらえられていた。とくに感情や意志の面にみられる個人差を強調する概念であるということができる。

　ドイツで心理学が盛んであった頃には、性格という用語がよく用いられたが、アメリカで心理学が発展するにつれて、パーソナリティという用語が使われるようになった。パーソナリティの語源は、ラテン語のペルソナ（persona）であるといわれている。ペルソナとは、演劇などで使用される仮面を意味していた。やがて、それは俳優が演じる役割を意味するようになり、

さらにはその役を演じる人を意味するようにもなった。パーソナリティには社会的役割という意味が含まれており、環境に対する適応機能に関する全体的特徴という点を問題にしている。したがって、パーソナリティには態度、興味、価値観なども含まれ、性格よりも広い概念として用いられる。そしてパーソナリティは、学習によって後天的に獲得されるもので、環境によって変化しうるものであると考えられている。

日本では、パーソナリティに人格という訳語が与えられたが、日本語としての人格には、「人格高潔」や「人格者」などというように道徳的な意味合いが含まれており、パーソナリティが本来意味するものとは合致しない。そこで最近では、パーソナリティとカタカナで表記されることが多い。

オルポート（Allport, 1961）の定義によると、パーソナリティとは、各個人の内部にあって、その個人に特徴的な行動や思考を決定するところの、精神身体的体系の力動的組織である。つまり、パーソナリティとは、その人に一貫した行動をとらせ、また他者と異なる行動をとらせるような、安定した内的構造であるといえる。

パーソナリティという「もの」があるわけではないので、われわれはパーソナリティそのものをみることはできない。しかし、パーソナリティが行動に反映されたときには、われわれはその行動を観察することができる。個人が示す行動から、その人らしさを表す一貫性と、他者とは違う独自性を読み取り、それをその人のパーソナリティとわれわれは考えるのである。パーソナリティとは、その人の行動にその人らしさを与えるもので、全体としてのまとまりを持っており、時を越えて一貫したつながりを持っている。

なお、一般にパーソナリティ、人格、性格はほぼ同義に用いられているが、人間の全体的なまとまりを示す場合はパーソナリティまたは人格という用語が、個々の側面を記述するような場合は性格という用語が使われることが多い。

2 パーソナリティの理論

1 類型論

　類型論は、1920年代にはじまり20世紀前半のヨーロッパ、主としてドイツで活発に研究され、発展した。一定の観点から典型的なパーソナリティ**類型**（type）をいくつか設定し、それに基づいて多様なパーソナリティを分類することで、パーソナリティを理解しようとする考え方である。

　類型の分類基準を何に求め、どのような類型を設定するかは、研究者によって異なる。そのため、さまざまな類型論が数多くある。代表的な類型論について、以下に述べる。

　(1) クレッチマーの類型論

　ドイツの精神科医であったクレッチマーは、精神病患者に対して治療を行う中で、疾患と体格とが対応していることに着目した。彼は体格を、細長型（やせて背が高く手足が細長い体型）、肥満型（ずんぐりして手足の短い体型）、闘士型（筋肉が発達した逆三角形の体型）の3つに分類した（図4-1）。そして、これらの体格と精神病との対応関係を検討した結果、精神分裂病（現在では統合失調症と改称）は細長型の人に多く、躁うつ病は肥満型の人に多いことを見出した。さらに、これらの精神病患者の発病前の状態には一定の特徴が認められることに注目し、精神分裂病に特徴的なパーソナリティとして**分裂気質**、躁うつ病に特徴的なパーソナリティとして**循環気質（躁うつ気質）**という2つの類

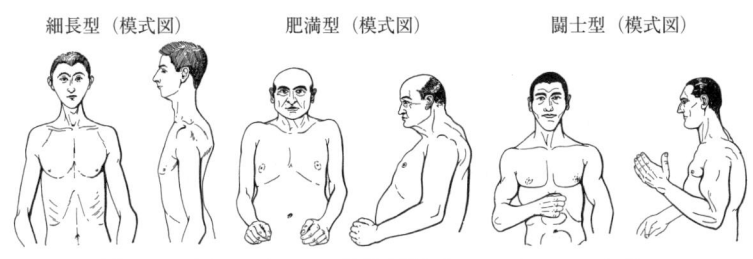

図4-1　クレッチマーの体格分類（Kretschmer, 1955）

表4-1 クレッチマーの類型論

類型	特徴
分裂気質	一般的特徴：非社交的、静か、控え目、まじめ（ユーモアを解さない）、変人 過敏性を示す特徴：臆病、恥ずかしがり、敏感、感じやすい、自然や書物に親しむ 鈍感さを示す特徴：従順、気だてがよい、正直、落ち着き、鈍感、愚鈍
循環気質 （躁うつ気質）	一般的特徴：社交的、善良、親切、温厚 躁状態に通じる特徴：明朗、ユーモアがある、活発、激しやすい うつ状態に通じる特徴：寡黙、平静、陰うつ、気が弱い
粘着気質 （てんかん気質）	一般的特徴：几帳面、凝り性、秩序を好む、融通がきかない 強靱性（粘着性）を示す特徴：粘り強い、頑固、丁寧、繊細さを欠く 爆発性を示す特徴：ときどき爆発的に怒る

型を考えた。後に、てんかんには闘士型の体格が多く、これと関連する類型として、**粘着気質（てんかん気質）**という類型を見出した。

　クレッチマーは、体格と精神病との間にみられた関係が、健常者における体格とパーソナリティとの間にも適用されると考えた。つまり、体格が細長型の人は分裂気質、肥満型の人は循環気質（躁うつ気質）、闘士型の人は粘着気質（てんかん気質）という類型に分類される。彼の理論を記した著書『体格と性格』初版が刊行されたのは、1921年のことである。クレッチマーが提唱した3つの類型の主な特徴は、表4-1のようにまとめられる。

　クレッチマーの類型論に対しては、問題点も指摘されている。たとえば、体格は年齢や栄養状態によって変化するものであるので、パーソナリティを考えるための指標にすることが適切かどうかという点である。また、実際には1つの類型に該当する典型的な人はごく稀であって、多くは亜型や中間型に属するという問題点もある。しかし、他者のパーソナリティを理解しようとする際に、大まかにしかも具体的にイメージを把握できるという点で、これは有用な理論であり、類型論を代表するものとしてとらえられている。

（2）シェルドンの類型論

　アメリカのシェルドンは1942年、男子大学生約4000名を対象にして身体

各部の計測と写真観察を行い、その結果を統計的に分析して、体格を決定する3種類の基本成分を見出した。彼は、個体発生の経過、とくに胎生期における胚葉の発達に着目している。胚葉とは、受精卵の細胞分裂によって形成された細胞塊であり、さらなる細胞の分裂・増殖と移動によって3つの層に区別される。胚葉の中で、最も内方または下方に位置するのは内胚葉、中間にあるのは中胚葉、外表面または上面に現れるのは外胚葉と呼ばれる。内胚葉は消化管の主要部とその付属腺を、中胚葉は筋肉・骨格系などを、外胚葉は表皮・神経系・感覚器官などを、それぞれ形成する。これらの胚葉の発達がどの方向に多く向かったかによって、体格の基本成分は次のように分類される。

①内胚葉型（第1成分）：内胚葉から発生する消化器系の発達がよく、柔らかくて丸く、肥満型の体格である。骨や筋肉の発達はよくない。

②中胚葉型（第2成分）：中胚葉から発生する骨や筋肉の発達がよく、直線的で重量感のある、がっちりした体格である。力が強い。

③外胚葉型（第3成分）：外胚葉から発生する神経系、感覚器官、皮膚組織の発達がよく、弱々しく華奢な、細長い体格である。消化器官や筋肉の発達はよくない。

これら3つの成分はおのおの7段階で評定され、3つの成分の組合せによって体格が決定される。たとえば、典型的な内胚葉型は7-1-1、典型的な外胚葉型は1-1-7、いずれの型ともいえない均整のとれた中間の体格は4-4-4というように表される。このようにして個人の体格が3次元の座標上に位置するように考えられた。

一方パーソナリティに関しては、男子青年33名を対象にして、1年間の観察と20回の面接、およびパーソナリティ特性用語50項目の7段階評定を行った。その分析結果から、内臓緊張型、身体緊張型、頭脳緊張型という3つのパーソナリティ類型を設定した。

3つの類型の主な特徴は、次のとおりである。

①内臓緊張型：くつろぎ、安楽を好む。食欲旺盛で飲食を楽しみ、社交的、

寛容である。
　②身体緊張型：大胆で活動的、自己を主張し、精力的、闘争的である。
　③頭脳緊張型：控え目で過敏、他人の注意をひくことを避ける。非社交的、動作がかたい、引っ込み思案、安眠できず疲労感を持つ。

　そしてシェルドンは、体格とパーソナリティ類型との関連について、それぞれの相関係数（p.203参照）を算出した。その結果、内胚葉型は内臓緊張型と0.79、中胚葉型は身体緊張型と0.82、外胚葉型は頭脳緊張型と0.83という高い相関を持つことが見出された。

　このようにシェルドンは、身体的・心理的特質が正規分布（pp.201-202参照）することをもとにして類型を設定し、体格とパーソナリティとの相関関係を実証している。シェルドンの内胚葉型、中胚葉型、外胚葉型はそれぞれ、クレッチマーの肥満型、闘士型、細長型に相当すると考えられる。また、シェルドンの内臓緊張型、身体緊張型、頭脳緊張型はそれぞれ、クレッチマーの循環気質（躁うつ気質）、粘着気質（てんかん気質）、分裂気質に相当する。シェルドンの理論は、クレッチマーがとりあげた体格とパーソナリティとの対応関係をほぼ支持するものであった。

（3）　シュプランガーの類型論

　クレッチマーやシェルドンがパーソナリティ類型の分類基準を体格に求めたのに対し、ドイツのシュプランガーは、価値意識や価値志向の方向による類型分類を1922年に提唱した。彼は、6つの基本的な生活領域を考え、各個人がどの領域に最も興味を持ち価値をおいているかによって、6つの類型に分類できるとする。彼の理論は生活形式による類型といわれ、理論型、経済型、審美型、宗教型、権力型、社会型という6つの類型が設定されている。それぞれの主な特徴は、次のとおりである。

　①理論型：事物を客観的にみて、区別や分類を厳密に行い、論理的に明確な知識体系を創造することに価値をおく。主な関心は真理の発見にあるので、探求、観察、推理することだけを求めるという態度をとる。
　②経済型：事物の経済性、功利性を最も重視する。有用なものに関心を示

し、実用的であることを望む。
③審美型：実生活にあまり関心がなく、繊細で敏感であり、美しいものに最高の価値をおく。1つひとつの経験を優美、均整、適合の見地から判断する。
④宗教型：神への奉仕、信仰や宗教体験を最も重視する。合一に最高の価値をおき、自分を包括的な全体性に関係づけようとする。
⑤権力型：常に権力を求め、他者を支配しようとする。自分だけが自由で、他者が自分に服従していると満足する。
⑥社会型：人間を愛し、進歩させることに最高の価値をおく。そのためには、時には自分自身を犠牲にすることもある。親切で愛他的である。

（4） ユングの類型論

スイスの精神科医であったユング（Jung, 1921）は、人間にはもともと相反する2つの根本態度が存在すると考えた。1つは**外向型**と呼ばれ、客体として存在する外的・客観的事象を重要視し、そちらの方向に心的エネルギーを向ける態度である。もう1つは**内向型**と呼ばれ、主体である自分自身のうちにある内的・主観的な世界を重要視し、そちらの方向に心的エネルギーを向けて、自己の内的世界の拡大をはかる態度である。

外向型は、感情の表出が活発で、気分の変化が早く、陽気で心配することが少ない。精力的で決断が早く、実行力や指導力に優れ、新しい状況にも適応しやすい。しかし、熟慮しないで着手して失敗することもあるし、飽きやすい面もある。他者に対して開放的で、交友範囲が広く社交性に富んでいるが、おだてられたりだまされたりすることもある。概して常識的、折衷的で、他者の考えがよいと思えば抵抗なく受け入れる。

内向型は、感情の表出が控え目で、気分の変化は少なく、気難しく内気で、心配したり迷うことが多い。思慮深いが実行力は乏しく、自分が先頭に立つより他者に従うことが多い。しかし、やりはじめたことは粘り強く行う。新しい状況への適応には時間がかかる。交友範囲は狭く、他者との交流が苦手で、他者からの意見や批判には敏感である。他者とのかかわりが少ない仕事

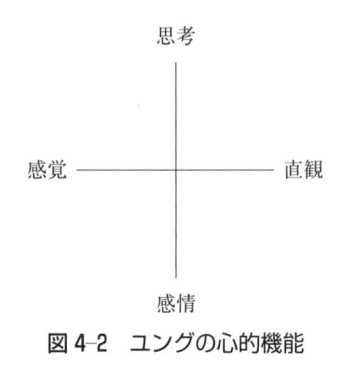

```
        思考
         │
感覚 ────┼──── 直観
         │
        感情
```
図4-2　ユングの心的機能

を好む。物事に対して懐疑的で、論理的思考・理論的分析に長じており、自分の考えに固執しやすい。

このように、外向型とは、周囲の出来事や他者への関心が強く、外的世界を基準に行動する類型である。それに対して、内向型とは、自分自身への関心が強く、自分の内的世界・主観的世界を基準に行動する類型である。

しかし、この2つの態度類型だけで人間の行動傾向の個人差を説明することはできない。そこでユングは、外的世界や内的世界に対する認知や反応の仕方を心的機能と考え、**思考、感情、感覚、直観**の4つの機能をとりあげた。この4つの心的機能は、それぞれ独立の機能であって、2つの直交軸上に設定されている（図4-2）。第1の軸は合理的機能と呼ばれ、思考機能と感情機能が対極にある。第2の軸は非合理的機能と呼ばれ、感覚機能と直観機能が対極にある。ここでユングがいう非合理（irrational）とは、理性に反するという意味ではなく、理性の外にある、つまり理性では説明できないという意味で用いられている。

思考とは、さまざまな外的事実や内的表象に対して、概念や論理で知的に対処する心的機能である。感情とは、外的事実や内的表象に対して、「よい─悪い」「適─不適」などの一定の価値を付与する心的機能である。感情は、受け入れるか拒むか、好きか嫌いかという合理的な判断に基づいて決められるという点で合理的機能とされる。しかし、論理的に吟味して概念規定を与えることよりも、価値に基づく判断を下すことを優先させるため、思考とは対極にある機能である。

感覚とは、感覚器官や身体感覚をとおして現実の事物を知覚する心的機能である。直観とは、現実の事物そのものよりも、その背後にある可能性を知覚し、未来や将来への展望をつかさどる心的機能である。感覚と直観は、現れる事象をそのまま知覚することであって、理性の法則に従わない単なる所

与であるという点で、非合理的機能とされる。しかし、感覚は現実そのものをあるがままに感じとって事実性を追求しようとする機能であるのに対して、直観は新たな発展可能性に注目するものであるため、対極に位置する。

たとえば、ガラスのコップをみたとき、用途や材質、耐久性などについて考え、「食器」、「ガラス」などのカテゴリーに分類するのが思考機能、感じがよい・悪いとか好き・嫌いを決めるのが感情機能、形や大きさ、色などを把握するのが感覚機能、コップそのものにとらわれない可能性をもたらすひらめきやインスピレーションを思いつくのが直観機能、ということになる。

人間には本来この4つの心的機能が備わっているが、どの機能がよく発達するかは、人によって異なる。ある個人が主として依存し、最もよく発達している機能が優越機能で主機能となり、その対極が最も未発達な劣等機能となる。ここでいう劣等機能とは、未分化であることを意味するのであって、弱いという意味ではない。どの機能が主機能であるかを基準に、思考型、感情型、感覚型、直観型という4つの類型が設定される。

ユングは、2つの態度類型と4つの機能類型を組み合わせて、外向的思考型、内向的思考型、外向的感情型、内向的感情型、外向的感覚型、内向的感覚型、外向的直観型、内向的直観型という8つのパーソナリティ類型を考えた。

(5) 類型論の長所と短所

類型論は、全体としてのまとまりを持った人間の質的な把握を意図したものである。したがって、長所としては、直観的に理解しやすい、パーソナリティの全体像を把握しやすい、その人物のイメージを描きやすい、といったことがあげられる。

逆に短所としては、実際には典型的な類型に当てはまる人は少なく、中間型や混合型になりやすい、パーソナリティを固定したものと考えて、発達とともに変化するという力動的な面が軽視されがちである、といった点が指摘されている。

巷では、ABO式血液型とパーソナリティとの関係がよく話題にされ、血

液型性格学と呼ばれている。これは、パーソナリティを類型で把握することの長所を表しているともいえる。しかし、実際には、血液型とパーソナリティとの間に関連は見出されていない。詫摩・松井（1985）は、この問題を検討するために大学生男女 613 名を対象に調査を行った。まず、パーソナリティ検査に含まれる親和欲求、追従欲求、秩序欲求、回帰性、神経質、のんきさ、攻撃性、社会的外向性、支配性という 9 つの尺度を用いてパーソナリティを調べ、4 つの血液型別に各尺度得点の平均値を算出して比較した。その結果、血液型によって差がみられたのは追従欲求だけであり、しかもその差はごくわずかであった。また、各血液型のパーソナリティを表すといわれてきた代表的な特徴を 5 個ずつ、計 20 個列挙し、それらが自分に当てはまるか否かを回答させた。4 つの血液型別に各特徴に対する肯定率を算出した結果、従来いわれてきた血液型固有のパーソナリティ特徴と実際の血液型とは、何ら対応しなかった。これらの結果から、血液型とパーソナリティとが関連するという説は否定された。ただし、血液型性格学を信じるか否かという個人差に、パーソナリティが関連しているという結果が見出されている。血液型によってパーソナリティが異なると信じている人は、親和欲求および追従欲求が強く、回帰性が高く、社会的外向性が高い。つまり、血液型ステレオタイプを持っている人は、他者と一緒にいたいと望み、権威のあるものに従いたいという欲求が強く、気分のむらが大きいが人付き合いが好きであるということである。

2　特　性　論

　特性論は、1930 年代に登場した考え方で、20 世紀半ばから後半にかけて、主にアメリカで重視された。類型論のような全体論とは異なり、**特性**（trait）という構成要素を用いてパーソナリティを理解しようとする。

　人にはそれぞれ、「怒りっぽい」とか「積極的」などの一貫した行動の仕方がある。このように、種々の状況を通じて一貫して現れる比較的安定した行動傾向を、特性と呼ぶ。特性とは、パーソナリティを構成する基本的単位

であると考えられており、たとえば、依存性、支配性、神経質などである。パーソナリティを多数の特性に分けて、それぞれの程度を量的に測定して、各特性の組合せによってパーソナリティを記述し説明しようとする考え方を、特性論という。個々の特性に関する個人差は、程度の問題であって質の問題ではないというのが特性論の立場である。依存性や支配性などの各特性について、その人がどの程度その傾向をもっているかを測定し、その結果を記入した**プロフィール**を作成することによって、パーソナリティをとらえようとする。

特性論においては、どのような特性を選定するかが問題となる。代表的な特性論について、以下に述べる。

(1) オルポートの特性論

特性論をはじめて体系的に構成したのは、アメリカのオルポート（Allport, 1937）である。彼は、ウェブスター辞典から特性に関する用語を1万7953語選び出した。形容詞を主とする用語を4群に分類し、その中で「攻撃的」、「内向的」、「社交的」などといった、実際に外に行動として現れる特性語が、一貫して安定した行動傾向を表すものとして重要であると考えた。

オルポートは、パーソナリティの総合的分析のために、図4-3のような心誌（psychograph）を作成した。彼は、特性には、多数の人々が共通して持っている共通特性（common trait）と、ある個人に独自の特徴を与える個別特性（individual trait）があると考えた。そして、共通特性を表出的特性と態度的特性に分けた。表出的特性とは、適応の力動的様式であって、人が目標に向かって行動しているときに現れる特性をさす。態度的特性とは、ある特定の状況に適応するときの行動に示される特性をさす。これには、自己に対する態度、他者に対する態度、および価値に対する態度が含まれている。さらに、特性の基礎をなすものとして心理生物学的要因をとりあげ、身体、知能、気質の3つの側面に分けている。

このような心誌を用いて、各個人ごとに、種々の特性の程度を記入してプロフィールを作成する。図4-3には例としてプロフィールの一部だけ記入し

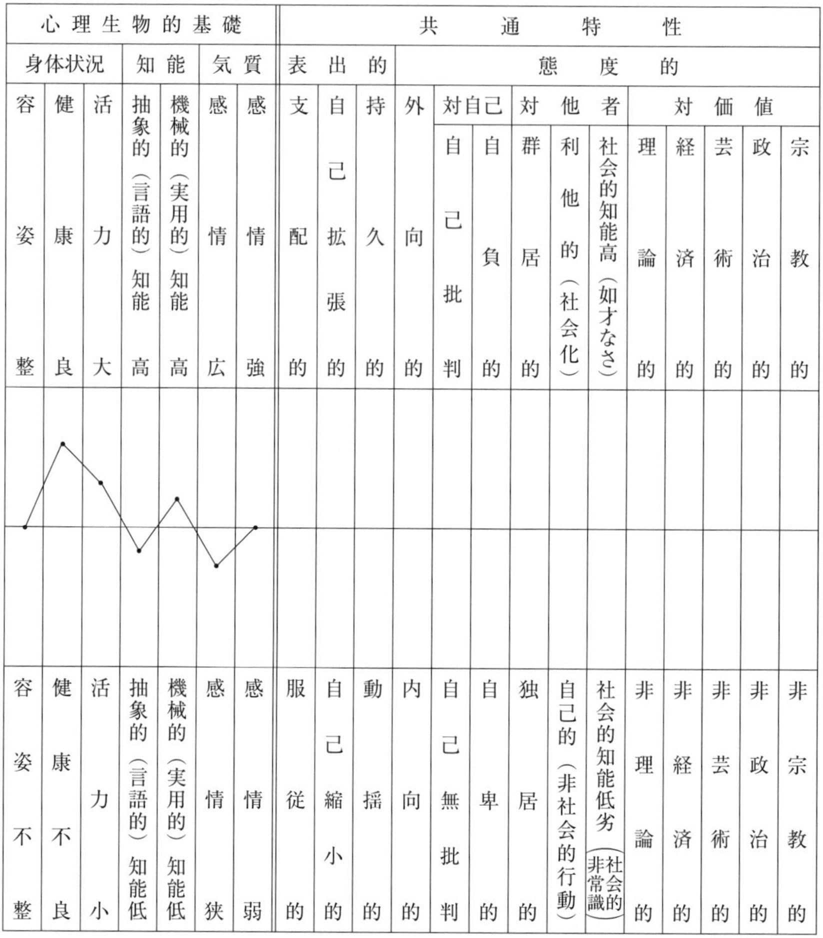

心理生物的基礎						共通特性											
身体状況		知能		気質		表出的			態度的								
容姿	健康	活力	抽象的（言語的）知能	機械的（実用的）知能	感情	感情	支配的	自己拡張的	持久的	外向的	対自己		対他者			対価値				
											自己批判的	自負的	自群居的	利他的（如才なさ）	社会的知能高（社会化）	理論的	経済的	芸術的	政治的	宗教的
整	良	大	高	高	広	強	的	的	的	的	的	的	的			的	的	的	的	的
容姿不整	健康不良	活力小	抽象的（言語的）知能低	機械的（実用的）知能低	感情狭	感情弱	服従的	自己縮小的	動揺的	内向的	自己無批判的	自卑的	独居的	自己的（非社会的行動）	社会的知能低劣（非常識）（非社会的）	非理論的	非経済的	非芸術的	非政治的	非宗教的

図 4-3　オルポートの心誌の一例（Allport, 1937；永野, 1978より改変）

ているが、7段階尺度やパーセンタイルなど、必要に応じて縦軸に適当な目盛りを入れて表せばよい。それによって、各個人のパーソナリティを表示することができ、個人間のパーソナリティ構造を比較することができる。

　(2)　キャッテルの特性論

　イギリスとアメリカで活躍したキャッテルは、パーソナリティの構造を特

性の階層としてとらえている。オルポートにならって、特性を共通特性と独自特性（unique trait）に分け、それを第1の階層とする。そして、第2の階層として、表面特性（surface trait）と根源特性（source trait）とを区分した。表面特性とは、表情や動作など外面的な行動に表出され、直接観察できるものである。根源特性とは、表面的な行動を生み出す要因となるもので、パーソナリティの深い層にあり、直接観察できないものである。表面特性は、根源特性間の相互作用によってつくり出されるが、根源特性ほどには安定性がないと考えられている。

　キャッテルは1940年代から、因子分析という統計技法を用いてパーソナリティの研究を行っている。彼は根源特性の抽出を重視し、以下のような12個を見出した。この12個の根源特性について、それぞれどの程度であるかを測定すれば、その人のパーソナリティを理解できると考えている。

①躁うつ気質 —— 分裂気質
②一般的精神能力 —— 知能欠如
③情緒安定性 —— 神経症的情緒不安定性
④支配性・優越性 —— 服従性
⑤高潮性 —— 退潮性
⑥積極的性格 —— 消極的性格
⑦冒険的躁うつ性気質 —— 退えい的分裂性気質
⑧敏感で小児的・空想的な情緒性 —— 成熟した強い安定性
⑨社会的に洗練された教養のある精神 —— 粗野
⑩信心深い躁うつ性気質 —— 偏執病
⑪ボヘミアン風の無頓着さ —— 月並みの現実主義
⑫如才なさ —— 単純さ

　（3）　アイゼンクの特性論

　アイゼンクは、病院の患者を対象にして検査や実験を行い、因子分析を用いて結果を整理した。主にイギリスで活躍した彼の研究は、1947年の著作をはじめとして多数残されている。

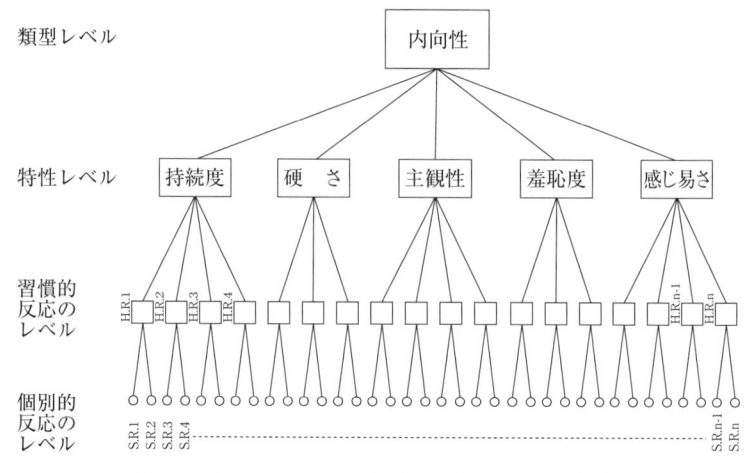

図4-4 アイゼンクの階層構造（上里・山本，1989）

アイゼンクは、パーソナリティを、4つのレベルを持つ階層構造として考えた（図4-4）。

最も基底にあるレベルは個別的反応である。これは、日常生活場面で観察される個々の行動であるが、状況に規定される行動が多く含まれているため、必ずしもその個人の特徴を示しているわけではない。

次のレベルは習慣的反応である。これは、類似した場面で繰り返し生じる行動である。ある人が同じような状況で起こす同じようなふるまい方といったものである。

その上のレベルは特性である。特性は、異なったいくつかの習慣的反応の集まりと考えられる。

最も上位のレベルは類型である。類型は、いくつかの特性が相互に高い相関を持ってまとまったものとされている。

アイゼンクは、類型にあたるものとして、内向性―外向性、神経症傾向、精神病質の3つの基本因子を見出した。内向性―外向性はユングの類型論に対応している。彼は、類型論に共通する類型として、内向性―外向性と神経症傾向の2つをとくに重視する。

内向性という類型は、持続度、硬さ、主観性、羞恥度、感じやすさという5つの特性からなっている。外向性という類型は、活動性、社交性、冒険性、衝動性、表出性、反省の欠如、責任感の欠如という7つの特性からなっている。また、神経症傾向という類型は、自尊心の低さ、不幸感、不安感、強迫性、自律性の欠如、心気性、罪悪感という7つの特性からなっている。

このように、アイゼンクの理論では、特性の集合として類型を想定しており、類型論的色彩が強いともいえる。なお、精神病質に関しては、被害念慮が強く攻撃的であるとか、独りよがりで社会的な規範意識や義務観念が稀薄であるなどの特徴があげられてはいるが、他の2つの類型ほど明確に体系化されていない。

(4) 特性論の長所と短所

特性論は、パーソナリティを特性に分けて分析し、量的把握を指向するものである。したがって、長所としては、パーソナリティを客観的に測定することができる、パーソナリティを詳しくとらえられる、個々の特性を量的に把握しやすい、他者との比較が容易である、といったことがあげられる。

逆に短所としては、断片的な把握になりやすく、パーソナリティの全体像をつかみにくい、人が共通に持っている特性の量的比較のため、個人の独自性を見逃しやすい、といった点が指摘されている。また、個々の特性がパーソナリティのすべてを網羅しているかどうかといった問題点や、抽出された特性の名称や数が研究者によって異なるという問題点も批判されてきた。

近年では、多くの研究で5つの特性が共通して見出されることが注目され、5因子モデルとかビッグ・ファイブと呼ばれている。チューピスとクリスタル（Tupes and Christal, 1961）の研究がきっかけとなり、ゴールドバーグが1981年にビッグ・ファイブ（Big Five）と名づけて以来、盛んに研究されるようになった。5つの特性とは、研究者によって命名は若干異なるが、外向性、協調性、信頼性（誠実性）、情緒安定性、開放性である。外向性とは、活動性、積極性、社交性などの特徴を含む。協調性とは、親和性、寛大さ、やさしさ、素直さ、従順さ、愛他性などの特徴を含む。信頼性（誠実性）と

は、勤勉性、責任感、注意深さ、丁寧さなどの特徴を含む。情緒安定性とは、気分の安定度、不安の強さ、動揺しやすさ、神経質などの特徴を含む。開放性とは、独創性、想像力、洞察力、機知性、好奇心の強さなどの特徴を含む。ただし、開放性は、研究者によって教養、知性、遊戯性などとも命名されており、解釈が分かれている。その他の特性に関しても、命名や解釈がまだ完全に統一されていないという問題点が残されている。

3 精神分析理論

精神分析の理論は、オーストリア在住の精神科医であったフロイトによって、19世紀末から20世紀前半にかけて体系化された。精神分析では、人間の精神活動には意識過程と無意識過程があることを前提とする。無意識とは、自分が知ることができない精神活動であって、この無意識こそが人間の行動や思考を支配していると考えられている。

フロイトは、パーソナリティの構造を論じる際、人間の心を1つの装置（心的装置）と考えた。その心的装置には3つの領域があり、**イド** (id)、**自我** (ego)、**超自我** (super-ego) と呼ばれる（図4-5）。この3つの領域の機能が互いに関連し合いながら、人間の心を構成し、行動を決定するとされる。

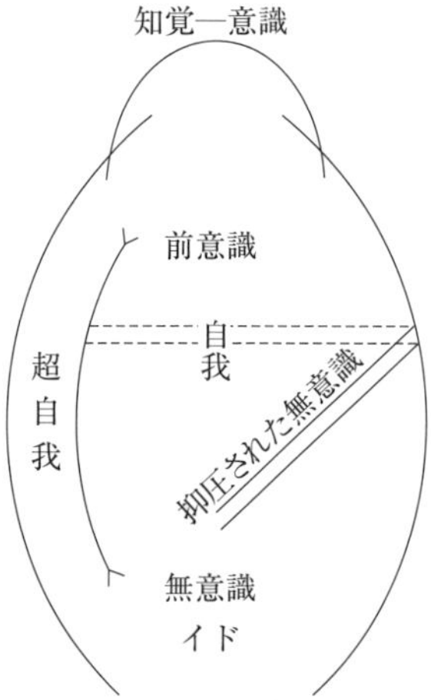

イドは、エス（Es）とも呼ばれる。無意識の過程で、生得的な本能的衝動を含み、人間のエネルギーの供給源である。欲求の満足を追求するため、快楽原則（快を求め不快を避ける）に従って、衝動を行動化しようとする。

自我は、パーソナリティの意識的・知性的側面である。現実を検討しながら、イドの衝動を外界に受け入れられるような行動に修正する。現実原則に従って、欲求を満たす現実的な対象

図4-5 フロイトの心的装置
（Freud, 1932より一部改変）

が発見されるまで衝動を一時延期または防止するなど、適切な対応や行動を選択し、現実に適応しようとする。

超自我は、道徳性や良心、罪悪感と呼べるもので、社会や両親のしつけによる社会規範や価値観が内在化したものである。イドの衝動を自我が調整するのを監視する役目を果たす。また、超自我は完全を望むので、イドの本能的衝動、主として性的衝動と攻撃の衝動を抑制し、自我の機能を現実的なものから理想的、道徳的なものにしようとする。

この3つの領域が相互に関連性を保ちながら独立して対等の位置を保っていることが必要となる。つまり、自我が中心となって、イドの衝動と超自我の支配と現実からの要請とを調整しコントロールすることが望ましいとされる。もしイドが強すぎると、衝動的・感情的な行動が生じやすい。また超自我が強すぎると、自分の行動を絶えず監視したり自己批判が厳しすぎたりして、罪悪感が強く不健康な精神状態に陥りやすくなる。自我を強化して、現実的・合理的な行動がとれるようにすることが重要である。

さらにフロイトは、性本能が精神発達と強く関係することに注目し、口唇期、肛門期、エディプス期（男根期）、潜伏期、性器期という5つの発達段階を設けた（pp.39-41参照）。ある段階で満足体験や不満体験が強すぎると、その段階で固着が起こり、独特のパーソナリティが形成されると考えられている。

口唇期に固着すると、依存的で、他者から愛されることを求めるパーソナリティが形成される。食べることや飲むこと、しゃべることを好む傾向がみられる。

肛門期に固着すると、強迫性格が形成される。几帳面、潔癖、倹約、けち、頑固、感情閉鎖などの傾向がみられる。

エディプス期（男根期）に固着すると、能動的、攻撃的、尊大で自信過剰、自己顕示欲が強く、性的魅力を誇示しようとする。男性では自己愛性格が、女性ではヒステリー性格が現れやすい。

このようにフロイトは、乳幼児期の親子関係の中でパーソナリティの基本

構造が形成されると考えた。しかし、フロイトの理論は直観や思弁によるものであって実証されていないため、妥当性が確認されていないという批判がある。

4 現象学的理論

精神分析理論は、過去経験が現在の行動や思考を決めるという因果律の考えをもとにしている。それに対して、人間の心の本質は因果律では理解できないという批判から生み出されたのが、現象学的アプローチである。現象学の立場では、客観的・物理的事実よりも個人の主観的世界が重要視され、その人が物や出来事に対してどのような意味づけをしているかを理解しようとする。

現象学の考え方をパーソナリティ理論として体系化したのが、アメリカのロジャースである。彼が1951年および1959年の著作で展開した理論は、現象学的自己理論と呼ばれている。人間は、自分が中心であるところの、絶え間なく変化している経験の世界に存在していると、彼は考える。つまり、人間は経験を主観的に意味づけている存在であるとする。また、人間は場に対して、経験され知覚されるままに反応すると考える。内的に知覚されている世界は、本人にとって実在するのである。した

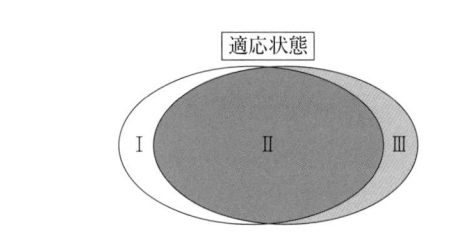

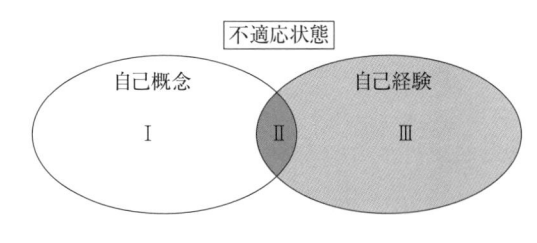

Ⅰ：経験に即さないで形成された自己概念
Ⅱ：経験に即して形成された自己概念
　　ありのままに受け入れられる自己経験
Ⅲ：ありのままに受け入れることができない自己経験

図4-6　ロジャースの現象学的自己理論
（鈴木，1998）

がって、個人の行動を理解するためには、その人自身の内的枠組みを知り、あたかもその人のごとくに考えたり感じたりして、共感的に接近して理解しようとする姿勢が必要となる。その際に、有力な手がかりとなるのが自己概念である。彼は、意味づけられた世界の中で最も重要なものは自己であると考え、自己に対して意識化され言語化された内容を自己概念と呼んだ。

　自己概念の形成過程には、2通りあるという。1つは、自己の経験に即して形成されたもので、もう1つは、自己の経験に即さずに、他者（両親など）から与えられた評価が内面化されて形成されたものである。前者のように形成された自己概念は、行動や自己経験との間に矛盾が生じない。しかし後者の場合は、自己概念と行動や自己経験との間に矛盾が生じ、混乱や不安が喚起される。自己概念と自己経験とのズレが小さいほど、適応的なパーソナリティであるとロジャースは考えている。経験をありのままに受け入れ、その経験に即して自己概念が形成された人は、不安や混乱が少なく、自分らしく生き生きと生きることができ、自己実現に向かうことができる。自己概念と自己経験とのズレが大きい人は、ありのままの自分ではなく、いわば他者から与えられた自分を生きているようなものである。不安につきまとわれるため、経験を歪曲して知覚したり否認したりして、不適応状態に陥る（図4-6）。

　ロジャースは、自己概念と自己経験とのズレを小さくすることで自己知覚が適切化され、それがパーソナリティの変化をもたらすと考えた。そのための方法として、カウンセラーがクライエントの経験を受容し共感的に理解するクライエント中心療法を提唱している。

5　場の理論

　ドイツとアメリカで活躍したレヴィンは、ゲシュタルト心理学や場の理論の考えを、パーソナリティの領域にまで発展させた。パーソナリティは、それだけを取り出して扱えるものではなく、それが置かれた場との関係ではじめて理解できると、彼は考えた。この理論では、行動はどんな条件下で起こるかという問題を明らかにしようとしており、パーソナリティは環境から離

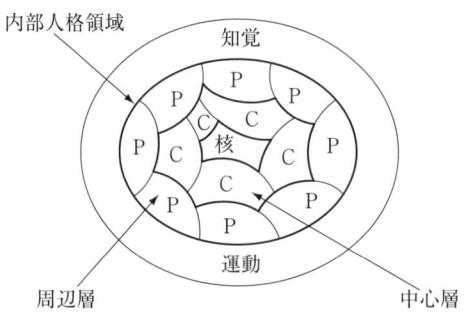

図 4-7 レヴィンの「人の構造」
（詫摩ら，1990）

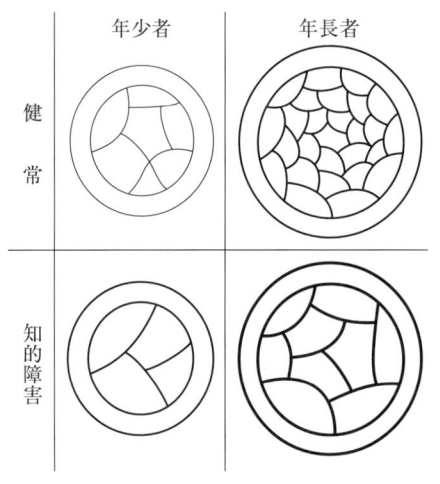

図 4-8 分化度と硬さ
（戸苅，1978 より一部改変）
注：線の太さは硬さの程度を示す。

れて存在するものではなく、常に環境との関係において理解される。この理論は 1935 年に発表され、パーソナリティの力学説と呼ばれる。

レヴィンは、個人の行動を規定するのは、その人のその瞬時における生活空間であるとする。生活空間は、人（Person：P）と環境（Environment：E）とから成り立つ。そこで、行動（Behavior：B）の根本法則は、$B = f(P, E)$ という式で表現される。行動は人と環境の関数である、つまり、ある人の行動は、人とその人を取り囲む環境との相互作用によって規定されるとする。

レヴィンが考えた「人の構造」とは、内部人格領域と知覚・運動領域の２つからなり、層構造をつくっている（図 4-7）。知覚・運動領域は周辺部にあって、知覚系は、環境から情報を取り入れて内部人格領域に伝え、運動系は、内部人格領域に生じた緊張を言語や行為などの手段で表出し、環境にはたらきかける機能を持つ。内部人格領域は内側にあって、比較的中心部に位置する中心層と、比較的周辺部に位置する周辺層からなっている。内部人格領域の中でも中心に近いほど、環境からの影響を受けにくいとされる。

レヴィンによると、パーソナリティの個人差は、人の構造の違いとして扱われている。人の構造の違いとしてあげられている主要なものは、分化度と硬さである（図4-8）。分化度とは、部分領域の数とそれぞれの領域の機能的分離の程度によって決定され、パーソナリティの複雑さ・単純さの程度を表す。一般に、子どもは大人よりも、また知的障害者は同年齢の健常者よりも、分化度が低いとされている。分化度が低い者は、思考や行動が具体的で、直接の事態に束縛されやすく、想像が貧弱で素朴であるという。硬さとは、ある部分領域と隣接する部分領域との境界の硬さのことで、部分領域相互間の交通度を表す概念である。硬さの程度が低いほど、ある領域に緊張が生じたときに隣接する領域に強い影響を与えやすい。一般に、子どもは大人よりも硬さの程度が低く、硬さは年齢とともに増大するとされている。また、知的障害者は同年齢の健常者よりも、硬さの程度が高いと考えられており、彼らの頑固さ、杓子定規、可塑性の低さはこの硬さによって説明されている。

3　パーソナリティ理解の方法

　ある人のパーソナリティを理解するための方法として、観察法、面接法、検査法をあげることができる。

1　観　察　法
　いろいろな条件のもとで個人の行動をありのまま観察して記録し、それを分析することによって、被観察者のパーソナリティを理解しようとする方法である。
　観察法には、自然観察法と実験的観察法とがある。
（1）　自然観察法
　条件の統制や操作を行わず、自然に生じる日常の行動や事象をありのまま観察して記録する方法である。日常的観察法、参加観察法、組織的観察法が含まれる。

日常的観察法　純粋に日常生活を観察する方法で、日誌法や逸話記録法などが用いられる。最も自然な行動がとらえられるので、対象となる個人や集団の全体像を幅広く理解することができる。しかし、観察者の主観が入りやすく、結果が曖昧なものになりやすい。

参加観察法　観察者自身が観察対象の集団に参加し、そのメンバーとなって、一緒に行動しながら観察する方法である。第三者として外から表面的な観察をするだけではわからない側面を知ることができたり、生きた相互作用をとらえることができる。その反面、観察者が加わることによって、被観察者の自然な行動が損なわれる場合がある。それを防ぐためには、観察者が被観察者と親和関係をつくることが大切である。

組織的観察法　何を明らかにしたいかという目標を定めて、それに合致した観察場面を選択し、目標に沿って観察し資料を集める方法である。最もよく用いられる観察法である。たとえば、向社会性を調べるために、協力が必要となるような日常活動の場面を観察するといった場合である。観察の仕方には、時間見本法（行動の流れを任意の時間間隔で区切って観察する）、場面見本法（ある特定の場面を選んで観察する）、行動見本法（特定の行動に注目して観察する）などがある。情報の曖昧さや歪みを避けられる点が長所である。しかし、観察すべき行動が生起するまで待たなければならないという短所もある。

　自然観察法では、行動の因果関係を明らかにすることが難しい。したがって、目標を明確にし、適切な観察場面を選択して、行動を流れの中でとらえて分析することが重要である。

（2）　実験的観察法

　観察場面に何らかの操作や条件の統制を加えて、目標の行動が生じるような場面を人為的に設定し、その中で生起する行動を観察する方法である。場面の操作により、その行動にかかわる要因を明らかにすることができる。実験的観察法では、適切な仮説の設定、要因の明確化、適切な場面の設定、適切な測度の選択などが重要である。とくに、場面の設定が非現実的でないことや、倫理的な問題がないように注意することが必要である。しかし、教育

現場では望ましくない問題が起こりうるため、一般的には自然観察法が用いられる。

(3) 観察の記録方法

自然観察法にしろ実験的観察法にしろ、観察結果の記録方法は、目的に応じて選べばよい。記録方法には、次のようなものがある。

逐語記録法　逸話記録法、行動描写法とも呼ばれる。すべての行動を、生起した順序に従ってそのまま記録する方法である。行動の全範囲を豊かにとらえられ、行動の流れがわかるので、全体像を把握することができる。その反面、すべてを記録するのは難しい、客観的な把握が困難である、などの短所がある。

行動目録法　あらかじめ観察するべき行動を決め、カテゴリーに分けて一覧表を作成しておき、その行動が生じるたびにチェックしていく方法である。結果を数量化しやすいのが長所であるが、カテゴリーの設定が難しいのと、行動の流れをとらえにくいのが短所である。

評定尺度法　観察した行動の程度や印象を、3～7段階の尺度により評定する方法である。短時間で比較的容易に実施できるうえに、行動の程度や強度を数量化しやすい。しかし、観察者の主観が入りやすく、客観性を欠くおそれもある。

(4) 観察法を実施する際の注意点

観察法の利点は、ありのままの自然な情報が得られること、対象者の能力に依存しないため、言語的理解力や表現力が未熟な乳幼児にも適用できること、などである。

観察法の問題点は、第1に観察者の主観が入りやすいことである。第2に、外から直接観察できない内容や、観察が許されない事柄がある。第3に、観察された現象としては同一の行動であっても、その原因や意味内容は必ずしも同一とはいえないことがある。第4に、被観察者に「観察されている」という意識を与えると、行動を歪めやすい。

したがって、観察法の実施にあたっては、観察者の訓練と観察のための準

備が十分に行われていることが必要である。具体的な注意点および工夫すべき点として、次のようなことがあげられる。第1に、観察者の主観による影響を防ぐためには、複数の観察者が同じ事象を観察する、ビデオ録画しておき、何度も再生して記録する、複数の記録方法を併用する、などにより、客観性を高める工夫が必要である。第2に、さまざまな場面での行動を観察することが必要である。人は、相手や状況によって行動の仕方を変えることがある。どのような場面での行動であるかを考慮に入れておくことが重要である。第3に、何に重点をおいて観察するのか、観察の目標や意図を十分に明確化しておくことが必要である。

2 面 接 法

面接者が被面接者と対面して会話することによって、被面接者のパーソナリティを直接に理解しようとする方法である。

面接法には、被面接者の情報収集を目的とする調査的面接法と、被面接者の問題解決や心理的援助を目的とする臨床的面接法がある。

(1) 面接法の形式

被面接者に自由に話してもらうことを基本にする方法と、あらかじめ質問項目を用意しておき、被面接者の応答を求める方法とがある。前者の場合は、自然な会話の流れの中で被面接者のパーソナリティを理解していくことができる。しかし、全体像を理解するまでには時間がかかる。後者の場合は、比較的容易に大要がつかめるが、単なる質疑応答で終わらないよう、具体的内容に会話を導くことが必要である。

(2) 面接法を実施する際の注意点

面接法の利点は、問答のやりとりができることによって、細かいニュアンスまで含んだ豊かな情報が得られ、パーソナリティの断片ではなく全体像をとらえられることである。また、被面接者自身が気づいていない側面や無意識の部分が明らかになることもある。しかし、面接者の主観が入りやすいことや、面接場面での被面接者の言動が自然なものでない場合がある、といっ

た問題点がある。

　したがって、面接法の実施にあたっては、面接者が細心の配慮をし、慎重な態度で臨むことが必要である。面接者には、豊富な知識と経験、および優れた洞察力が求められる。面接場面において面接者がとるべき態度は、次のようなものである。第1に、面接者と被面接者との間に**ラポール**（rapport：親和関係、信頼関係）を形成することが必要である。趣味などの親しみやすい話題から入って雰囲気を和らげ、被面接者の不安を取り除き、安心して面接場面に臨めるように配慮する。第2に、面接者は、被面接者の話を傾聴し、共感的理解をして受容する。他人事として聞くのではなく、被面接者の立場に立って、その内的世界を理解しようとする態度が必要である。第3に、被面接者の言葉だけでなく、表情、視線、身体動作、姿勢、声の調子などのノンバーバルコミュニケーションにも注意を払う。非言語的な手段が言語以上のものを表現することがあるからである。

③ 検 査 法

　パーソナリティ検査を実施し、その結果を分析することによって、被検者のパーソナリティを理解しようとする方法である。

　検査法には、質問紙法、作業検査法、投影法という3種類の検査形式がある。

（1）　質 問 紙 法

　日常の行動や考えについて記述した質問項目を多数用意しておき、その1つひとつについて、「はい」、「いいえ」、「どちらともいえない」などと答えさせる方法である。質問紙法には、多くの特性を測定してパーソナリティを総合的に把握しようとするものと、不安などある特定の特性だけを調べるものとがある。いずれにしても、パーソナリティを客観的に測定しようとする方法である。質問紙法の代表的な検査には、以下のようなものがある。

矢田部・ギルフォード（YG）性格検査　　ギルフォードらが考案した検査をモデルとして、矢田部達郎らが作成した検査である。一般用、高等学校

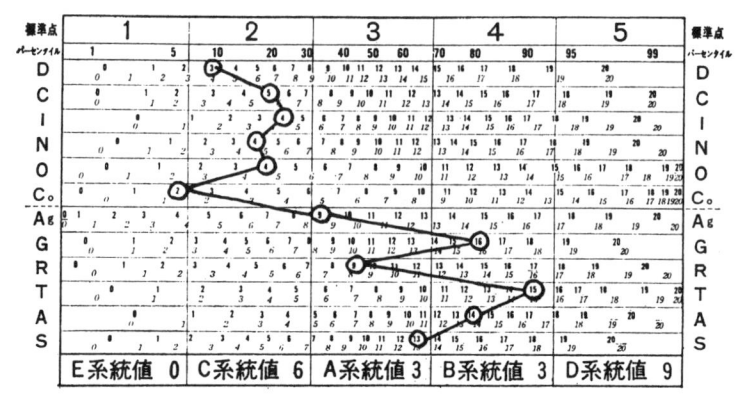

図4-9 矢田部・ギルフォード（YG）性格検査のプロフィール例（辻岡）

用、中学校用、学童用がある。前三者は質問項目が120個あり、「人中ではだまっている」、「たのまれたことはすぐ行う」などの項目に対して、「はい」、「いいえ」、「？（どちらでもない・わからない）」の3件法で回答する。この検査で測定される性格特性は、抑うつ性、回帰性、劣等感、神経質、客観性、協調性、攻撃性、一般的活動性、のんきさ、思考的外向―内向、支配性、社会的外向―内向、の12個である。各尺度の得点をもとにプロフィールが描かれ（図4-9）、15種の類型に分類される。比較的容易に実施できるので、広範囲で使用頻度が高い。学校では、生徒のパーソナリティ診断や生活指導・進路指導の資料として利用される。企業では、社会的適応性を調べることで、採用・職場配置などの人事管理に活用されている。

ミネソタ多面人格目録（Minnesota Multiphasic Personality Inventory：MMPI）　ミネソタ大学の心理学者・ハサウェイと精神医学者・マッキンリーが、精神医学的診断に用いる目的で作成した検査である。今日では適用範囲が拡大され、パーソナリティ特徴を査定するための検査として用いられている。質問項目は550個（1989年のMMPI-2では567個）で、精神的・身体的健康および家族・職業・社会・政治・宗教などについての態度が叙述されている。各項目に対して、当てはまる場合は「そう」、当てはまらない場合

は「ちがう」と答えることが求められる。「どちらでもない」は10個以上にならないよう、教示される。この検査は、4種類の妥当性尺度と10種類の臨床尺度からなる。妥当性尺度とは、被検者の受検態度にかたよりがなかったかどうかを検出するためのものである。？（疑問）尺度、L（虚構）尺度、F（頻度）尺度、K（修正）尺度から構成される。？尺度は不決断や拒否的態度を、L尺度は率直に答えないで故意に自分を好ましくみせようとする構えを、F尺度は問題点を誇張する傾向を、K尺度は防衛的で自己批判的な態度を、それぞれ査定する。臨床尺度で測定されるのは、心気症、抑うつ、ヒステリー、精神病質的偏倚、男子性・女子性、パラノイア、精神衰弱、精神分裂病、軽躁病、社会的内向性、という特徴である。とくに臨床心理査定、人事選抜などに利用されている。

モーズレイ性格検査（Maudsley Personality Inventory：MPI）　アイゼンクが、自身のパーソナリティ理論に基づいて作成した検査である。内向性－外向性と神経症傾向という2つの基本特性を測定することで、パーソナリティを理解しようとする。内向性―外向性は、「人とすぐ知り合いになる方ですか」などの24項目で測定される。神経症傾向は、「気分がくしゃくしゃすることがよくありますか」などの24項目で測定される。これらに、虚偽発見のための20項目、採点には用いない12項目を加えて、計80項目で構成される。各項目に対して、「はい」、「いいえ」、「？」の3件法で回答する。内向性―外向性と神経症傾向の高低により、9つの類型に分類される。

顕在性不安検査（Manifest Anxiety Scale：MAS）　テイラーが、精神面および身体面に表出される慢性不安反応を測定するために作成した検査である。MMPIから50項目が抽出されている。日本版では、これにMMPIのL尺度15項目を加え、65項目で構成されている。各項目に対して、「そう」か「ちがう」かのいずれかを選ぶ。「どちらでもない」と回答することもできるが、できるだけ避けるように教示される。不安の程度は5段階に分けることができ、高度の不安を示す人は、ストレス状況下で不安感や緊張感、不幸感、無能感などを自覚しやすいとされる。

質問紙法には、次のような長所と短所がある。長所は、検査の実施方法が簡単で、集団で施行することができる、検査結果の数量的処理が容易で、客観的な測定ができる、個人間の比較がしやすい、などである。短所としては、被検者が質問項目の意味を正しく理解し、自己を客観的に評定できる能力を持っている場合に限られる、被検者が意識的にしろ無意識的にしろ嘘をつく（反応歪曲）場合がある、などがあげられる。

(2) 作業検査法

被検者に一定の作業を課し、作業の過程や内容からパーソナリティの特徴を理解しようとする方法である。作業検査法の代表的な検査として、内田クレペリン精神検査がある。

内田クレペリン精神検査　ドイツの精神医学者・クレペリンは、人間の精神作業を研究するにあたって、連続加算法（隣り合う数字を足し合わせる作業）を用いた実験を行った。日本の心理学者・内田勇三郎は、この連続加算法を、パーソナリティ測定のための検査として利用できると考え、この検査を作成した。検査用紙には、1桁の数字が横に115字並んだものが34行印刷されている。被検者は、第1行目から、1字目と2字目、2字目と3字目というように加算し、その答えを数字の間に書き込んでいく。ただし、答えが10以上になる場合は、1の位の数字を書く。1行の加算作業時間は1分間に定められており、検査者の号令に従って1分ごとに行を変える。15分間15行の作業を行い、5分間休憩した後、さらに15分間15行の作業を行う。検査結果について、まず各行の最終作業箇所を線で結んで、**作業曲線**を描く（図4-10）。そして、全体の作業量の水準、作業曲線の型、および誤答の量や現れ方、という3つの観点から、24の類型に分類して判定を行う。パーソナリティの中でも、仕事の処理能力、積極性、活動のテンポ、意欲、注意力、持続性など、作業場面に反映しやすい特徴を把握するのに適している。そのため、採用試験や職場配置などのスクリーニングのために利用されることが多い。

作業検査法の長所は、検査の意図が被検者にわかりづらいので、作為が生

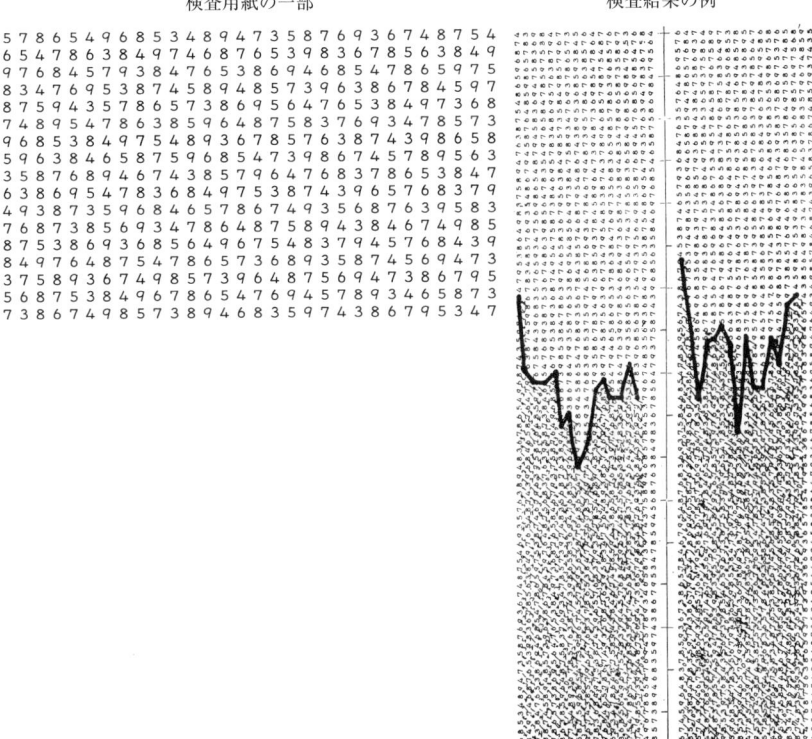

図4-10　内田クレペリン精神検査（日本・精神技術研究所，1970）

じにくい、集団で施行することができる、言語反応を求めることが少ないため、外国人にも使用でき、異文化間の比較が可能である、などである。短所としては、パーソナリティの限られた側面しか測定できず、特徴を細かく知ることが難しい、検査結果の判定に主観が入ったり曖昧なものになりやすい、検査結果の解釈にはかなりの熟練を要する、などがあげられる。

(3) 投　影　法

　曖昧で多義的な模様や絵、図形、文章などを与え、それについて自由に答

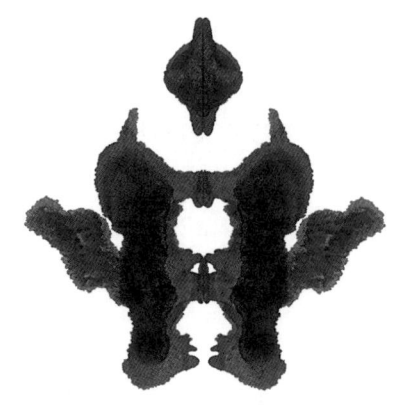

図4-11 ロールシャッハ・テストの図版例
注：これは模擬図版であり、実際に使用されるものではない。

えさせて、その反応の中に投影されるパーソナリティの特徴を理解しようとする方法である。投影法の代表的な検査には、以下のようなものがある。

ロールシャッハ・テスト　ロールシャッハが考案した検査である。左右対称のインクのしみが描かれた図版（図4-11）を10枚用いる。10枚のうち、5枚は濃淡のある黒1色、2枚は黒と赤の2色、3枚はカラー図版である。検査者は、決められた順序に従って図版をみせる。被検者は、それが何にみえるか、どの部分がどのようなわけでそうみえるか、などを自由に答える。検査者は、被検者の回答内容と回答するまでの時間を記録する。その結果をもとにして、反応領域、反応決定因、反応内容といった観点から、パーソナリティの特徴を把握する。臨床心理学の分野でよく利用されている。

主題統覚検査（Thematic Apperception Test：TAT）　マレーとモーガンが作成した検査である。図4-12のような絵が描かれた図版を用いる。被検者は、絵をみて自由に空想して物語をつくることを求められる。いまどういう場面か、登場人物は何をしており、どんなことを考えたり感じたりしているか、どうしてこのような状況になったか、この前にはどういうことがあったか、これからどうなるか、というふうに過去―現在―未来にわたる物語を創作する。物語の中に、被検者の欲求、願望、葛藤、対人関係、欲求の解決の仕方などが反映される。それを分析することで、パーソナリティを把握しようとする。マレー（Murray, 1938）の欲求－圧力理論に基づき、欲求という人の内部にある力と、それに対して環境から加えられる圧力との力動関係からパーソナリティをとらえようとする検査である。この検査は、パーソナリ

ティの潜在的な衝動、感情、情緒および葛藤を明らかにするうえで有効であるとされる。なお、子ども用には、ベラックが作成した動物を主人公とするCAT（The Children's Apperception Test）が使用される。

P-Fスタディ（Picture Frustration Study：絵画欲求不満テスト）　ローゼンツァイクが作成した検査である。成人用、青年用、児童用がある。日常生活で誰もが経験する欲求不満場面が線画で描かれている（図4-13）。検査場面は24個あり、自我阻害場面16個と超自我阻害場面8個とからなる。自我阻害場面とは、人為的・非人為的な障害によって行動を妨害されたり失望させられたり喪失したりして、直接に自我が阻害されて欲求不満を引き起こしている場面である。超自我阻害場面とは、他者から非難・詰問されて超自我が阻害され、良心の呵責から欲求不満を招いた場面である。どの場面も、左側の人物が右側の人物に対して、欲求不満を起こさせるようなことをいっている。右側の人物には空白の吹き出し部があり、この人が何と答えるか、最初に思いついた言葉を記入するよう求められる。回答は、アグレッション（aggression）の方向（他責的、自責的、無責的）とアグレッションの型（障害優位型、自我防衛型、要求固執型）という2つの次元の組合せに基づいて評定される。ローゼンツァイクは、アグレッションを主張性（assertiveness）

図4-12　主題統覚検査（TAT）の図版例（臨床心理学研究会，1953）

図4-13　P-Fスタディの練習用場面（ローゼンツァイク・林，1987）

と定義しているので、目標を志向するすべての行動にアグレッションが含まれていることになる。欲求不満場面に対する反応様式から、自我防衛水準での反応の背景にひそむパーソナリティの独自性を明らかにしようとする。彼の理論によると、個々人はそれぞれ独自の事象を示し、さまざまな個人的事象の間に作用している独自の法則を理解することが、パーソナリティ理解のために重要であるという。

文章完成法（Sentence Completion Test : SCT）　「子どもの頃、私は」、「私はよく人から」などの書きかけの文を呈示し、その続きを被検者に記入させて文章を完成させる検査である。刺激文の短い形式と長い形式とがある。前者は、引き出される反応の幅が広くなるので、パーソナリティの広い領域を知るのに適している。後者は、狭い領域を詳しく知るのに適しており、客観的処理がしやすい。精研式文章完成法テストの場合、パーソナリティの全体像を広く浅く把握することを目的とした短文形式を用いている。成人用は60項目、中学生用と小学生用は50項目からなる。社会、家庭、身体、知能、気質、力動、指向の7つの側面から反応を分析し、パーソナリティを把握しようとする。

　投影法には、次のような長所と短所がある。長所は、パーソナリティの深層まで分析することができる、反応歪曲が少ない、などである。短所としては、個別に実施することが多いので、時間と手間がかかる、検査結果の判定に主観が入りやすい、検査結果の解釈が複雑で熟練を要する、などがあげられる。

（4）　検査法を実施する際の注意点

　前述のように、検査法にはさまざまな形式がある。目的に応じて適切な検査を選ぶことが重要である。質問紙法、作業検査法、投影法にはいずれも一長一短があるので、どれか1つの検査を実施するだけで結論を出すことは危険である。それぞれの検査の短所を補うために、いくつかの検査を組み合わせて実施することが望ましい。これを**テスト・バッテリー**（test battery）という。

パーソナリティを理解するうえで、観察法や面接法と比較した場合の検査法の利点は、科学的で客観的な診断が比較的短時間でできることである。しかし、必ずしも被検者の全体像をとらえているとは限らず、ある時点での限られた特徴を理解するにとどまるという限界を持っている。また、被検者が真面目に正直に取り組まないと、検査結果の信頼性は低下してしまう。したがって、検査の実施にあたっては、検査に取り組む態度を整えさせるような努力が必要である。さらには、検査結果を正しく理解し、盲信するのではなく補助的道具として活用することが望まれる。

4　パーソナリティ理解を歪める要因

　他者のパーソナリティを理解しようとする際、相手のパーソナリティを正確に知ることが必要である。しかし、いつも必ず正確に認知できるとは限らない。たとえば、ある1人の人のパーソナリティを理解しようとするときに、Aさんは「積極的な人」と認知するのに対して、Bさんは「あつかましい人」と認知するというように、相違が生じる場合がある。

　人はそれぞれに、パーソナリティに関する自分なりの見方・考え方を持っており、これを暗黙のパーソナリティ観（implicit personality theory）という。暗黙のパーソナリティ観は、パーソナリティ認知において枠組みとしてはたらき、人は各自のパーソナリティ観に基づいて、他者や自分のパーソナリティを認知する。暗黙のパーソナリティ観の内容は個人個人によって異なっており、他者のパーソナリティ認知に影響を及ぼすことになる。

　また、フィードラーら（Fiedler et al., 1952）は、好意を抱く相手に対しては、実際以上に自分とパーソナリティが似ていると認知する傾向があることを見出した。これを仮想された類似性（assumed similarity）という。このような誤った認知は、好意を持っていない相手に対しては生じない。

　一般に、他者のパーソナリティ認知において生じやすい歪みとして、次のようなものがあげられる。

　①光背効果（halo effect）：ある性質についてよい（あるいは悪い）印象を持

つと、他のすべての性質についてもよい（あるいは悪い）と判断する傾向である。たとえば、学業成績のよい人は、人柄もよいと思い込んでしまう。

②論理的誤差：個人の過去の経験を一般化し、どの性質とどの性質とが結びつくという自分の知識や先入観に基づいて推論する傾向である。たとえば、怒りっぽい人は頑固であるに違いないと決めつけてしまう。

③対比誤差：自分がある性質を持っていると、その性質を厳しく評価する傾向である。たとえば、時間を厳守する人は、相手が少しでも遅れると、時間にルーズな人だと判断する。

④寛大効果：好ましい性質はより好ましく評価し、好ましくない性質はそれほど悪くないと、より肯定的に寛大に評価する傾向である。

⑤中心化傾向：極端によい評価や極端に悪い評価を避け、平均的な評価をする傾向である。

とくに、観察法や面接法を用いてパーソナリティを理解しようとするときには、このような歪みや誤りを十分に考慮することが必要である。

4 適 応 過 程

1 適応と不適応

適応（adjustment）とは、個人と環境とが調和したよい関係にある状態をいう。適応には、外的適応と内的適応という2つの側面がある。外的適応とは、環境からの要求を個人が充足しているかどうかで判断される適応のことである。すなわち、個人が所属する社会や集団の規範に従い、その社会や集団が望ましいとする態度や行動様式を身につけ、他者から認められている状態である。内的適応とは、個人の側の要求が充足されているかどうかで判断される適応のことである。すなわち、その個人の要求水準や価値観と適合した状態にあり、充足感を持ち自己受容できている状態である。

社会生活に適応するためには、外的適応と内的適応のバランスをうまく保

つことが必要である。もし外的適応のみにかたよると、自分の欲求を抑制しすぎて欲求不満が募り、突然逸脱行動を示すことにもなりうる。社会や集団の規範を過度に意識し、親や教師からの期待に合わせた行動をとることに注意を払い、外的適応することにのみ努力している状態を、過剰適応という。過剰適応の人は、他者からよい評価を得るために自分の欲求充足を犠牲にしてきたため、その反動として、突然問題行動を起こすことがある。他方、内的適応のみにかたよると、自分自身の充足感や満足感は得られるが、他者との協調関係が築けなかったり、社会・集団から疎外されたりすることにもなりうる。

　適応するための行動がうまくとれず、心身に好ましくない状態が生じると、不適応状態に陥る。原野（1979）によると、不適応（maladjustment）とは、個人が環境あるいは自分自身の内的世界に対して適切な行動を十分とれず、心身に障害や不安定性を示す徴候が生じている状態をいう。不適応の徴候として、情動が不安定になり不安や劣等感を持つ、孤立して自己中心的・自閉的になり対人関係に障害が生じる、暴力、攻撃、破壊、盗みなどの反社会的行動をとる、チック症状、夜尿などの悪癖・悪習慣が現れる、などがある。不適応の原因としては、精神病、神経症、身体障害、反社会的パーソナリティ、行動障害、欲求不満や葛藤、などがあげられる。しかし、同じ環境におかれても、すべての人が一様に不適応になるとは限らず、不適応に陥る人とそうでない人がいる。不適応になるかどうかは、その個人のパーソナリティ要因や、その個人が環境をどのように認知するかなどに依存している。

　人が生きていくうえで、家庭・学校・職場などの社会的環境に対して適応することは重要な意味を持つ。とくに、発達途上にある児童・生徒が学校生活に適応できるか否かは、その後の発達に大きな影響を及ぼす。個人が社会に適応して生きていくためには、社会の規範と調和しつつ自己の内面の安定を得られるよう、教育やしつけ、訓練などによって社会化していく過程、および個人が積極的に環境にはたらきかけていく過程が重要である。

2 欲求と欲求不満

(1) 欲　　求

　人間はさまざまな欲求を持っており、その欲求を充足させるために行動を起こす。欲求は、1次的欲求と2次的欲求に分けられる。1次的欲求は、生得的に備わっている基本的欲求をさす。たとえば、生命維持のために必要なことを求める生理的欲求などである。それに対して、学習によって後天的に獲得された欲求を2次的欲求という。

　人間は、他者と相互作用しながら社会生活を営んでいる社会的存在であるので、社会という枠組みと自分の欲求とをうまく調和させることが必要である。社会的存在として生きるために精神的・情緒的満足を求めるのが、社会的欲求である。

　マズロー（Maslow, 1970）は、欲求の階層説を提唱した。人間の欲求は、5つの階層からなる層構造をなしており、低次の欲求が充足すると、より高次の階層の欲求へ向かうという。最も低次の階層は、生命維持に直接かかわる生理的欲求である。第2階層は、安全や安定、依存、保護を求める安全の欲求である。第3階層は、所属する集団の一員として人々との愛情に満ちた関係を求める所属と愛の欲求であり、典型的な社会的欲求である。第4階層は、自尊心と他者からの承認・尊敬に対する承認の欲求である。最高階層は、自分の中にある可能性や能力を最高度に実現し、自分の個性を生かして使命・職責を達成し、自己充足しようとする自己実現の欲求である（詳しくは pp. 123-124 を参照）。

(2) 欲 求 不 満

　すべての欲求が何の障害もなく即座に充足されることは、現実には稀である。何らかの障害によって欲求の充足が妨げられると、生理的にも心理的にも不均衡あるいは緊張状態が生じる。この状態を欲求不満（frustration）という。欲求不満の状態に陥ったときには、均衡状態を回復するために、何らかの活動と努力が必要とされる。

　欲求不満場面での行動は、人によっても状況によってもさまざまである。

一般に、欲求不満に対して、次のような反応が生じるとされる。
　①直接的攻撃：障害に直接立ち向かい、障害を破壊して克服し、目標を達成する。
　②間接的達成：障害に直接立ち向かわず、解決しないままで迂回し、別の方法で目標を達成する。
　③代理目標の探求：元の目標に代わる別の目標を探し出し、それを達成することで代償的に満足する。
　④動揺あるいは屈従：障害を克服しようとする意欲を喪失し、活動しない、あるいは無駄な反復動作を生じる。
　⑤退避あるいは逃避：自分をその場面から遠ざける。
　このうち、直接的攻撃と間接的達成は、現実を客観的・理性的に把握し、環境に対して合理的に反応し、緊張の解消をもたらすものである。これらは適応行動と呼ばれる。
　（3）　欲求不満耐性
　欲求の充足が妨げられたとき、すべての人が同じ欲求不満状態を示すわけではない。また、欲求不満状態に陥った人がすべて不適応を起こすわけでもない。不適切な反応様式を示さず、適応性を失わずに、欲求不満に耐える能力を持つ人もいる。すなわち、欲求不満状態に耐えうる能力には個人差があり、これをローゼンツァイクは欲求不満耐性（frustration tolerance）と呼んだ。
　欲求不満耐性が高い人は、欲求不満が生じた理由を理解して、自分の行動や状況を変えようとする。それに対して、欲求不満耐性が低い人は、ちょっとしたことに怒りや不安や恐怖を感じ、反抗や抵抗などの反応を示し、不適応に陥りやすい。
　欲求不満耐性は、幼児期からの生活環境の中で、さまざまな体験を通して形成され、学習によって強められる。不適応に陥らないためには、欲求不満耐性を十分に育成しておくことが必要である。長島（1956）は、欲求不満耐性を低下させる理由として、次の3つをあげている。第1は、欲求不満の経験が不足していることである。たとえば、家族から寵愛されて甘やかされ大

切にされすぎて育った子どもの場合である。第2は、欲求不満を過度に経験することである。拒否的な家庭や専制的な家庭の多くにみられるもので、間断なくまた強く欲求が阻止される場合である。第3は、欲求不満の経験が非連続的であることである。たとえば、ある時期まで欲求が満たされていたのに、家庭環境の変化や両親の不和、弟・妹の誕生などの理由によって突然に強い欲求不満を経験し、それが持続する場合などである。子どもに対するしつけの一貫性・合理性を欠くときに、このような欲求不満の非連続性を子どもに経験させることになるという。したがって、適度の欲求不満を体験させて、欲求不満に対処するための積極的な態度を養うことが求められる。また、その際、親や教師の対応が一貫したものであることも重要である。

3 葛　藤

2つ以上の互いに相いれない欲求や目標が、ほぼ等しい強さで同時に存在している場合、どのような行動をとるべきかを選択・決定することが困難になる。このような状態を葛藤（conflict）という。レヴィンによると、葛藤には次のような3つの型がある。

①接近―接近の葛藤：正の誘意性を持つ2つ以上の欲求・目標が競合している場合に生じる。どちらも魅力があり引きつけられるが、どちらか一方だけを選択しなければならないという状況である。たとえば、複数の志望校に合格し、どれも同等に魅力があるので、1校だけを選択するのに迷うといった場合である。

②回避―回避の葛藤：負の誘意性を持つ2つ以上の欲求・目標が競合している場合に生じる。どちらも嫌で拒否したいが、どちらか一方を選択しなければならず、逃げるに逃げられない板挟み状態である。たとえば、いじめに同調するのは嫌だが、同調しないで自分がいじめられるのも嫌だと悩むような場合で、「前門の虎、後門の狼」という状況である。この型の葛藤は解決が困難であるので、その場からの離脱が生じやすく、深刻な問題となることがある。

③接近—回避の葛藤：1つの対象に正の誘意性と負の誘意性が競合している場合に生じる。魅力があって引きつけられると同時に、反発や拒絶を感じさせられる矛盾を含んだ状況である。たとえば、「フグは食いたし命は惜しし」で、美味といわれるフグを食べたいが、中毒で命を落とすのは嫌だと悩む場合である。欲望を満たしたい気持ちとあきらめなければならないという良心との葛藤である。この型の葛藤は、解決するのが難しく、不安や緊張を喚起しやすいので、不適応行動の誘因となりやすい。

人が生きていくうえで、葛藤はつきものである。葛藤は人を悩ませ、ストレスを引き起こし、不適応の誘因にもなる。不適応に陥らないためには、葛藤状態に対する耐性を高めることと、葛藤の適切な処理方法を学習することが必要である。現実を直視し、葛藤の解決方法を見出していくことが、パーソナリティ形成の重要な要因となる。

4 適応機制

欲求不満や葛藤場面に直面したとき、常に現実的・合理的な方法で対処できるとは限らない。不快や苦痛や混乱から逃れ、破局状態に陥るのを避けるために、意識的にしろ無意識的にしろ、一時的でその場しのぎの解決策を講じる。このような形で、自己の安定を守り、社会生活に何とか適応しようとする仕組みを、適応機制（adjustment mechanism）あるいは防衛機制（defense mechanism）と呼ぶ。フロイトが防衛という用語を1894年に用いて以来、精神分析学者たちによってさまざまな防衛機制が論じられてきた。不快や苦痛を低減し、より効率的に思考し行動することで環境に適応するという建設的な側面を強調する場合に、適応機制と表現されることが多い。その代表的なものは、以下のとおりである。

①抑圧：不安や苦痛を招くおそれのある感情や欲求、思考、記憶などを無意識の中に抑え込み、意識に浮かばないようにする。
②否認：不安や苦痛を引き起こす現実を否定して認めない。現実を知覚し

ている自我と現実を否認している自我があり、自我分裂の状態である。
③退行：苦痛を感じる現実から逃れるために、より早期の発達段階へと逆戻りする。たとえば、弟・妹が生まれたとたんに、おねしょをしたり、はいはいをしたりする「赤ちゃん返り」が起こる。
④反動形成：そのままの形では表現することができない欲求や感情を、まったく逆の形で表現する。たとえば、憎しみや敵意を抱いている相手に対して、親しげにいんぎんな態度で愛情を示す。大げさで不自然さが目立つ。
⑤合理化：自分の思考や感情、態度、行動について、理屈づけをして正当化する。たとえば、試験の成績が悪いときに問題の出し方が悪いと理由づけする、厳しい体罰は子どものためと言い訳する、などである。
⑥知性化：抑圧されている欲求や感情を知的に客観化する。たとえば、人間関係に行き詰まったときに理想的友情論をぶつ、自分の病気に不安を持つ人が医学書を読みふける、などである。
⑦同一化・同一視：自分と対象との境界が曖昧になって、自分と対象を同一視したり、対象の属性を取り入れて自分のものにする（同一化）。たとえば、尊敬する先輩の服装や髪型、態度、言葉遣いを真似ることにより、自分自身では満たせない願望を成し遂げている対象にあやかって代理満足を得たり、分離不安を緩和したりする。また、権威者や攻撃者の属性を真似て、自分が攻撃される不安を軽減させる。
⑧投影（投射）：自分の中の認めがたい欲求や感情を、他者のものとみなす。たとえば、自分が相手に対して憎しみを持っているのに、相手が自分に憎しみを持っているとみなす。
⑨逃避：適応困難な現実の状況から逃げることによって、一時的に不安を解消し心の安定をはかろうとする。たとえば、目の前の現実とは違った別の現実への逃避、空想への逃避、病気への逃避、などがある。
⑩置き換え：ある対象に向けていた欲求や感情を、別の対象に移し替える。たとえば、父親に叱られた子どもが、父親への攻撃的衝動を弟に向け、

弟を攻撃する、母親のいない子どもが女性教師に愛情を求める、などである。

⑪補償：自分がある側面について劣等感を感じている場合、自分の他の側面における優越感でこれを補う。たとえば、体力・運動能力に関する劣等感を知的活動で補償する。

⑫昇華：そのまま表現すると社会的に認められない（不都合が生じる）欲求や感情を、社会的に認められるような形に変えて表現する。たとえば、攻撃欲求をスポーツに向けて活動する。

　人が実際にどのような適応機制を用いるかは、欲求不満や葛藤の質や程度、合理的解決の可能性の程度などによって異なる。このような適応機制による解決は、一時的には緊張を和らげ、不安を軽減することができる。しかし、非合理的な方法であることが多いため、習慣化すると、パーソナリティの障害となったり病的兆候となる場合がある。

5　パーソナリティの変容と成熟

①　パーソナリティの変容

　パーソナリティは、乳幼児期から青年期までの間はさまざまに変化する。この変化は発達であり、パーソナリティの形成過程ととらえられる。一般にパーソナリティの変容という場合は、青年期以降の変化が問題にされる。そして、その個人にとって重要な意味を持つ危機の体験をすることが、パーソナリティの変容をもたらすと考えられている。

　鈴木（1985）は、パーソナリティの変容を適応的変容と不適応的変容に分けている。この区分の基準となるのは、健康なパーソナリティが持つと考えられる統合性、主体性、自立性、独自性、社会性などが、獲得される方向に変化するのか、それとも消滅する方向に変化するのか、ということである。適応的変容の典型とみなされる状況は、次の3つであるという。第1は、心理療法による治療的変容である。心理療法により、自己を洞察し、自己を受

容することがパーソナリティの変容をもたらす。それと同時に、周囲の他者に対する認知や受容の程度も変化し、対人関係が再構成される。第2は、危機を克服することによる克服的変容である。たとえば、障害児を持った親のパーソナリティ変容、末期ガンを告知された患者のパーソナリティ変容などである。第3は、成熟的変容である。人生経験を重ねることにより、自己や人間に対する洞察が深まり、パーソナリティがより健康な方向に変容する。
一方、不適応的変容の典型とみなされる状況は、次の3つであるとされる。第1は、統合失調症や躁うつ病などの精神病に罹患することによって生起する病的変容である。第2は、アルコールやシンナー、麻薬などの薬物中毒、あるいは脳外傷や脳腫瘍などの脳障害による病的変容である。どのような外因によって脳のどの部位が損傷を負ったかによって、パーソナリティ変容の現れ方は異なる。第3は、特異体験や過酷な体験による病的変容である。たとえば、ナチスによる強制収容所体験、死刑囚・無期囚の長期拘束体験、洗脳体験などによるパーソナリティ変容である。

適応的なパーソナリティ変容をもたらすためには、さまざまな危機に対して真剣に向き合い、自己洞察・自己分析を行うことが必要である。

2 パーソナリティの成熟

パーソナリティの理想モデルを示す概念として、成熟したパーソナリティあるいは健康なパーソナリティといった表現が用いられる。成熟したパーソナリティあるいは健康なパーソナリティの特徴がどのようなものであるかは、研究者によって異なる。

(1) 成熟した人間――オルポート――

オルポート(Allport, 1961)は、成熟したパーソナリティについて、次のような特徴をあげている。

①自己感覚の拡大：経験の範囲を広げ、さまざまな領域に関心を持って積極的に参加し、自分の一部として関与する。

②自己が他者と暖かい関係を持つこと：他者を尊重して親密な関係を結び、

他者に共感して受容することができる。
③情緒的安定：自己を受容している。欲求不満耐性が高く、不安や脅威に対して適切な対処ができる。
④現実的知覚、技能と課題意識を持つ：現実の外界をあるがままに正確にとらえる。そして、各種の課題を解決するための適切な技能と、傾倒すべき重要な課題を持っている。
⑤自己客観視：自分自身について高度の自己洞察ができ、自己を客観的に理解できる。自分の欠点や失敗を自分で笑える、本当のユーモア感覚がある。
⑥人生を統一する人生哲学を持つ：未来に目を向け、長期的な展望を持って生きる。人生に対して、明確な価値観を持って方向づけられており、しかも自発的・内発的に動機づけられている。

(2) 自己実現する人間——マズロー——

マズロー（Maslow, 1970）は、成熟したパーソナリティとは、自己実現する人間であるという。その特徴としてあげられているものは、次のとおりである。

①現実をより有効に知覚し、それと快適な関係を保つこと：主観に歪められることなく、現実に存在するものを知覚し、未知のものを受け入れることができる。葛藤や問題に対して、巻き込まれずに適切な距離をとって、快適でいられる。
②受容（自己、他者、自然）：自己や他者の人間性をありのままに受け入れる。肯定的な感情や経験だけでなく、否定的なものにも開かれており、弱さや邪悪さを自然のままに無条件に受け入れることができる。
③自発性、単純さ、自然さ：行動や思索が自発的で、単純、自然であり、因習にとらわれない。行動や思索の規準を自己においていて、自律的で個人的な倫理規準を持っている。
④課題中心的：自己中心的でなく、自分自身以外の問題に心を集中する。仲間集団や共同体あるいは人類一般の利益にかかわる課題や任務を持っ

ていて、それにエネルギーを注いでいる。
⑤超越性——プライバシーの欲求：プライバシーを好み、どんな事態にも超然としていられる。自由な意志を持ち、自己決定力を持つ。
⑥自律性——文化と環境からの独立、意志、能動的人間：物理的環境や社会的環境から独立しており、自分自身の発展や成長に動機づけられている。
⑦認識が絶えず新鮮であること：物事に対して、何度も畏敬や喜び、驚きをもって、新鮮に純真に認識することができる。
⑧神秘的経験——至高経験：恍惚感という情緒的要素と啓示という知的要素を含む経験をしている。
⑨共同社会感情：人類一般に対して、身内意識を持ち、同一視したり共感や愛情を抱く。
⑩対人関係：心の広い深い対人関係を持つ。容易に他者に溶け込み、愛することができる。
⑪民主的性格構造：階級や教育程度などに関係なく、どんな人に対しても尊敬し親しくすることができるという、民主的な感覚を持つ。
⑫手段と目的の区別、善悪の区別：倫理的で、明確な道徳規準を持ち、正しいことを行い、間違ったことはしない。手段と目的を混同することがなく、自分が正しいと感じた目的を追求する。
⑬哲学的で悪意のないユーモアのセンス：笑いよりは微笑を引き出すような、状況に内在している、自然にあふれ出るような、思慮深い哲学的な、真のユーモアのセンスを持つ。
⑭創造性：子どものように新鮮で純真なものの見方ができ、創造性、独創性、発明の才能を持つ。
⑮文化に組み込まれることに対する抵抗、文化の超越：文化と完全には同一化せず、外面的には受容しながら、内面的には文化を超越して自律している。

(3) 十分に機能する人間——ロジャース——

　ロジャース (Rogers, 1961) は、成熟したパーソナリティとして、「十分に機能する人間」という表現を用いている。これは完了した静的な状態ではなく過程であり、十分に機能する人間になるという究極目標に向かって前進する過程であると考えられている。ロジャースは、十分に機能する人間の特徴として、次の5つをあげている。

　①経験に対して開かれていること：すべての感情や感覚、態度をありのまま経験して受け入れ、自分のものにすることができる。つまり防衛しない。
　②実存主義的生活：実存のあらゆる瞬間に生じるあらゆる経験を斬新に認知し、どの経験によっても絶えず影響を受け、それを十分に生かしている。つまり順応性があり、先入観や硬さがない。
　③自分自身の有機体への信頼：それぞれの場面において、個人や状況に関連するすべての情報を考慮に入れて、即座に直観に基づいて意志決定できる。自分および自分の決定を信頼している。
　④自由の感覚：行動や思想を自由に選択することができる。さらに、人生に対して自分の力で切り開けるという感覚を持ち、無限の可能性を感じている。
　⑤創造性：創造性が高く、行動が自発的である。

(4) 個性化した人間——ユング——

　ユングは、「個性化した人間」という表現を用いる。ユングは個性化の過程を、個人に内在する可能性を実現し、他者とは違う唯一独自の存在、内的に調和している存在となる過程であると定義した。完全に個性化したパーソナリティの例として、イエス・キリストと仏陀があげられている。ただしユングは、前述したオルポートらのように、成熟したパーソナリティについて詳細な特徴を述べることはしていない。シュルツ (Schultz, 1977) は、ユングが描いた個性化した人間の特徴として、高い水準の自己知識の達成、自己の受容、自己の統合、自己の表現、人間の本質に対する受容と寛容、未知で

神秘的なものの受容、普遍的パーソナリティ（1つの側面が優勢になることがなく特定の類型に分類できない）、の7点を指摘している。

（5）　まとめ——シュルツ——

シュルツ（Schultz, 1977）は、これらの研究者の考えを比較検討し、パーソナリティの理想モデルとして、次の4つの共通点を見出した。

①自分の生活を意識的にコントロールできる。
②自分は誰であり、自分は何か、についてよく知っている。
③過去ではなく現在にしっかりと結びつけられて生きている。
④静かで安定した人生よりも、挑戦と興奮を伴う人生、新しい目標や新しい経験に向かう人生を切望する。

人生のさまざまな課題に真剣に立ち向かい、現実の自分を洞察し受容しながら、自分らしさを求めて積極的に生きる努力をすることが、パーソナリティの成熟をもたらすことになる。

参考図書
本明寛ほか編　1989-1992　性格心理学新講座　全6巻　金子書房
詫摩武俊監修　1998　性格心理学ハンドブック　福村出版
詫摩武俊ほか編　1999-2001　シリーズ・人間と性格　全8巻　ブレーン出版

第5章

教育評価

1 評　　価

　教育評価とは、教育指導によって教育目標がどの程度達成されたかを調べるためにカリキュラム、指導方法などについて調査することをいう。また、学習評価とは、各教科の教育指導目標の到達度を評価することをいう。学習評価は時期や目的によって診断的評価、形成的評価、総括的評価に分けられる。この分類はブルームら（Bloom et al., 1971）の理論の中核をなすものである。本節ではこれらの評価やそれにかかわる諸問題を解説する。

1　診断的評価

　診断的評価とは、学習者の学力や能力などの実態を把握しそれぞれの学習者に応じた指導計画を考案するために行われる評価である。したがって、この評価は授業の開始前に行われなければならない。学習者1人ひとりの個性は非常に違っており、それらを把握したうえでの評価であるので、診断的評価は学習者を指導するうえできわめて重要な評価である。この評価を行うための方法として、標準学力テスト、知能検査、パーソナリティテスト、学習適性テストなどが行われる。学習が行われるためには学習者は一定の発達を遂げていなければならない。このことをレディネスという（第3章参照）。

2 形成的評価

　形成的評価とは、学習者の学習過程中に学習者がどの程度、学習内容を把握しているかを調べるために行われる評価である。通常、形成的評価は教師が授業中に生徒を観察しながら単元や、小単元などのレベルで発問や小テストなどで行う。形成的評価は繰り返して行われなければならない。ブルームらは完全習得学習を主張した（第3章参照）。この学習法の特徴は、生徒に完全な習得をさせることである。そのために形成的評価が不可欠である。もし学習者に不合格の項目があれば、それぞれに補習を行わなければならない。また、かなりの数の学習者が不合格ならばその項目を全員に再学習させる必要がある。

3 総括的評価

　総括的評価とは学期や年度の終わりに指導が終了したあとに行われる評価である。つまり、学習者が達成すべき目標をどの程度クリアしたかの評価である。この評価は、学習者の成績の評価だけでなく、カリキュラムの適正さ、授業の展開の妥当性のチェックでもある。学習者は一般的に通信簿という形で知らされる。これによってそれぞれの学習者の進路が決定されることがあるし、また、教員の次回からの指導にもかかわってくるので非常に重要な評価である。

　評価をするためにはその判断材料が必要である。材料としては、学力テスト、観察、面接、パーソナリティテストなどがあるが、ここでは学力テストでの評価について解説する。

　学力テストを行うと得点が得られる。得点は、普通は数値で表される。この数値をあらかじめ作成しておいた何段階かの尺度（基準）に従って分類し、記述するという作業を行う。

（1）　絶対評価（absolute evaluation）

　テストの得点から評価を行うことについて、何らかの基準が必要である。そのうちの1つに**絶対評価**がある。絶対評価は教育目標に対する達成度で評

価を行うものであり、基準準拠評価とも呼ばれる。絶対評価ではどの程度まで教育目標に達したかを示すのに3通りの方法がある。①テストの得点をそのまま用いて表示する。②程度をいくつかの段階に分けて表示する。③目標への到達を合否で表示する。この分類は精度の違いだけであるので、評価の対象や目的によって使い分けるのがよい。

絶対評価の長所は2つある。①教育目標にどの程度達したかが明確である。これはカリキュラムの適正さや授業方法の適切さが検証しやすいことを意味する。②学習者を教育目標に向けての動機づけがしやすい。これは他の生徒の成績を気にすることなく個人の目標への学習が行えるということである。

しかし、絶対評価には大きく2つの短所がある。①分類基準が客観的であることが非常に困難である。評価基準が評価者の独断になりやすく、他の評価者の基準と一致しなくなりがちである。この結果、評価への信頼性が損なわれてしまう。②個人間や集団間の比較が困難である。評価基準が評価者に依存するので広い視点がなくなり、学校間の比較は困難である。また、評価の結果からでは、各教員の指導の適切さは比較できない。

(2) 相対評価 (relative evaluation)

評価の基準として絶対評価が到達度を用いたのに対して、学習者が所属する集団の中での相対的な位置（偏差値など）で評価を行う方法を**相対評価**という。相対評価は集団準拠評価とも呼ばれる。成績表の5段階評価は得点が正規分布することを仮定したうえでの相対評価である。各段階の比率（人数）を決めて上位7%に5, 次の24%に4, 次の38%に3, その下の24%に2, 下位7%に1の評価点をつける（詳しくは図5-5を参照）。

相対評価の長所、短所は絶対評価のそれと表裏の関係にある。

すなわち、長所としては次の2点があげられる。①評価基準を客観的に定めることができる。つまり、評価者の独断的な基準で評価されることがなくなる。②集団内での学習者の位置が明確になる。位置がわかることで適切な教育指導ができるようになる。

逆に短所としては次の2点がある。①教育目標がどの程度達成されたかが

わかりにくい。このことは学習者の動機づけをし難くすることを意味する。さらに、教員の教育成果もわかりにくいものになっている。②学級などの小さい集団に適用すると、低い評価をされた学習者に無力感を生んだり、全員に過当な競争を生じさせることがある。このことが無意味な劣等感や優越感につながりがちになる。

これらのことを総合的に考えると相対評価は形成的評価には向いていない。しかし、実際問題としてはこのような短所を頭に置きながら、相対評価を使用しなければならないだろう。

(3) 個人内評価

個人内評価とは評価の基準を個人内につくって、個人内のいろいろな能力を比較する評価法である。したがって、全体としては優れた成績を示しても、項目によって低い評価がなされることがある。たとえば、「初級日本語」の成績評価では、「話す」、「聞く」、「読む」、「書く」の4つが下位項目として評価の対象になる。個人内評価の下位項目は学習者の過去のそのの項目の成績とを比較することで学習の進捗状況を把握しやすくなる。しかし、独断的な解釈をしないように気をつけなければならない。

4 学　力

学力とは学校教育において達成されるべき教育目標が学習者の中に内面化されている状態をさす。具体的な項目は学習指導要領に示されている。学力を調べるものとして最も一般的なものが学力テストである。しかし、学力の内容が多様なためいろいろな学力テストが考案され、使用されている。ここでは、その代表的なものをとりあげて解説する。

(1) 学力テスト

学力テストは教師作成テストと標準学力テストに分けられる。教師作成テストは、学習者の達成度を調べるために、教員が自分で作成し実施するものであり、その形式はさまざまである。教師作成テストは形成的評価には欠かせないものである。

標準学力テストとは標準化された学力テストのことであり、標準化の条件として、テストの実施法や採点法が客観的に定められていること、テスト内容がきちんと検討されていること、結果の解釈の明確な基準があること、信頼性があること、妥当性があることなどがあげられる。普通、標準学力テストは学期別、学年別に大規模で行われる。標準学力テストで学習者の全国的水準での位置づけがわかる。

また、標準学力テストは外観テストと分析的診断テストの2つに分けられる。外観テストは一般的な学力水準を概観しようとするものであり、分析的診断テストは、学力水準を概観するだけでなく、下位項目を分析することによって、劣っている領域や優れている領域を調べる目的がある。これによってより細やかな学習指導に役立てられる。

(2) 口頭試問

口頭試問は学力などを評価するために口頭で行う試問である。この方法が入学や入社の時に行われる場合は面接と呼ばれる。口頭試問を行うときには評価が主観的になってしまわないように注意する必要がある。

(3) 客観テスト

客観テストとは○×などの記号や数字、短い語句で正答を答えさせるテストである。設問方法としては再認と再生がある。再認の代表的なものは真偽法（○×で解答させる）、多肢選択法（複数の選択肢から正答を選ばせる）、組合せ法（2つの解答群を設けて、それぞれの群から正しく組み合わせる）、があげられる。また、再生の代表的なものとして、完成法や単純再生法（両法ともに文章中の空欄部を埋めさせる）があげられる。客観テストは正答がはっきりと決まるので、教員の主観を排することができる。さらに短時間で多量の回答の採点ができることも長所である。しかし、思考力や表現力などの高度な学力を評価することは行いにくいし、解答者が推量で解答してしまう危険性がある。

(4) 論文体テスト

論文体テストは解答を自由に書かせる形式のテストである。客観テストの短所が論文体テストの長所であり、客観テストの長所が論文体テストの短所

である。つまり高度な学力や総合的学力は評価しやすいが、評価に時間がかかり、評価者の主観が入りやすい。実際問題としては、客観テストと論文体テストを併用すべきである。

　これらのテストによって学力を評価する。学力の低い学習者を学業不振児と呼ぶが、能力に見合うだけの学力を示していない学習者のことをとくにアンダー・アチーバー（under achiever）という。このことに対していくつかの要因が考えられる。まず第1に学力が累積的に遅れていることがある。この場合は学習のどの段階でつまずいたかを調べることが必要である。第2に身体的な要因である。第3に性格的要因である。第4に家庭的要因である。第5に友人関係などの学校的要因である。これらの要因が複数絡み合っていることが多いので、総合的に判断し、早期に治療教育が施される必要がある。

5　テストの妥当性と信頼性

　テストは作成すればそれで終わりというのではなく、その妥当性や信頼性が検証されなければならない。

（1）　テストの妥当性（validity）

　テストの得点の解釈とそれに基づく推論の正当さの程度を妥当性と呼ぶ。実際に妥当性を検証するためには、内容妥当性、構成概念妥当性、基準関連妥当性の3つを用いる。内容妥当性とは、テスト内容がそのテストによって測定しようとする領域をどの程度正しく示しているかの妥当性である。学力テストでは内容妥当性が重要である。つまり、その教科の内容が正しく反映されなければならない。構成概念妥当性とは、創造性や知能などの構成概念をテストが実際にどの程度測定しているかを意味する。基準関連妥当性とは、テストの得点がテストとは独立した外部基準とどの程度関連しているかを示すものである。入学前の国語の成績と入学後の国語の成績の関連が強いのならこの妥当性は高い。基準関連妥当性を調べるためにテストの得点と外部基準との相関係数を用いる。これを妥当性係数という。

(2) テストの信頼性 (reliability)

　信頼性とは同一人物に対して同一のテストを複数回実施したときに、一貫して同じ結果を示す程度のことを信頼性という。しかし同一のテストを複数回繰り返すと、練習の効果や、内容を記憶してしまうという問題が生じるため現実にはほぼ不可能である。それで、集団でテストを行い個人内変動ではなく個人間変動を扱うことで、誤差を少なくする。このために再テスト法や平行テスト法が考えられる。

　再テスト法とは一定の時間をおいて同一のテストを同一の集団に行う方法である。再テスト法は知能などの安定した概念を測定するのに向いているが、学力などの比較的変化しやすいものには向いていない。

　平行テスト法は2つの同様のテストを同時期にあるいは短い時間をおいて実施するテスト方法である。平行テスト法は、テストが同時の場合相互に影響を及ぼす可能性があるし、短い時間をおいた場合は前のテストが後のテストに影響を及ぼす可能性があるので、それを避けるため、1回だけテストを行い、それを2つに分割して、その2つの間の信頼性を測定する場合がある。これを折半法という。

　古典的テスト理論では、テスト得点 X を真の得点 T と誤差 E に分けて考える。

$$X = T + E \quad \cdots\cdots\cdots\cdots\cdots\cdots ①$$

　①式で集団全体での E の平均が0、T と E の相関係数が0であると仮定すると X の分散は T の分散（後述）と E の分散の和として表される。

$$\sigma_X^2 = \sigma_T^2 + \sigma_E^2 \quad \cdots\cdots\cdots\cdots ②$$

ここで σ_T^2 / σ_X^2、すなわちテスト得点の分散の中で真の得点の分散の比率を信頼性係数という。通常、信頼性とは信頼性係数をさす。

6 評価にかかわる諸問題

　これまで、教育評価の方法などを述べてきた。しかし、教育評価を行う場合に評価自体以外のことで評価に歪みが生ずることがある。そのいくつか

（ハロー効果など）については第4章で説明した。ここではピグマリオン効果についてのみ説明する。

ピグマリオン効果とは、われわれが他人に対して何らかの期待を持っているとき、その期待が満たされるように行動してしまう傾向のことをいう。この効果は教員と学習者の間でみられることがままある。教員が学習者に対してよい期待をしたときには学習者が後によい成績を示すことが多い。これは教員が無意識のうちに学習者への態度をよい方向に変化させ、学習者の勉学意欲があがるからである。逆に悪い方向へ「期待」すると、成績が下がることがある。

2　知　能

1　知能の定義

知能（intelligence）という言葉は一般的には「頭のよさ」について言及するときに使われることが多いが心理学ではまだ決定的な定義はない。しかし、今までの知能についての研究をまとめてみると、大きく4つに分けることができる。それは、①学習能力、②抽象的思考能力、③環境への適応力、④操作的なもの、の4つである。

①の学習能力を知能の定義とする代表的なものは、ディアボーンらの「知能とは学習する能力あるいは経験によって獲得していく能力である」というものである。この定義は実際的な定義であるが、「学習」をきちんと定義づけていない点で問題がある。また、知能を学習の基礎にあるとすることにも疑問が呈されている。

②の抽象的思考能力を主張する代表的なものは、ターマン（Terman, 1916）の「知能とは抽象的思考を行いうる程度に比例してその人物は知的である」とするものである。この定義は知能を推理力や思考力などの高次な精神機能を重視しているが、抽象的思考能力がそれほど発達していない乳幼児の知能をどう扱うかが問題になる。

③の環境への適応力を重視する代表的なものは、シュテルンの「知能とは個体が思考手段を新しい要求に意識的に応じさせる一般的能力であり、生体の新しい課題と条件に対する一般的、精神的順応力である」というものである。この定義は環境への適応力の他の側面を「知能」に含めてしまう危険がある。

　また、④の操作的なものとしては、フリーマンの「知能とは知能検査で測定されるものである」というものである。この定義は知能という抽象的なものを定義するよりも実際に使用されている知能検査で測定されたものの方が実用的であるという考え方である。しかし、この定義では「知能とは何か」の研究が進まず、その内容も不明確なままである危険性がある。

　以上を総合すると、知能とは質的には最高次の適応機能と考えられるが、実際問題としては知能検査で測定されるものをさすものを使用することになるだろう。

2　知能の構造

　知能にはさまざまな側面があり、いろいろな研究が行われているが、ここではその構造の研究の変遷について述べる。

　さまざまな知能検査の結果を因子分析という方法で分析し、その検査項目の間の相関を調べた研究の代表的なものにスピアマン（Spearman, 1927）の研究がある。スピアマンは、知能は、すべての知能の側面に共通している因子（一般因子、g 因子）とお互いに独立した因子（特殊因子、s 因子）の2つの因子から成り立っていると主張した（図5-1）。この考え方を2因子説という。

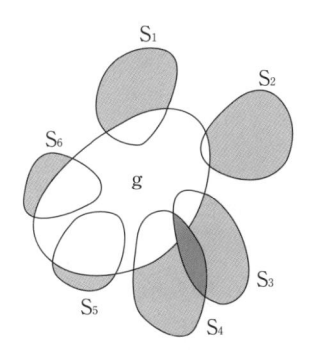

図5-1　2因子説の説明模型（塩見, 1990）

注：中央は一般因子。網かけ部分は特殊因子。網かけ部分は群因子。

　また、サーストン（Thurstone and Thurstone, 1941）は、基本的な因子として、計数（N）、語

表 5-1　サーストンの知能多因子説（杉原ほか，1991）

因　子　名	テスト項目の例
計　数	下の数列の中から、右隣の数が左の数より3だけ多いものを見つけて○で囲みなさい。 　　　15　19　21　26　29　22　25　5　8　7　11　4
語の流暢性（W）	-tion で終わる語をできるだけたくさん書きなさい。
言語理解（V）	左端の語と同義の語に下線を引きなさい。 　　　FRANK—popular queer brutal open
記　憶（M）	下にファースト・ネームとラスト・ネームが組みにして書いてある。あとでラスト・ネームをきいてファースト・ネームが思い出せるよう、よくおぼえておきなさい。 　　　ファースト・ネーム　　　ラスト・ネーム 　　　　　Mary　　　　　　　　Brown 　　　　　John　　　　　　　　Davis
推　理（R）	次の4つの綴りのうち、3つが、ある面で相互に似ています。似ている3つを○で囲みなさい。 　　　MURM　ABCD　MNOP　EFGH
空間関係（S）	左端の図と同じものを○で囲みなさい。うらがえしのものは○で囲んではいけません。
知覚の速さ（P）	どのくらい速く異同の認識ができるかみてみよう。下の1列4個の絵の中で、まったく同じ2つの絵に印をつけなさい。

の流暢性（W）、言語理解（V）、記憶（M）、推理（R）、空間（S）、知覚（P）の7つをあげ（表5-1）、この7つを基本的精神能力と呼んで重要視する。サーストンのこの考え方を多因子説という。

　ヴァーノン（Vernon, 1967）は階層群因子説を唱えた。ヴァーノンによれば、すべてに共通の一般因子（g）があり、その下のレベルに言語・教育・数にかかわる言語性知能因子（v：ed）と空間・運動・機械にかかわる機械的知能因子（k：m）の大群因子がある。大群因子の下に言語因子、数因子、空間因子、運動因子などの小群因子があり、一番下のレベルに特殊因子があるという階層説である（図5-2）。

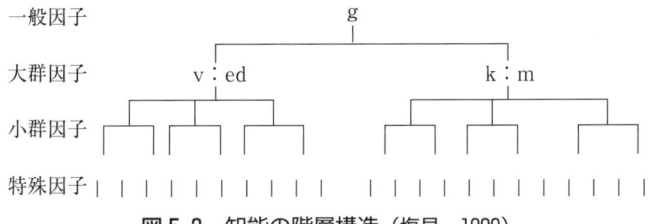

図5-2 知能の階層構造（塩見，1990）

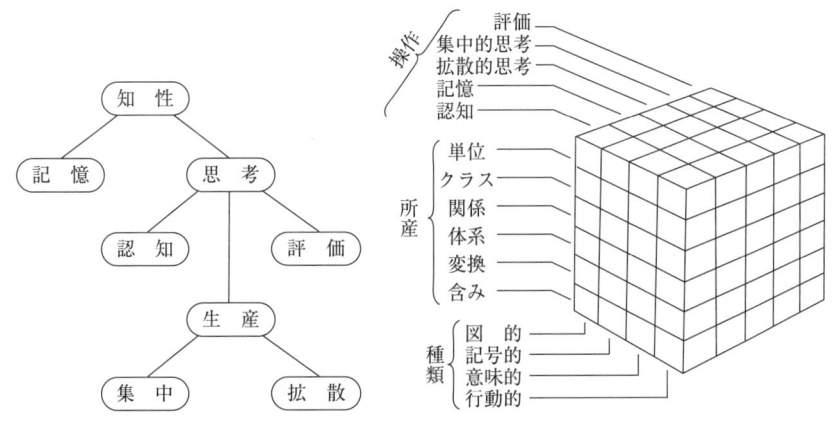

図5-3 知能の構造（塩見，1990）　　**図5-4 知性の構造モデル**（塩見，1990）

　ギルフォード（Guilford, 1967）は因子分析の研究に基づいて知性の構造の一般理論を提唱した（図5-3）。ギルフォードによると、知能因子は、記憶能力因子と思考能力因子に分かれる。さらに思考能力因子は認知能力因子、生産能力因子、評価能力因子の3つに分けられる。生産能力は既知の情報を利用して新しい情報をつくり出す能力であるが、これはさらに、収束思考能力と拡散思考能力に二分される。収束思考能力は唯一の正解に到達する思考であり、拡散思考はさまざまな解決方法を求める思考過程であり、これがいわゆる創造的思考である。ギルフォードは、現行の知能検査では、創造的思考を正しく測定できないという。さらにギルフォードはこれら5つによって知能因子の構造化を行い、操作・所産・内容の3次元からなる知性の構造モデ

ルを提唱した（図5-4）。5種類の操作、6種類の所産、4種類の内容から構成されているので（5×6×4）、全部で120個の因子が存在することになるが、まだ全部の因子は確認されていない。

また、キャッテル（Cattell, 1965）は流動性一般能力因子と結晶性一般能力因子の2つの因子を提唱した。この2つはカルチャー・フェアー・テスト（culture-fair test：同一の絵をみつけるなどの文化の影響を受けにくいテスト）と言語や数のテストで示される。流動性一般能力因子は関係知覚の能力として14、15歳頃に最高水準に達する。しかし、結晶性一般能力因子は数学や歴史の判断能力などであり、教育や経験によってさらに発達していくとされる。

3 知能検査
(1) ビネー式知能検査

知能検査（intelligence test）とは、知能を客観的科学的に測定するためにつくり出されたものである。知能検査の元となるものは1905年にフランスのビネーとシモンが作成したものである。自由民権運動によりすべての子どもに教育をという理念が生まれた。ビネーらはフランス教育局の依頼を受けて精神遅滞児を発見する目的で知能検査を開発した。ビネーらの知能検査は難易度の異なるいくつかの問題から構成されており、それらへの解答から精神年齢を測定し、知能の発達の程度を調べようとするものである。ビネーらは何度も改訂版を出したが、いろいろな国でビネーらの知能検査の改訂版が出されている。アメリカでは、ターマン（Terman, 1916）がスタンフォード・ビネー検査を作成した。この検査の特徴は基準を大規模な集団を用いて作成したこと、結果を**知能指数**（Intelligence Quotient：**IQ**）で表記したことである。日本では、鈴木治太郎や田中寛一がビネーらの知能検査に基づいて、鈴木ビネー式や田中ビネー式を作成し現在もこれらの改良版が使用されている。またIQは変動するものである（表5-2）。

ターマンはビネー式知能検査を発展させたが、個人の検査の結果をIQで表すことを考え出した。個人の実際の年齢を生活年齢（Chronological Age：

表5-2 鈴木―ビネー個別的知能検査の項目の一部（村田，1987）

年齢	順位	検査項目	記事				
2	1	身体の部分指示 3/4	①鼻	②眼	③口	④耳	
	2	見なれた物の名 3/5	①茶碗（皿）	②箸（フォーク）	③10円硬貨（貨幣）	④靴（下駄）	⑤靴下（足袋）
	3	性の区別	男の子に…男の子か女の子か？		女の子に…女の子か男の子か？		
	4	絵の中の事物カード（1枚につき3つ）	①家の絵	②川の絵	③新聞を見ている絵		
	5	家の名（姓）					
	6	形の区別カード 7/10	○ △ □ 4 5 6 7 8 9 10				
3	7	短文反唱 1/3	①今日はよいお天気です	②夏になると暑い	③犬はよく走ります		
	8	2線の比較カード 3/3または5/6	①	②	③	④	⑤ ⑥
	9	4つの数え方（指をあてて数える）	（4個横にしてならべておく）				
	10	了解問題（−）2/3	①おなかのすいたときには	②眠たいときには	③寒いときには		
	11	正方形の模写カード 1/3	（書き方）	（自己批判）	（漸巧漸拙）		
	12	美の比較カード 3/3	①左美	②左醜	③右美		

注：知能は年齢の上昇とともに複雑になるはずだから、各年齢ごとに問題を作成すれば、1人の子どもの知能水準を何歳程度という形で表現することができる。この考え方に従って年齢尺度が考案され、精神年齢（MA）が算定できるようになった。初期のビネー式では、3歳用から13歳用まで56項目が作成され、各年齢に4〜8項目が配当されたが、2歳から成人までを含む今日のビネー式検査でも原則はまったくこれと変わりがない。表中の分数は〈何問中何問できれば合格〉ということを意味する。

CA）、検査の結果から得た知能の程度を精神年齢（Mental Age：MA）と呼ぶ。そして、精神年齢を生活年齢で割り、100倍したものを知能指数とした（IQ = MA/CA × 100）。したがってIQは年齢と知能の関係を相対的に表した数値である。

表5-3 WISC-Ⅲの下位検査の概略（日本版 WISC-Ⅲ刊行委員会，1998）

下位検査	説　明
1　絵画完成	絵カードを見せ、その絵の中で欠けている重要な部分を指さしか言葉で答えさせる。
2　知　識	日常的な事柄や場所、歴史上の人物など、一般的な知識に関する質問をしてそれに言葉で答えさせる。
3　符　号	幾何図形（符号A）または数字（符号B）と対になっている簡単な記号を書き写させる。子どもは、見本を手がかりに、問題の幾何図形の中（符号A）または数字の下（符号B）にそれぞれに対応する記号を書く。
4　類　似	共通のもの、あるいは共通の概念を持つ2つの言葉（刺激語）を口頭で提示し、それらのものや概念がどのように類似しているか答えさせる。
5　絵画配列	短い物語を描いた何枚かの絵カードを決められた順序に並べて見せ、物語の意味が通るように並べかえさせる。
6　算　数	算数の問題を口頭で提示する。子どもは紙や鉛筆を使わず暗算で答える。
7　積木模様	モデルとなる模様（実物またはカード）を提示し、同じ模様を決められた数の積木を用いてつくらせる。
8　単　語	単語（刺激語）を口頭で提示しその意味を答えさせる。
9　組合せ	ピースを特定の配列で提示し、それを組合せて、異体物の形を完成させる。
10　理　解	日常的な問題の解決と社会的なルールなどについての理解に関する一連の質問をして、それに口頭で答えさせる。
11　記号探し	左側の刺激記号が右側の記号グループの中にあるかどうかを判断させ、解答欄に○をつけさせる。
12　数　唱	検査者が決められた数字（数系列）を読んで聞かせ、それと同じ順番で（順唱）、あるいは逆の順番で（逆唱）その数字をいわせる。
13　迷　路	迷路問題を解かせる。子どもは迷路の中央にある人の印からはじめて、袋小路に入ったり、壁を突き抜けたりしないようにして、出口まで鉛筆で線を引いていく。

（2）ウェクスラー式知能検査

　ビネー式知能検査の特徴は年齢段階を導入したことと、検査対象が子どもであるということである。これに対してウェクスラーは1939年に成人用（16歳以上）の知能検査を開発し、WAIS（Wechsler Adult Intelligence Scale）と

名づけた。WAISは言語性検査（v）と動作性検査（p）の下位検査から成り立っている。言語性検査とは文字や言語を使って言語的解答を求めるものであり、動作性検査とは記号や積み木などを用いて簡単な操作で解答を求めるものである。現在のWAIS－Rでは言語性検査としては、知識、数唱、単語、算数、理解、類似、の6種類が、また動作性検査では、絵画完成、絵画配列、積木模様、組合せ、符号の5種類が行われている。WAISの特徴は、成人用であることのほかに偏差知能指数（deviation IQ）を用いて解答者の相対的な位置を示してプロフィールで表示できること、下位検査も個別に標準点を求めて比較ができることなどである。ウェクスラーは同様の検査を児童用や幼児用にも開発した。現在は、児童用はWISC-Ⅲ（Wechsler Intelligence Scale for Children-3）、幼児用はWPPSI（Wechsler Preschool and Primary Scale for Intelligence）と呼ばれる（表5-3）。

　なお、偏差知能指数は、個人の得点をその所属する年齢集団の平均点との差をもとに、平均が100、標準偏差が15になるように相対的に位置づけるものである。すなわち、次式で求まる。

$$偏差知能指数 = 15 \left(\frac{個人の得点 - 平均点}{標準偏差} \right) + 100$$

ただし、標準偏差についてはp.200で述べる。

(3) 集団知能検査

　ビネー式知能検査とウェクスラー式知能検査が個別知能検査の代表的なものであるが、知能検査はその実施形態から集団知能検査があげられる。個別知能検査は被検者についての質的に優れたデータを得ることができるが、検査に時間がかかるので短時間に多量の検査ができない。この欠点を補うのが、集団知能検査である。この検査では、課題に言語的検査が使用されるもの（A式、またはα式といわれる）と非言語性（動作性）のもの（B式、またはβ式といわれる）がある。日本では京大NX知能検査などがある。

4 創造性

創造性の定義はそれほど明確ではない。ギルフォードは2項の知能の構造のところで述べたように、拡散的思考がいわゆる創造的思考であるとした。すなわち拡散思考はさまざまな解決方法を求める思考過程であり、新しいものを生み出す能力である。彼は創造性を構成する因子として、問題への敏感さ (sensitivity to problem)、流暢性 (fluency)、独創性 (originality)、柔軟性 (flex-ibility)、精巧さ (elaboration)、再定義 (redefinition)、の6つを抽出した。問題への敏感さとは、問題点を見出す能力である。流暢性とは言語の流暢性だけではなくアイデアを次々と生み出せる能力である。独創性とはユニークなものを生み出す能力である。柔軟性とは問題解決の時に特定の方法にこだわらず、多くの方法を思いつくことのでくる能力である。精巧さとはうまく工夫できる能力である。再定義とは再構成できる能力である。この6つの中で流暢性、独創性、柔軟性、の3つが拡散的思考ととくに強く結びついているとされる。

また、トーランス (Torrans, 1962) は「創造性とはある種の不足を感知し、それについての考えや仮説を形成し、その仮説を検証し、その結果を人に伝える過程を経て、新しい独創的なものを生み出すことである」と定義している。

ウオリス (Wallas, 1926) は創造的思考には、準備期、孵化期、啓示期、検証期の4つの段階があることを指摘した。問題の解決に当たって、わからない問題をしばらく暖めておくことで、解決への啓示を得たと多くの科学者が報告している。

いくつかの考え方を紹介したが、一般的には、課題を解決するときの独創的な解決への知的活動とされることが多い。創造性と知能との間の相関は低いとされている。これは創造性が拡散的思考であるのに対して、知能は収束思考を反映しているためと考えられるからである。また、多くの研究が、学力と知能と創造性の間に関係があることを示している。

3 統計処理

　統計処理というと、数値を扱う領域なので近づきにくいと考えられたり、また数値で人をだます手段と考えられたり、逆に統計処理で得られた数値を絶対視してしまうことがある。さらに人間の心理や教育を数値化しても何もわからないという人もいる。果たしてこれらは正しいのであろうか。
　しかし教育の実践においては統計処理で扱う事柄がいつも出てくる。一番はっきりと現れるのが成績評価のときであろう。
　たとえば「偏差値」がある。偏差値については、成績の序列化に伴う弊害などさまざまな議論がある。しかし、偏差値は統計処理の結果から出てくる数値にすぎないのであり、これは1つの物差しなのであり道具なのであって、偏差値そのものには何の罪もなく、これを解釈し、判断の基準として扱うときに問題が発生しうるのである。
　また、いろいろな教授法の優劣を知りたいときでも、結果を統計的に解釈し考察しなければならない。
　本節では、データ解析の方法を理解して、その結果を正しく適用できるようにすることを解説する。

1 記述統計
(1) 測定尺度
　行動科学では統計的分析の前に測定することが必要である。スティーブンス（Stevens, 1951）は、測定とは規則に従って、ある対象に数値を割り当てることと定義した。さらにスティーブンスは名義尺度、順序尺度、間隔尺度、比例尺度の4つの基本的尺度に分類した。
　名義尺度（nominal scale）　名義尺度とはいくつかの対象を何らかの基準でグループに分け、そのグループに適当な数を割り当てることをいう。したがって、数の大小は意味がなく、単なる質的なものである。たとえば、メ

ンバーを男女で分けて1を男、2を女としたり、1つの学年の生徒をいくつかのクラスに分けることである。名義尺度は、グループ内の共通した属性にラベルを貼り付けただけと考えてよい。

順序尺度（ordinal scale）　順序尺度は対象を大小関係の基準で分類することである。しかし、順序を反映しているだけであるので、尺度の中の間隔の等しさや原点（絶対的0点）は持たない。たとえば、徒競走の順位づけがこれにあたる。1位と2位の間、2位と3位の間の等間隔性はないし、0もないのである。

間隔尺度（interval scale）　間隔尺度は名義尺度や順序尺度と違って、順序があるだけでなく、等間隔性と原点がある。ただし、原点は任意である。たとえば、温度である。温度でいえば、0℃と10℃との間の差は10℃と20℃との間の差と等しい。しかし原点は任意なので0℃が絶対的な0を意味するのではない。したがって、20℃は10℃の2倍暑いというのではない。平均や偏差値などの統計処理が意味を持つのは間隔尺度以上の尺度である。

比例尺度（ratio scale）　上記3つの尺度の上にくる尺度である。明確な順序と間隔があり、かつ絶対的原点がある。だいたいの物理量が相当する。たとえば、重さや長さである。重さでいえば、20gは10gの2倍であり、0gは無を意味するものであり絶対的な0である。

以上4つの尺度について簡単な説明をした。ただし、測定値について演算を行うためには間隔尺度や比例尺度で測定されたものでなければならない。また、心理や教育で扱うデータは見かけ上、間隔尺度や比例尺度で測定されたようにみえたとしても、IQのように等間隔ではないものもあるので注意しなければならない。

(2)　度 数 分 布

測定値は、そのままではどのような傾向があるかわからないので、整理し表にまとめるとわかりやすくなる。一般的には測定値の中で同じ数値がいくつあるかを数える。このようにして数えた数を度数と呼ぶ。度数を小さいか大きい順に並べ替え集計したものを度数分布表と呼ぶ。度数分布表のまとま

りを級、級間（class）、などという。度数分布表には、1点刻みの度数を数えたものといくらかの幅をとって数値をまとめたものがある。

(3) 代 表 値

度数分布を求めると分布の特性が明らかになってくる。その特性を数値で示すときによく使われるのが、代表値と散布度である。代表値とは、分布の中心を示す値であり、最頻値、中央値、平均値がよく用いられる。代表という言葉が使われているが、優れたものを意味するのではないことに注意する必要がある。

最頻値（流行値） 度数分布の中で度数が最も多い級間の中心値を最頻値（モード、mode：M_0）と呼ぶ。モードが2つある場合双峰性分布（または両最頻値分布）と呼ぶ。いずれにせよ、モードは分布の代表的な位置を示し、分布の特徴を表す値である。

中央値 すべての観測値を大きさの順に並べたとき、その中央にある観測値が中央値（median：Me）である。

素データの中央値は観測値の数をNとすると、次のように求める。

$$Me = (N + 1) / 2$$

平均値 平均値は代表値の中で最も重要で、最もよく使われる値である。平均値には算術平均、調和平均、幾何平均などがあるが、一般的には算術平均をさす。

平均値（mean：M, μ）とは観測値の総和を観測値数（データ数）で割ったものである。

$$M = \frac{\sum_{i=1}^{N} X_i}{N}$$

代表値の主なものである最頻値、中央値、平均値の比較をすると、その特徴がわかる。

最頻値の特徴としては以下のものがあげられる。

①1番多いデータ数という意味で、最も典型的な値である。
②極端な値に影響されない。

③しかし、数的処理がしにくいのでより高度な統計処理には使えない。

中央値の特徴は以下のものがあげられる。

①極端な値のデータに影響されにくいので安定性がある。

②分布の形に敏感ではないので、歪んだ分布をしたデータには使いにくい。

③数的処理がしにくいのでより高度な統計処理には使えない。

平均値の特徴は以下のものがあげられる。

①分布が左右対称の時には有効な代表値である。

②極端な値に影響される。

③数的処理がしやすいので、より高度な統計処理にも使用される。

このような長所・短所を知ったうえで、どれを使うかを決めなければならない。

(4) 散 布 度

代表値だけでは、度数分布の特徴を十分に記述しえていない。つまり、代表値では、データの分布、散らばり具合がわからない。2つのクラスがあり、ともにテストの結果の平均点が50点であったとしても、1つのクラスでは50点のあたりのデータがほとんどなのに、もう1つのクラスでは、0点から100点まで幅広くあるかもしれないからである。度数分布の記述の精度をもっと高めるためにデータの分布の広がりを示す指標が散布度（variability）である。散布度には範囲、四分位偏差、分散、標準偏差などがあるが、ここでは分散と標準偏差、これに関係の深い正規分布をとりあげる。

分散と標準偏差　　範囲（R）や四分位偏差（Q）は順位をもとにした指標であり、極端な値に影響されないなどの利点はあるが、最もよく使用され、重要なものは、各データ値の平均値からの隔たり（偏差）をもとにした分散（Variance：V, σ^2）と標準偏差（Standard Deviation：SD, σ）である。分散は標準偏差の値を2乗したものである。

標準偏差は次のように定義される。

$$\sigma = \sqrt{\frac{1}{N}\sum_{i=1}^{N}(X_i - \mu)^2}$$

ただし、X_iは各データ、μは平均値、Nはデータ数である。

このように、標準偏差は観測値（各データ）と平均の差の2乗を求めて、それらの総和をデータ数Nで割ったものの平方根である。

標準偏差は散布度の指標として最もよく用いられているものである。

正規分布（normal distribution）　テストで得られた得点は、中程度のものが多く、両端が少ないという、ベルの形の分布を示すことが多い。このような分布を正規分布という。実際には左や右に歪んでいたり、中程度の部分の尖り方がさまざまであったりする。理論的な正規分布は平均値のところの度数が一番多く、左右対称でベル型の分布である（図5-5）。

正規分布の定義は次のものである。

$$Y = \frac{1}{\sqrt{2\pi\sigma^2}} e^{-\frac{(X-\mu)^2}{2\sigma^2}}$$

ただし　Y：X点での高さ、X：X軸上の任意の点、μ：分布の平均値、σ^2：分散、π：円周率、e：自然対数の底（2.71828…）

z得点	-3	-2	-1	0	+1	+2	+3
Z得点（偏差値）		20	30	40	50	60	70	80
パーセンタイルランク（PR）		0	2	16	50	84	98	100
5段階評定			1	2	3	4	5	
人数比			7%	24%	38%	24%	7%	

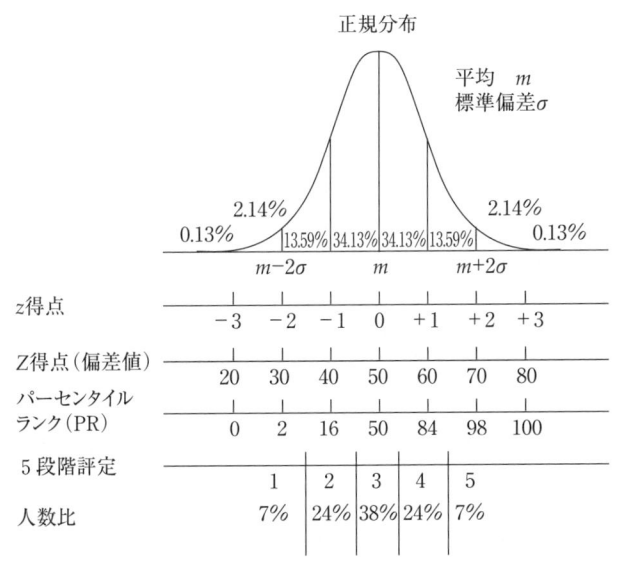

図5-5　正規分布とz値とZ値、面積、5段階評定など（杉原ほか, 1991）

標準正規分布　　正規分布は平均値を中心に、多くのデータが平均値付近に集まり、平均値から離れるほど減少していく。どのような正規分布であっても平均値が0で、標準偏差が1の標準正規分布に変換することができる。そのために、次のz値を求める。

$$z = \frac{(X - \mu)}{\sigma}$$

ただし　X：個人の得点、μ：平均値、σ：SD、標準偏差

分布の形を変えずに、zという共通の尺度を用いることで、異なる検査の測定値を相互に比較できる利点が生ずる。zについて、分布の全面積を1とし、標準偏差の単位距離を1とした場合の面積（確率）を示す（図5-5）。

たとえば、$z = 1$ の点は平均値から標準偏差1つ分離れた値を示している。$z = 0$ から $z = 1$ までの間の面積は0.3413、すなわち全体の34.13％が含まれていることを示す。同様に $z = 2$ までの間は0.4772、すなわち全体の47.72％が含まれていることがわかる。正規分布は左右対称なのでマイナス方向も同じ面積である。

5段階評価は、$z = 0$ を中心に±0.50の幅を中央にとり、$z \leq -1.50$、$-1.50 < z \leq -0.50$、$-0.50 < z \leq 0.50$、$0.50 < z \leq 1.50$、$1.50 < z$ の段階に含まれるデータにそれぞれ1, 2, 3, 4, 5を与えるものである（整数値だと、7％、24％、38％、24％、7％になる）。学校教育の成績評価はこの5段階評価を用いることが多い。

(5)　偏差値（Z得点、T得点）

z値は平均値が0で標準偏差が1である。また、z値は小数点以下の値をとるので見かけ上わかりにくい。そのため、z値に適切な変換を行い、理解しやすくする。Z得点はz値を次のように変換したものである。

$$Z = 10z + 50$$

すなわち、Z得点の平均は50であり、標準偏差は10である。このZ得点を偏差値と呼ぶことがある。

また、2節 (p.195) で述べた WAIS で求める偏差知能指数は別の変換を行う。
$$\text{偏差知能指数} = 15z + 100$$
すなわち、平均 100、標準偏差 15 である。

ところで、素点の分布の形が異なると、Z 得点が等しくても順位も等しいとは限らない。それで、得点と順位を対応させるため T 得点を導入する。

T 得点とは、素点に対してのパーセンタイル順位を求め、それに対する正規偏差 z を求め、z を 10 倍し、50 を加えたものである。一般的には、偏差値としては T 得点を使用する。

(6) 相　関

身長と体重や、国語の得点と英語の得点など 2 つの変数 (X, Y) について、その 2 つの変数の間にどのような関係があるのかを調べる必要があるときがある。X と Y の間に関係がないか、X が大きくなると Y も大きくなるのか、逆に小さくなるのかを、またその程度なども統計的に分析することができる。X と Y のかかわりは相関 (correlation) と呼ばれる。相関には直線的なものや、曲線的なものなどいろいろなものが考えられるが本項では直線的なものについて解説する。

まず、散布図をつくる。X 軸と Y 軸を直交させそれぞれの値をプロットする。その図を概観するとだいたいの傾向がわかる。一方が増加すると他方も増加する傾向があるとき、これを正の相関があるという。逆に一方が増加するとき、他方が減少する傾向にあるとき、負の相関があるという。また、何の傾向もみられないときには、無相関という。

ピアソンの積率相関係数　2 つの変数の相関の強さは相関係数で表される。このときに最もよく使用されるのが、ピアソンの積率相関係数 r であり、次の式で定義される。

$$r = \frac{s_{xy}}{s_x s_y}$$

ただし　$s_{xy} = \dfrac{1}{n} \sum_{i=1}^{n} (X_i - \mu_x)(Y_i - \mu_y)$

s_x, s_y：それぞれ X, Y の標準偏差

μ_x, μ_y：それぞれ X, Y の平均

n：データ数

この相関係数 r は ±1 の間にあり、+1 の時は正の完全相関、−1 のときは負の完全相関があるという。0 のときは何の相関もないことを意味する。

また、一般的には、あくまで目安であるが、相関の強さを次のように表すことが多い。

　　　　0.00 〜 ±0.20　　相関はない
　　　±0.20 〜 ±0.40　　弱い相関がある
　　　±0.40 〜 ±0.70　　中程度の相関がある
　　　±0.70 〜 ±1.00　　強い相関がある

ここで注意しなければならないのは、相関関係は因果関係ではないことである。すなわち、強い相関を示したからといって、一方が他方の原因、あるいは、結果ではないのである。

2 推測統計（統計的推測）

1では、平均、分散などで表現するという記述統計を説明した。しかし、いままでの方法で得られたものから、さらに一般的な結論を下さなければならないことがある。たとえば、世論調査がこれにあたる。世論調査では国民全員に意見を聞くのではなく、選び出された人に調査を行い、その結果を、世論であるとする。テレビやラジオの視聴率もそうである。このように実験や調査で得られた少数のデータから全体のことについて推測する方法として推測統計がある。

（1）　無作為抽出（単純無作為抽出法）

世論調査を行う場合、大都会だけというような特定の地域の住民だけを調査したりすると偏った結果になってしまうことがある。また、調査の対象は男性だけや女性だけでも結果に偏りが生ずるだろう。したがって、標本の抽出は無作為でなければならない。無作為抽出（random sampling）とは、偶然

ではない原因による偏りをさけるための抽出法である。

無作為抽出では、どのメンバーが抽出されるかの確率は等しく、1つのメンバーを抽出したことが、他に影響を与えてはならない。

単純無作為抽出法は無作為抽出の中で最も簡単な方法である。10000個のデータから100個を抽出することを考える。このときデータに1番から10000番まで番号を与え、乱数表を用いて無作為に100個を抽出する。またはコンピュータで疑似乱数を発生させ、100個を抽出する方法でもよい。1番から100個おきに、というやり方は無作為ではない。

(2) 母集団と標本

検討しようとすることのすべての対象を母集団 (population) といい、母集団から抽出された対象を標本 (sample) という。上記の例では、国民全員や、視聴者全員が母集団であり、選び出された人が標本である。一般的に標本を用いて研究を進めるが、その理由に次のことがある。

①世論調査などは母集団が大きすぎる。
②母集団全体を調査するには時間やコストがかかりすぎる。
③母集団全体を調査するとデータが多くなりすぎ、データの質的低下を招く。
④ガラスの強度を調べるような、対象を破壊しないとできない調査がある。この場合にすべてのガラスを破壊することはできない。

このような理由で標本から母集団全体について推論を行うのである。

なお、母集団から同じ数の1組の標本を選ぶにしろ、その選び方は1つではない。したがって選ばれた標本から算出される平均値や分散などの値も変動する。その変動は母集団の分布により定まる確率変数となる。その確率変数を統計量 (statistic) または標本統計量と呼び、統計量の分布を標本分布と呼ぶ。

(3) 統計的検定

検定するときにはまず考えられなければならないのは、検定の結果から何を主張したいかということである。これを仮説 (hypothesis) と呼ぶ。この仮

説が正しいと主張するためには、まず、その仮説が正しくないといういわゆる帰無仮説（null hypothesis）を立て、それを否定することで元の仮説（対立仮説）を採用するというやり方をとる。検定の結果、帰無仮説を採用するか対立仮説を採用するかを決定する。

　その際、あらかじめ確率分布の知られている標本分布に従う統計量を帰無仮説のもとで計算する。その計算された統計量の値をその分布に照らせば、それがどの程度の確率で生じることなのかを知ることができる。その確率が一定水準以下となる場合には、その統計量の値は、まれにしか生じないものと考え、統計量のそのまれな値をもたらした帰無仮説は誤りであるとして棄てる。仮説を棄てることを棄却するという。すなわち、帰無仮説は棄却され、対立仮説が採用される。なお、標本分布において、帰無仮説に基づく統計量の値が棄却される区間を棄却域という。棄却域の大きさとしては5％ないし1％がよく用いられる。5％の水準で帰無仮説が棄却されたとき、5％水準で統計的に有意であるという。

　データの分析にあたっては、カイ二乗（χ^2）検定、t 検定、分散分析、多変量解析などがよく用いられる。

①χ^2 検定は、得られたデータが頻度で集計されるものを分析するときに用いられる。たとえば、ある意見 A と B があり、男子生徒は意見 A に賛成するものが多いが女子生徒は意見 B に賛成するものが多いとする。男子と女子の間に意見の相違があるのだろうか。これを調べるときに χ^2 検定を用いる。また、一般的に $m \times n$ の表にクロス集計できるようなデータも χ^2 検定を用いて検定を行う。

②t 検定は2つのグループのデータがあって互いの分散が等しいとき、母集団の間の平均に差があるかどうかを検定するときに用いる。差がないという仮説が帰無仮説、差があるという仮説が対立仮説である。たとえば、AとBの2クラスの国語の平均点の間に差があるかどうかを調べるときに用いる検定である。

③分散分析は3つ以上のグループ、あるいは3つ以上の条件を設定したと

きにそれらの平均値の間に差がみられるかどうかを調べるときに使われる。

④多変量解析は、多くの変数の間にどのような関係（因果関係や相関関係など）があるかを調べるときに用いる。

本書では、ごく簡単な説明しか行わなかったので、内容の深い理解や実際の使用にあたっては統計学の本や使用の手引きなどを参考にされたい。

参考図書
アイゼンク，H. J.・ケイミン，L.　斎藤和明訳　1985　知能は測れるのか　筑摩書房
住田幸次郎　1988　初歩の心理・教育統計法　ナカニシヤ出版
内田治　1966　すぐわかる EXCEL による統計解析　東京図書

引用文献

上里一郎・山本麻子　1989　アイゼンクの特性論　本明寛責任編集　性格の理論　性格心理学新講座第1巻　金子書房　pp. 208-220.

Ainsworth, M. D. S., Blehar, M. C., Waters, E. and Wall, S. 1978 *Patterns of attachment : A psychological study of the strange situations.* Erlbaum.

Allport, G. W. 1937 *Personality : A psychological interpretation.* Henry Holt and Company. （詫摩武俊・青木孝悦・近藤由紀子・堀正訳　1982　パーソナリティ　新曜社）

Allport, G. W. 1961 *Pattern and growth in personality.* Holt, Rinehart and Winston. （今田恵監訳　1968　人格心理学（上・下）　誠信書房）

安藤寿康　2000　心はどのように遺伝するか　講談社ブルーバックス　講談社

Aries, P. 1960 *L'enfanta et la vie sous l'ancien regime.* Plon. （杉山光信・杉山恵美子訳　1980　「子供」の誕生　みすず書房）

Atkinson, R. C. and Shiffrin, R. M. 1971 The control of short-term memory. *Scientific American*, 225, pp. 82-90.

Ausubel, D. P. 1960 The use of advance organizers in the learning and retention of meaningful verbal material. *Journal of educational Psychology*, 51, pp. 267-272.

東洋　1969　知的行動とその発達　岡本夏木ほか編　児童心理学講座4　認識と思考　金子書房　pp. 1-22.

Balaban, M. T., Rhodes, D. L. and Neuringer, A. 1990 Orienting and defense responses to punishment : Effects on learning. *Biological Psychology*, 30, pp. 203-217

Bandura, A. 1965 Influence of modes's reinforcement contingencies on the acquisition of imitative responses. *Journal of Personality and Social Psychology*, 1, pp. 589-595.

Bandura, A. 1977 Self-efficacy : Toward a unifying theory of behavioral change. *Psychological Review*, 84, pp. 191-215.

Bandura, A., Ross, D. and Ross, S. A. 1963 Imitation of film-mediated aggressive models. *Journal of Abnormal and Social Psychology*, 66, pp. 3-11.

Bartlett, F. C. 1932 *Remembering : A study in experimental and social psychology.* （宇津木保・辻正三訳　1983　想起の心理学　誠信書房）

Berlyne, D. E. 1966 Exploration and curiosity. *Science*, 153, pp. 25-33.

Bexton, W. H., Heron, W. and Scott, T. H. 1954 Effects of decreased variation in the sensory environment. *Canadian Journal of Psychology*, 8, pp. 70-76.

Bloom, B. S., Hastings, J. T. and Madaus, G. F. 1971 *Handbook on formative and summative evaluation of student learning.* McGraw-Hill. （梶田叡一ほか訳　1973　教育評価法ハンドブック　第一法規出版）

Bower, G. H., Clark, M. C., Lesgold, A. M. and Winzens, D. 1969 Hierarchical retrieval schemes in recall of categorized words lists. *Journal of Verbal Learning and Verbal Behavior*, 8, pp. 323-343.

Bower, T. G. R. 1971 The object in the world of the infant. *Scientific American*, 225, pp. 31-38.

Bower, T. G. R. 1974 *Development in infancy.* W. H. Freeman. (岡本夏木・野村庄吾・岩田純一・伊藤典子訳　1979　乳児の世界　ミネルヴァ書房)

Bowlby, J. 1969 *Attachment and Loss,* Vol. 1 *Attachment.* Hogarth Press. (黒田実郎・大羽蓁・岡田洋子訳　1976　母子関係の理論　1：愛着行動　岩崎学術出版社)

Bruner, J. S. 1961 *The process of education.* Harvard University Press. (鈴木祥蔵・佐藤三郎訳　1963　教育の過程　岩波書店)

Butler, R. A. 1953 Discrimination learning by rhesus monkeys to visual exploration motivation. *Journal of Comparative and Physiological Psychology,* **46**, pp. 95-98.

Cannon, W. B. 1932 *Wisdom of the Body.* Kegan Paul, Trench, Trubner. (舘隣・舘澄江訳　1981　からだの知恵　講談社学術文庫)

Cattell, R. B. 1965 *The scientific analysis of personality.* Penguin Books. (斉藤耕二ほか訳　1975　パーソナリティの心理学　金子書房)

Chi, M. T. H. 1978 Knowledge structure and memory development. In R. Siegler (ed.), *Children's thinking : What develops?* Lawrence Erlbaum Associates, pp. 73-96.

Collins, A. M. and Loftus, E. F. 1975 A spreading-activation theory of semantic processing. *Psychological Review,* **82**, pp. 407-428.

Collins, A. M. and Quillian, M. R. 1969 Retrieval time from semantic memory. *Journal of Verbal Learning and Verbal Behavior,* **8**, pp. 240-247.

Condon, W. S. and Sander, L. 1974 Neonate movement is synchronized with adult speech : Interactional participation and language acquisition. *Science,* **183**, pp. 99-101.

Crain, W. C. 1981 *Theories of development, concepts and applications.* Prentice-Hall. (小林芳郎・中島実訳　1984　発達の理論　田研出版)

Deci, E. L. 1971 Effects of externally mediated rewards on intrinsic motivation. *Journal of Personality and Social Psychology,* **18**, pp. 105-115.

Deci, E. L. 1975 *Intrinsic motivation.* Plenum Press. (安藤延男・石田梅男訳　1980　内発的動機づけ　誠信書房)

Deci, E. L. and Ryan, R. M. 1991 A motivational approach to self : Integration in personality, *Nebraska Symposium on Motivation,* **38**, pp. 239-288.

Dethier, V. G. and Stellar, E. 1970 *Animal Behavior.* 3rd ed. Prentice-Hall. (日高敏隆・小原嘉明訳　1973　動物の行動　現代生物学入門7　岩波書店)

Ebbinghaus, H. 1885 *Über das Gedächtnis.* (宇津木保訳　1978　記憶について　誠信書房)

Eibl-Eibesfeldt, I. 1974, Grundriss der Vergleichenden Verhaltensforschung. *Ethologie.* (伊谷純一郎・美濃口担訳　1978　比較行動学1　みすず書房)

Erikson, E. H. 1963 *Childhood and society.* 2nd ed. Norton. (仁科弥生訳　1977　幼児期と社会I　みすず書房)

Fantz, R. L. 1961 The origin of form perception. *Scientific American,* 204, pp. 66-72.

Fantz, R. L. 1963 Pattern vision in newborn infant. *Science,* **140**, pp. 296-297.

Feinman, S. 1992 In the broad valley : An integrative look at social referencing. S. Feinman (ed.), *Social referencing and the social construction of reality in infancy.* Plenum Press.

Fiedler, F. E., Willard, G. and Warrington, G. 1952 Unconscious attitudes as correlates of

social group. *Journal of Abnormal and Social Psychology*, 47, pp. 790-796.
Freud, S. 1932 *Neue Folge der Vorlesungen zur Einführung in die Psychoanalyse*. Internationaler Psychoanalytischer Verlag.（古澤平作訳　1969　続精神分析入門　改訂版フロイド選集3　日本教文社）
フロイト, S. 懸田克躬・高橋義孝ほか訳　1969　性欲論　フロイト著作集5　人文書院
藤永保　2001　ことばはどこで育つか　大修館書店
Gesell, A. and Thompson, H. 1929 Learning and growth in identical twins : An experimental study by the method of co-twin control, *Genetic Psychology Monographs*, 6, pp. 1-123.
Gibson, E. J. and Walk, P. D. 1960 The visual cliff. *Scientific American*, 202, pp. 64-71.
Guilford, J. P. 1967 *The nature of human intelligence*. McGraw-Hill.
原野広太郎　1979　不適応　依田新監修　新・教育心理学事典　金子書房　pp. 692-693.
Harlow, H. F. 1949 The formation of learning sets. *Psychological Review*, 56, pp. 51-65.
Harlow, H. F. 1950 Learning and satiation of response in intrinsically motivated complex puzzle performance by monkeys. *Journal of comparative physiological Psychology*, 43, pp. 289-294.
波多野誼余夫・稲垣佳世子　1997　領域と制約：発達認知科学からの示唆　児童心理学の進歩, 36, pp. 221-246.
波多野完治　1966　ピアジェの児童心理学　国土社
波多野完治ほか監修　1968　学習心理学ハンドブック　金子書房　p. 438
Havighurst, R. J. 1953 *Human development and education*. Longmans, Green.（荘司雅子監訳　1995　人間の発達課題と教育　玉川大学出版部）
Herrnstein, R. J. 1961 Relative nad absolute strength of response as a function of frequency of reinforcement. *Journal of the Experimental Analysis of Behavior*, 4, pp. 267-272.
Hess, E. H. 1958 "Imprinting" in animals. *Scientific American*, 198, pp. 71-80.
Hill, W. F. 1956 Activity as an autonomous drive. *Journal of Comparative Physiological Psychology*, 49, pp. 15-19.
Hiroto, D. S. 1974 Locus of control and learned helplessness. *Journal of Experimental Psychology*, 102, pp. 187-193.
Hodges, J. and Tizard, B. 1989 Social and family relationships of ex-institutional adolescents. *Journal of Child Psychology and Psychiatry*, 30, pp. 77-98.
Hovland, C. I. 1940 Experimental studies in rote-learning theory. Ⅶ. Distribution of practice with varying lengths of list. *Journal of Experimental Psychology*, 27, pp. 271-284.
Hunt, J. McV. 1965 Intrinsic motivation and its role in psychological development. Levine, D. (ed.), *Nebraska Symposium on Motivation*, pp. 189-282.
稲垣佳世子・波多野誼余夫　1989　人はいかに学ぶか　中公新書　中央公論社
岩本隆茂・高橋雅治　1988　オペラント心理学　勁草書房
イタール, J. M. G. 1978　中野善達・松田清訳　新訳アヴェロンの野生児　福村出版
James, W. 1890 *The Principles of Psychology*. Dover Edition 1950 Dover Publications.
Jenkins, J. and Dallenbach, K. M. 1924 Oblivescence during sleep and walking. *American*

Journal of Psychology, 35, pp. 605-612.
Johnson-Laird, P. N., Legrenzi, P. and Legrenzi, M. S. 1972 Reasoning and a sense of reality. British Journal of Psychology, 63, pp. 395-400.
Jung, C. G. 1921 Psychologische Typen. Rascher & Cie., Verlag.（林道義訳　1987　タイプ論　みすず書房）
鹿毛雅治　1995　内発的動機づけと学習意欲の発達　心理学評論, 38, pp. 146-170.
鎌原雅彦・亀谷秀樹・樋口一辰　1983　人間の学習性無力感に関する研究　教育心理学研究, 31, pp. 80-95.
柏木恵子　1988　幼児期における「自己」の発達　東京大学出版会
Kohlberg, L. 1971 From is to ought. From T. Mischel：Cognitive development and epistemology. Academic Press.（永野重史編　1985　道徳性の発達と教育　新曜社）
Köhler, W. 1917 Intelligenzprüfungen an Menschenaffen.（宮孝一訳　1962　類人猿の知恵試験　岩波書店）
Komatsu, S. and Ohta, N. 1984 Priming effects in word-fragment completion for short- and long-term retention intervals. Japanese Psychological Research, 26, pp. 194-200.
Kretschmer, E. 1955 Körperbau und Charakter(21/22). Springer-verlag.（相場均訳　1960　体格と性格　文光堂）
草野勝彦　1998　身体と運動機能の発達　山内光哉編　発達心理学（上）　第2版　ナカニシヤ出版　p. 48.
Locke, J. 1690 An Essay Concerning Human Understanding.（加藤卯一郎訳　1940　人間悟性論　岩波文庫（上）　岩波書店）
Lorenz, K. 1965 Uber Tierisches und Menschliches Verhalten.（日高敏隆・丘道直訳　1989　動物行動学Ⅱ　思索社）
Marcia, J. E. 1966 Development and validation of ego-identity status. Journal of Personality and Social Psychology, 3, pp. 551-558.
Maslow, A. H. 1943 A Theory of Human Motivation. Psychological Review, 50, pp. 370-396.
Maslow, A. H. 1968 Toward a psychology of being. 2nd ed. Van Nostrand.（上田吉一訳　1998　完全なる人間　第2版　誠信書房）
Maslow, A. H. 1970 Motivation and personality. 2nd ed. Harper & Row.（小口忠彦訳　1987　人間性の心理学　改訂新版　産能大学出版部）
Mayer, R. E. 1977 Thinking and Problem Solving. Scott, Foresman.（佐古順彦訳　1979　新思考心理学　サイエンス社）
Mazur, J. E. 1994 Learning and Behavior. Prentice-Hall.（磯博行ほか訳　1996　メイザーの学習と行動　二瓶社）
Miller, G. A. 1956 The magical number seven, plus or minus two：some limits on capacity for processing information. Psychological Review, 63, pp. 81-97.
Minsky, M. 1975 A framework for representing knowledge. In P. H. Winston (ed.), The Psychology of Computer Vision. McGraw-Hill.（白井良明・杉原厚吉訳　1979　コンピュータービジョンの心理　産業図書　6章　知識を表現するための枠組み　pp. 237-332）
三宅和夫　1990　子どもの個性　シリーズ人間の発達5　東京大学出版会
三宅進・宮本健作編著　1988　心理学ウォッチング　ブレーン出版

宮本美沙子・奈須正裕編　1995　達成動機の理論と展開　金子書房

本吉良治　1983　　最近の学習理論　佐藤方哉編　現代基礎心理学6　学習Ⅱ　東京大学出版会

村田孝次　1987　教養の心理学　四訂版　培風館

Murray, H. A. (ed.) 1938 *Explorations in personality*. Oxford University Press.（外林大作訳編　1961　パーソナリティ（Ⅰ・Ⅱ）　誠信書房）

無藤隆　1994　赤ん坊から見た世界　講談社現代新書　講談社

永野重史　1978　オールポート　詫摩武俊編　性格の理論　第2版　誠信書房　pp. 129-152.

長島貞夫　1956　児童社会心理学　牧書店

NHK取材班　1993　驚異の小宇宙　人体Ⅱ　脳と心3：記憶　日本放送出版協会

日本版 WISC-Ⅲ 刊行委員会　1998　日本版 WISC-Ⅲ 知能検査法：理論編　日本文化科学社

日本・精神技術研究所編　1970　内田クレペリン精神検査法・早わかり　日本・精神技術研究所

岡本真彦　1991　発達的要因としての知能及びメタ認知的知識が算数文章題の解決に及ぼす影響　発達心理学研究, 2, pp. 78-87.

岡本夏木　1976　発達のメカニズム　岡本夏木・三宅和夫編　心理学5：発達　有斐閣双書　有斐閣　pp. 6-16.

岡本夏木　1991　児童心理　岩波書店

岡本夏木　1995　疾風怒濤時代　岡本夏木・清水御代明・村井潤一監修　発達心理学辞典　ミネルヴァ書房　p. 275

大山正　1978　ひと目で何個のものが見えるか　サイエンス（*Scientific American* 日本語版）, 8, No. 9, pp. 23-33.

Parten, M. B. 1932 Social participation among pre-school children. *Journal of Abnormal and Social Psychology*, 27, pp. 243-269.

パブロフ, I. P.　1927　川村浩訳　1974　大脳半球の働きについて（上）　岩波書店

Penfield, W. and Roberts, L. 1959 *Speech and brain mechanism*. Princeton University Press.（上村忠雄・前田利男訳　1965　言語と大脳　誠信書房）

Phillips, E. L. 1968 Achievement place：Token reinforcement procedures in a home-style rehabilitation setting for "pre-delinquent" boys. *Journal of Applied Behavior Analysis*, 1, pp. 213-223.

Piaget, J. 1948 *La naissance de l'intelligence chez l'enfant*. 2nd ed.（谷村覚・浜田寿美男訳　1978　知能の誕生　ミネルヴァ書房）

Piaget, J. 1952 *La psychologie de l'intelligence*. Librairie Armand Colin.（波多野完治・滝沢武久訳　1967　知能の心理学　みすず書房）

Portmann, A. 1951 *Biologische Fragmente zu einer Lehre vom Menschen*. Benno Schwabe.（高木正孝訳　1961　人間はどこまで動物か　新しい人間像のために　岩波新書　岩波書店）

Premack, D. 1959 Toward empirical behavioral laws：Ⅰ. Positive reinforcement. *Psychological Review*, 66, pp. 219-233.

Premack, D. 1962 Reversibility of the Reinforcement. *Science*, 136, pp. 255-257.
Premack, D. and Woodruff, G. 1978 Does the chimpanzee have a theory of mind? *Behavioral and Brain Sciences*, 1, pp. 515-526.
臨床心理学研究会編　1953　絵画統覚検査図版　TAT日本語版試案1　金子書房
Rogers, C. R. 1961 *On becoming a person : A therapist's view of psychotherapy*. Houghton Mifflin.
Rosch, E. 1973 On the internal structure of perceptual and semantic categories. In T. E. Moore (ed.), *Cognitive development and the acquisition of language*. Academic Press, pp. 111-144.
Rosenthal, R. and Jacobson, L. 1968 *Pygmalion in the classroom : Teacher expectation and pupil's intellectual development*. Holt, Rinehart and Winston.
ローゼンツァイク, S.・林勝造編　1987　P-Fスタディ解説　1987年版　三京房
Rousseau, J. J. 1762 *Emile, ou de l'education.* (今野一雄訳　1962　エミール（上）　岩波書店）
Schultz, D. 1977 *Growth psychology : Models of the healthy personality*. Litton Educational Publishing. (上田吉一監訳　1982　健康な人格　川島書店)
Schultz, D. 1981 *A History of Modern Psychology*. 3rd ed., Academic Press. (村田孝次訳　1986　現代心理学の歴史　培風館)
Seligman, M. E. P. and Maier, S. F. 1967 Failure to escape traumatic shock. *Journal of Experimental Psychology*, 74, pp. 1-9.
Seligman, M. E. P. 1975 *Helplessness : On depression, development, and death*. W. H. Freeman and Company. (平井久ほか訳　1985　うつ病の行動学　誠信書房)
Schuster, R. and Rachlin, H. 1968, Indifference between punishment and free shock : Evidence for the negative law of effect. *Journal of the Experimental Analysis of Behavior*, 11, pp. 777-786.
塩見邦雄編　1993　教育心理学　第2版　ナカニシヤ出版
Snow, R. E., Tiffin, J. and Seibert, W. F. 1965 Individual differences and instructional film effects. *Journal of Educational Psychology*, 56, pp. 315-326.
Solomon, R. L. and Wynne, L. C. 1953 Traumatic avoidance learning : Acquition in normal dogs. *Psychological Monographs*, 67, No. 354, pp. 1-19.
Spearman, C. E. 1927 *The abilities of man : Their nature and measurement*. Macmillan.
Spitz, R. A. 1965 *The first year of life : A psychoanalytic study of normal and deviant development of object relations*. International Universities Press.
Squire, L. R. 1987 *Memory and Brain*. Oxford University Press. (河内十郎訳　1989　記憶と脳　心理学と神経科学の統合　医学書院)
Stevens, S. S. 1951 Mathematics, Measurement and Psychophysics. In S. S. Stevens (ed.), *Handbook of experimental psychology*. Wiley.
杉原一昭・海保博之編著　1991　事例で学ぶ教育心理学　福村出版
鈴木乙史　1985　人格の変容　瀧本孝雄・鈴木乙史・清水弘司編　性格の心理　福村出版　pp. 178-195.
鈴木乙史　1998　性格形成と変化の心理学　ブレーン出版

高橋たまき編著　1986　教育心理学エッセンス　八千代出版

詫摩武俊・松井豊　1985　血液型ステレオタイプについて　東京都立大学人文学部人文学報, **172**, pp. 15-30.

詫摩武俊・瀧本孝雄・鈴木乙史・松井豊　1990　性格心理学への招待　サイエンス社

Terman, L. M. 1916 *The measurement of intelligence : An explanation of and a complate guide for the use of the Stanford revision and extension of the Binet-Simon intelligence scale.* Mifflin.

Thomas, A., Chess, S. and Birch, H. G. 1970 The origin of personality. *Sientific American*, **223**, pp. 102-109.

Thomas, R. M. 1979 *Comparing Theories of Child Development.* Wadsworth Pub. Co.（小川捷之ほか訳　1985　児童発達の理論：ラーニングガイド　新曜社）

Thurstone, L. L. and Thurstone, T. G. 1941 *Factorial Studies of Intelligence.* University of Chicago Press.

Tinbergen, N. 1969 *The study of instinct.* Clarendon Press.（永野為武訳　1975　本能の研究　三共出版）

戸苅正人　1978　レヴィン　詫摩武俊編　性格の理論　第2版　誠信書房　pp. 97-127.

Tolman, E. C. and Honzik, C. H. 1930 "Insight" in rats. *University of California Publications in Psychology*, **4**, pp. 215-232.

鳥居修晃　1996　感覚・知覚　心理学　東京大学出版会

Torrance, P. 1962 *Guiding creative talent.* Prentice-Hall.（佐藤三郎訳　1966　創造性の教育　誠信書房）

辻岡美延　YG性格検査実施手引　日本・心理テスト研究所

塚田毅　1979　教育心理学　依田新監修　新・教育心理学事典　金子書房　p. 174.

Tulving, E. 1972 Episodic and semantic memory. In E. Tulving and W. Donaldson（eds.）*Organization of memory.* Academic Press, pp. 381-403.

Tulving, E. and Perlstone, Z. 1966 Availability versus accessibility of information in memory for words. *Journal of Verbal Learning and Verbal Behavior*, **5**, pp. 381-391.

Tupes, E. C. and Christal, R. E. 1961 Recurrent personality factors based on trait ratings. USAF ASD Technical Report, No. 61－97.（Reprint, 1992, *Journal of Personality*, **60**, pp. 225-251.）

内田伸子　1999　発達心理学　岩波書店

上田吉一　1988　人間の完成　誠信書房

植村美民　1979　乳幼児期におけるエゴ（ego）の発達について　心理学評論, **22**, pp. 28-44.

Vernon, P. E. 1950 *The structure of human abilities.* John Wily & Sons.

ヴィゴツキー, L. S. 1934　柴田義松訳　1962　思考と言語（上・下）　明治図書

若井邦夫　1982　文化と認知発達　波多野完治監修・無藤隆編　ピアジェ派心理学の発展 I　国土社, pp. 137-171.

Wallas, G. 1926 *The art of thought.* J. Cape.

ワロン, H.　浜田寿美男訳　1983　身体・自我・社会　ミネルヴァ書房

Watson, J. B. and Rayner, R. 1920 Conditioned emotional reactions. *Journal of Experimental Psychology*, **3**, pp. 1-14.

Wechsler, D. 1939 *Wechsler-Bellevue intelligence scale form* 1. Psychological Cooporation.
Weiner, B. 1985 An attributional theory of achivement motivation and emotion. *Psychological Review*, 92, pp. 548-573.
Werner, H. 1948 *Comparative psychology of mental development.* International Universities Press.（園原太郎監修　鯨岡峻・浜田寿美男訳　1976　発達心理学入門　ミネルヴァ書房）
Wertheimer, M. 1945 *Productive thinking.* Harper.（矢田部達郎訳　1952　生産的思考　岩波書店）
White, R. W. 1959 Motivation reconsidered : The concept of competence. *Psychological Review*, 66, pp. 297-333.
Wimmer, H. and Perner, J. 1983 Beliefs about beliefs : Representations and constraining function of wrong beliefs in young children's understanding of deception. *Cognition*, 13, pp. 103-128.
弓野憲一　1977　自由放出法による長期記憶検索過程の分析　心理学研究, 48, pp. 7-13

人名索引

ア 行

アイゼンク（H. J. Eysenk） 147-9, 161
アイブル-アイベスフェルト
　（I. Eibl-Eibesfeldt） 71
東洋 21
アズリン（N. H. Azrin） 87
アトキンソン（R. C. Atkinson） 102, 114
アリエス（P. Aries） 3
安藤寿康 23, 24
イタール（J. Itard） 26-7
稲垣佳世子 58, 114
ヴァーノン（P. E. Vernon） 190
ヴィゴツキー（L. S. Vygotsky）
 56-60, 127
ウィマー（H. Wimmer） 57
ウェイスン（P. C. Wason） 65
ウェクスラー（D. Wechsler） 194
上里一郎 148
上田吉一 124
植村美民 58
ウェルトハイマー（M. Wertheimer）
 9, 91-2
ウェルナー（H. Werner） 17
ウォーク（P. D. Walk） 51
ウオリス（G. Wallas） 196
内田伸子 60
内田勇三郎 162-3
ウッドラフ（G. Woodruff） 57
ウルフ（J. B. Wolfe） 82
ウルリッヒ（R. Ulrich） 86
ヴント（W. Wundt） 7, 9
エインズワース（M. D. S. Ainsworth）
 53-4
エビングハウス（H. Ebbinghaus） 97-8
エリクソン（E. H. Erikson）
 10-4, 39, 41, 43-5, 54, 58, 66-7
オーズベル（D. P. Ausubel） 128
太田信夫 99-100
大山正 103
岡本夏木 31, 64
オルポート（G. W. Allport）
 122, 136, 145-7, 176, 179

カ 行

鹿毛雅治 121-2
柏木恵子 58
ガルシア（J. Garcia） 77
ギブソン（E. J. Gibson） 51
キャッテル（J. M. Cattell） 7-8
キャッテル（R. B. Cattell） 146-7, 192
キャノン（W. B, Cannon） 111
キャンポス（J. J. Campos） 51
キリアン（M. R. Quillian） 106
ギルフォード（J. P. Guilford） 159, 191, 196
草野勝彦 16
クッシャー（M. Kushner） 88
クライン（W. C. Crain） 3, 6
クリスタル（R. E. Christal） 149
クレッチマー（E. Kretschmer） 137-8, 140
クレペリン（E. Kraepelin） 162-3
ケーラー（W. Köhler） 9, 91
ゲゼル（A. Gesell） 19, 127
ゴールドバーグ（L. R. Goldberg） 149
ゴールトン（F. Galton） 8, 18-9
コールバーグ（L. Kohlberg） 14, 46-9
コスロウスキー（B. Koslowski） 113
ゴダード（H. Goddard） 18-9

小松伸一	99–100	**サ 行**	
コリンズ（A. M. Collins）	106		
コンドリイ（J. Condry）	113	ダーウィン（C. Darwin）	8, 18
コンドン（W. S. Condon）	51	ターマン（L. M. Terman）	188, 192
		詫摩武俊	144, 154
サ 行		田中寛一	192
サーストン（L .L. Thurstone）	189–90	タルヴィング（E. Tulving）	102, 105
サイモンズ（P. M. Symonds）	59	ダレンバッハ（K. M. Dallenbach）	101
サメロフ（A. J. Sameroff）	20–1	チー（M. T. H. Chi）	39
サンダー（L. Sander）	51	チザート（B. Tizard）	53
ジェームズ（W. James）	102	チャンドラー（M. J. Chandler）	20
シェルドン（W. H. Sheldon）	138, 140	チューピス（E. C. Tupes）	149
ジェンキンス（J. Jenkins）	101	辻岡美延	160
ジェンセン（A. R. Jensen）	21	ディディアー（V. G. Dethier）	74
塩見邦雄	189, 191	テイラー（J. A. Taylor）	161
シフリン（R. M. Shiffrin）	102	ティンバーゲン（N. Tinbergen）	70
シモン（T. Simon）	192	デカルト（R. Descartes）	18
シャンク（R. C. Schank）	109	デシ（E. L. Deci）	122
シュスター（R. Schuster）	85	ドゥンカー（K. Duncker）	93
シュテルン（W. Stern）	20, 34, 189	トーランス（P. Torrance）	196
シュプランガー（E. Spranger）	140	トールマン（E. C. Tolman）	9-10, 93
シュルツ（D. Schultz）	5, 179–80	戸苅正人	154
ジョンソン・レアード		ド・シャーム（R. de Charms）	120
（P. N. Johnson-Laird）	65, 66	トマス（R. M. Thomas）	4, 22–3
スキナー（B. F. Skinner）	5, 9, 73, 85	鳥居修晃	28
杉原一昭	190, 201	トンプソン（H. Thompson）	19, 126
スキャモン（R. E. Scammon）	16		
スクワイア（L. R. Squire）	105–6	**ナ 行**	
鈴木乙史	152, 175	長島貞夫	171
鈴木治太郎	192	永野重史	146
スティーブンス（S. S. Stevens）	197	奈須正裕	117, 122
ステラー（E. Stellar）	74		
スノー（R. E. Snow）	132	**ハ 行**	
スピアマン（C. E. Spearman）	189	パーテン（M. B. Parten）	59
スピッツ（R. A. Spitz）	52	バートレット（F. C. Bartlett）	108
セリグマン（M. E. P. Seligman）	118	パーナー（J. Perner）	57
ソーンダイク（E. L. Thorndike）		バーライン（D. E. Berlyne）	113
	7–9, 85, 90, 125	パールストン（Z. Perlstone）	102
ソロモン（R. L .Solomon）	84	ハーロウ（H. F. Harlow）	112, 126

ハーンシュタイン（R. J. Herrnstein） 83
ハイダー（F. Heider） 116
バウアー（T. G. R. Bower） 50-1
バウアー（G. H. Bower） 110
ハヴィガースト（R. J. Havighurst） 14
ハウスクネヒト（E. Hausknecht） 6
ハサウェイ（S. R. Hathaway） 160
波多野誼余夫 58, 114
バトラー（R. A. Butler） 112
パブロフ（I. P. Pavlov） 5, 9, 72, 74-5
林勝造 165
原野広太郎 169
バラバン（M. T.Balaban） 86
ハル（C. L. Hull） 9
バンデューラ（A. Bandura） 10, 95, 119
ハント（J. McV. Hunt） 113
ピアジェ（J. Piaget）
　　　10, 14, 29-39, 45-50, 55-8, 60, 63, 65
ピアソン（K. Pearson） 8, 203
ビネー（A. Binet） 8, 192
ヒル（W. F. Hill） 112
ヒロト（D. S. Hiroto） 119
ファインマン（S. Feinman） 54
ファンツ（R. L. Fantz） 50-1
フィードラー（F. E. Fiedler） 167
フィリップス（E. L. Phillips） 89
藤永保 27
フリーマン(F. N. Freeman) 189
ブルーナー（J. S. Bruner） 126-7, 129
ブルーム（B. S. Bloom） 130, 181-2
フレーベル（F. W. A. Fröbel,） 6-7
プレマック（D. Premack） 57, 82-3
フロイト（S. Freud）
　　　10, 14, 25, 39-45, 64, 150-2, 173
ベクストン（W. H. Bexton） 112
ヘス（E. H. Hess） 26
ペスタロッチ（J. H. Pestalozzi） 6
ヘッケル（E. H. Haeckel） 14
ベラック（L. Bellak） 165

ヘルバルト（J. F. Herbart） 6
ペンフィールド（W. Penfield） 100
ホヴランド（C. I. Hovland） 131
ボウルビィ（J. Bowlby） 53-4
ホール（G. S. Hall） 7
ホッジス（J. Hodges） 53
ポルトマン（A. Portmann） 15
ホワイト（R. W. White） 114
ホンジック（C. H. Honzik） 93

マ行

マーシャ（J. E. Marcia） 67
マイアー（S. F. Maier） 118
マクドゥウェル（J. J. Mcdowell） 90
マズロー（A. H. Maslow）
　　　11, 123-4, 170, 177
松井豊 144
マッキンリー（J. C. McKinley） 160
マレー（H. A. Murray） 164
三宅和夫 20-1, 54
三宅進 71
宮本健作 71
宮本美沙子 117, 122
ミラー（G. A. Miller） 103
村田孝次 193
メイザー（J. E. Mazur） 74, 76, 87-8
モイマン（E. Meumann） 7
モーガン（C. D. Morgan） 164
本吉良治 94
モレノ（J. L. Moreno） 62

ヤ行

矢田部達郎 159
山本麻子 148
弓野憲一 106
ユング（C. G. Jung） 10, 141-3, 148, 179

ラ行

ライアン（R. M. Ryan） 123

人名索引 219

ラックリン（H. Rachlin）	85
ルソー（J. J. Rousseau）	5-6
レイナー（R. Rayner）	76, 87
レヴィン（K. Lewin）	9, 153-5, 172
ローゼンツァイク（S. Rosenzweig）	165, 171
ロールシャッハ（H. Rorschach）	164
ローレンツ（K. Z. Lorenz）	25, 70
ロジャース（C. R. Rogers）	11, 152-3, 179
ロック（J. Locke）	4-6, 18
ロッシュ（E. Rosch）	107
ロバーツ（L. Roberts）	100
ロフタス（E. F. Loftus）	107

ワ 行

ワイナー（B. Weiner）	116
ワイン（L. C. Wynne）	84
ワトソン（J. B. Watson）	9, 20, 76, 87
ワロン（H. Wallon）	15-6, 61, 65

事項索引

ア 行

IQ	192
愛着（attachment）	28, 53
アイデンティティ（identity）	43
足場づくり（scaffolding）	60
安全基地（secure base）	55
安全の欲求（safety needs）	123, 170
アンダー・アチーバー（under achiever）	186
アンダーマイニング（undermining）効果	121
暗黙のパーソナリティ観（implicit personality theory）	167
維持リハーサル（maintenance rehearsal）	104
1次記憶（primary memory）	102
1次性強化子（primary reinforcer）	82
1次的動因説（primary drive theory）	53
1次的欲求（primary need）	170
一般型（general type）	16
遺伝説	18
イド（id）	40, 150
イフェクタンス動機づけ（effectance motivation）	114
意味記憶（semantic memory）	105
インプリンティング（imprinting）	25
ウェクスラー式知能検査	194
内田クレペリン精神検査	162
エス（Es）	40, 150
SCT	166
ATI	132
エディプス期（oedipal phase）	151
エディプス・コンプレックス（Oedipus complex）	40
エピソード記憶（episodic memory）	105
FI	80
FR	80
MAS	161
MMPI	160
MPI	161
演繹的推論（deductive reasoning）	66
延滞模倣（delayed imitation）	31
置き換え（displacement）	174
オペラント条件づけ（operant conditioning）	73
オペラント水準（operant level）	78
オリジン（origin）	120

カ 行

外言（external speech）	56
外向型（extraversion）	141
階層因子説	190
外的適応	168
外胚葉型（ectomorphy）	139
概念的葛藤（conceptual conflict）	113
解発刺激（releasing stimulus）	70
外発的動機づけ（extrinsic motivation）	120
回避学習（avoidance learning）	84
回避パラドックス（avoidance paradox）	84
回避（avoidance）反応	84
快楽原則（pleasure principle）	150
可逆性（reversibility）	31, 36
拡散的探索（diversive exploration）	113
学習性無力感（learned helplessness）	118
学習の構え（learning set）	126

過剰適応	169	ギャング（徒党）（gang）	61
仮想された類似性（assumed similarity）	167	ギャング・エイジ（徒党時代）（gang age）	62
硬さ（rigidity）	155	強化（reinforcement）	79
活性化拡散（spreading activation）モデル	108	境界人（marginal man）	63
葛藤（conflict）	172	強化のスケジュール（reinforcement schedule）	80
加法的操作（operation of addition）	36	強化の矛盾（paradox of reinforcement）	81
ガルシア効果（Garcia effect）	78	共通特性（common trait）	145
感覚（sensation）	142	協同遊び（cooperative play）	59
感覚運動の段階（sensory motor period）	31	強迫性格	151
感覚型	143	恐怖症（phobia）	76
感覚記憶（sensory memory）	102	均衡化（equilibration）	30
間隔尺度（interval scale）	198	具体的操作段階（concrete operational period）	31
感覚登録器（sensory register）	102	組合せ操作	38
環境閾値説（theory of environmental threshold）	21	群性体（grouping）	37
環境説（environmentalism）	18	経済型	140
観察学習（observational learning）	95	形式的操作段階（formal operational period）	32
観察法	155	形式陶冶（formal discipline）	125
慣習的水準（conventional level）	48	形成的評価	182
感情（feeling）	142	傾倒（commitment）	67
感情型	143	系統的脱感作法（systematic desensitization）	87
干渉説（interference theory）	101	系統発生（phylogeny）	14
間接化	17	系列化（seriation）	37
完全習得学習（mastery learning）	130	ゲシュタルト心理学（gestalt psychology）	9
寛大効果（leniency effect）	168	結果期待（outcome expectaion）	119
記憶痕跡（memory trace）	97	結果論的判断	46
記憶術（mnemonics）	110	結合性（association）	31
記憶範囲（memory span）	103	結晶性一般能力（crystallized general ability）	192
危機（crisis）	67	欠損動機（deficiency motive）	124
記号化	17	欠乏動機（deficiency motive）	124
気質（temperament）	22	原因帰属（causal attribution）	116
擬人化（personification）	58	顕在性不安検査（Manifest Anxiety	
帰属理論（attribution theory）	116		
機能的固定（functional fixedness）	93		
機能的自律性（functional autonomy）	122		
帰無仮説（null hypothesis）	206		

Scale：MAS）	161
検索失敗説（retrieval failure theory）	101
検査法	159
嫌子	80
現実原則（reality principle）	150
原始反射（primitive reflex）	30
現象学的自己理論	152
権力型	140
5因子モデル	149
効果の法則（law of effect）	90
好奇心（curiosity）	113
好子	80
高次条件づけ（higher-order conditioning）	75
口唇期（oral phase）	151
公正（justice）	46
合成性（composition）	31
行動遺伝学（behavioral genetics）	23
行動形成（shaping）	82
行動主義（behaviorism）	9
──心理学（behaviorism）	20
行動療法（behavior therapy）	89
光背効果（halo effect）	167
肛門期（anal phase）	151
合理化（rationalization）	174
効力感（feeling of efficacy）	114
効力期待（efficacy expectation）	119
後慣習的（原理的）水準（post-conventional level）	48
刻印づけ（imprinting）	25
心の理論（theory of mind）	56
個人内評価	184
誤信念課題（false belief task）	57
個性化（individuation）	179
個体発生（ontogenesis）	14
固定時間隔（Fixed Interval：FI）	80
固定比率（Fixed Ratio：FR）	80
古典的条件づけ（classical conditioning）	72
個別特性（individual trait）	145
根源特性（source trait）	147
コンピテンス（competence）	114

サ 行

最頻値（mode）	199
散布度（variability）	200
Z得点（Z-score）	202
相関（correlation）	203
相関係数（correlation coefficient）	203
再テスト法	187
サイン－ゲシュタルト（sign-gestalt）	94
サイン刺激（sign stimulus）	70
作業記憶（working memory）	103
作業曲線	162
作業検査法（performance test）	162
作動記憶（working memory）	103
3ヵ月微笑（three-month smiling）	52
3項関係（triad relationship）	55
CR	73
CAI（Computer Assisted Instruction）	133
CS	73
CAT（The Children's Appercption Test）	165
恣意性（arbitrariness）	17
シェイピング（shaping）	82
シェマ（schema）	30
自我（ego）	40, 150
視覚の断崖（visual cliff）	51
自我同一性（ego identity）	43
自我同一性地位（アイデンティティ・ステータス）	67
ジグソー学習（jigsaw method）	133
思考（thinking）	142
思考型	143
試行錯誤（trial and error）	90
自己概念（self-concept）	153
自己決定（self-determination）性	121, 122

自己原因性（personal causation）	120	stage）	34
自己効力（self-efficacy）	120	情緒的共生（emotional symbiosis）	16
自己実現（self-actualization）	170, 177	承認の欲求（esteem needs）	123, 170
——の欲求（the need for self-actualization）	123, 170	初期経験（early experience）	25
		職業的同一性（professional identity）	43
自己主張（self assertion）	58	所属と愛の欲求（love needs）	123, 170
自己中心性言語（egocentric speech）	56	自律の道徳（autonomous morality）	45
自己抑制（self-regulation）	58	真偽法	185
思春期（puberty）	63	神経型（neural type）	16
自然観察法	155	新行動主義（neo-behaviorism）	9
実験的観察法	156	心誌（psychograph）	145
実質陶冶（material discipline）	125	身体緊張型（somatotonia）	140
疾風怒濤の時代（独：Sturm und Drang Epoche）	64	診断的評価	181
		心的機能	142
質問紙法（questionnaire）	159	心的装置（psychic apparatus）	150
自発（emit）	78	審美型	140
自発的回復（spontaneous recovery）	74	心理・社会的発達（psychosocial development）	14
社会型	140		
社会的参照（social referencing）	54	心理・性的発達（psycho-sexual development）	14
宗教型	140		
集中練習	131	心理的不適合の最適水準（Optimal level of incongruity）	113
主題統覚検査（Thematic Apperception Test：TAT）	164		
		推移律（transitivity）	37
種に固有な行動（species-specific behavior）	69	随伴性（contingency）	79
		スキーマ（schema）	109
循環気質	137	スクリプト（script）	109
順序尺度（ordinal scale）	198	図式（schema）	109
準備状態（レディネス）（readiness）	19, 126	スチューデント・アパシー（student apathy）	67
昇華（sublimation）	64, 175	ストレンジ・シチュエーション（strange situation）	53
消去	74, 80		
消去抵抗（resistance to extinction）	74, 80	頭脳緊張型（cerebrotonia）	140
条件刺激（Conditioned Stimulus：CS）	73	スモールステップの原理（principle of small steps）	130
条件性強化子（conditioned reinforcer）	82		
条件性抑制（conditioned suppression）	86	刷込み（imprinting）	25
条件反応（Conditioned Response：CR）	73	生活空間（life space）	154
象徴（シンボル）（symbol）	17	生活年齢（Chronological Age：CA）	192
象徴遊び（symbolic play）	31	正義（justice）	63
象徴的思考段階（symbolic thinking		性器期（genital phase）	151

正規分布（normal distribution） 201
成熟優位説 19
生殖型（reproductive type） 17
精神年齢（Mental Age：MA） 8, 193
精神分析（psychoanalysis） 10, 39
　──理論 150
精緻化リハーサル（elaborative rehearsal） 104
成長曲線（growth curves） 16
成長動機（being motive, growth motive） 124
生得的解発機構（Innate Releasing Mechanism：IRM） 70
青年期（adolescence） 63
正の強化（positive reinforcement） 79
正の強化子（positive reinforcer） 80
正の罰（positive punishment） 79
生理的共生（physiological symbiosis） 15
生理的早産（physiological premature delivery） 15
生理的欲求（physiological needs） 112, 123, 170
絶対評価（absolute evaluation） 182
節約率 98
前概念（preconception） 34
前慣習的水準 47
宣言的記憶（declarative memory） 105
先行オーガナイザー（advance organizer） 128
潜在学習（latent learning） 94
漸次的接近法（method of successive approximations） 82
全習法（whole method） 132
前操作（preoperation） 34
　──的段階（pre-operational period） 33
選択（choice）行動 83
潜伏期（latency） 151
躁うつ気質 137
総括的評価 182
相互作用説（interaction theory） 20
操作（operation） 30-1
相乗的相互作用モデル（transactional model） 20
相対評価（relative evaluation） 183
相補性（compensation） 36
ソシオメトリックテスト（sociometric test） 62

タ 行

対照（collation） 113
代表値 199
多因子説 190
第1次循環反応（primary circular response） 32
第1次反抗期（first period of defiance） 58, 66
退行（regression） 174
第3次循環反応（tertiary circular response） 33
対象の永続性（object permanence） 33
第2次循環反応（secondary circular response） 32
第2次性徴（secondary sex-characteristic） 63
第2次反抗期（second period of defiance） 66
対比誤差 168
タイムアウト（time out） 89
代理強化（vicarious reinforcement） 95
多肢選択法 185
達成動機（achievement motive） 114
脱中心化（decentration） 36
脱文脈化（decontextualization） 56
タブラ・ラサ（tabula rasa） 4, 18
他律の道徳（heteronomous morality） 45
短期記憶（Short-Term Memory：STM） 103
短期貯蔵庫（short-term store） 102

男根期（phallic phase）	151
知性化（intellectualization）	174
知的好奇心（epistemic curiosity）	113
知能検査（intelligence test）	192
知能指数（Intelligence Quotient：IQ）	192
チャンク（chunk）	104
中央値（median）	199
中心化（centralization）	36
——傾向	168
中胚葉型（mesomorphy）	139
長期記憶（Long-Term Memory：LTM）	105
長期貯蔵庫（long-term store）	102
超自我（super-ego）	40, 150
調節（accommodation）	30
直観（intuition）	142
——型	143
直観的思考段階（intuitive thinking stage）	34
TAT	164
T得点（T-score）	203
適応（adjustment）	168
適応機制（adjustment mechanism）	173
適性処遇交互作用（Aptitude Treatment Interaction：ATI）	132
テストの信頼性（reliability）	187
テストの妥当性（validity）	186
テスト・バッテリー（test battery）	166
手続記憶（procedural memory）	105
転移（transfer）	19, 125
てんかん気質	138
転導推理（transductive reasoning）	34
同一化（identification）	43, 174
同一視（identification）	40, 174
同一性（identity）	36
動因（drive）	111
動因低減説（drive reduction theory）	9, 114
投影（projection）	174
——法（projective method）	163
同化（assimilation）	30
動機（motive）	111
動機づけ（motivation）	111
動機論的判断	46
道具的条件づけ（instrumental conditioning）	79
統計量（statistic）	205
洞察（insight）	34, 91
投射（projection）	174
統制の位置（locus of control）	117
道徳性の発達（moral development）	14
逃避（escape）	174
——反応	84
トークン（token）	89
トークンエコノミー（token economy）	89
独自特性（unique trait）	147
特殊的探索（specific exploration）	113
特殊的転移（specific transfer）	126
特性（trait）	144
——論	144

ナ 行

内言（inner speech）	56
内向型（introversion）	141
内蔵緊張型（viscerotonia）	139
内的適応	168
内胚葉型（endomorphy）	139
内発的動機づけ（intrinsic motivation）	120
2因子説	189
2次記憶（secondary memory）	102
2次性強化子（secondary reinforcer）	82
2次的欲求（secondary need）	170
二重貯蔵モデル（two-store memory model）	102
2要因説（two-factor theory）	85
人間性心理学（humanistic psychology）	11
人間的配慮	63

認識の発達（cognitive development） 14
認知構造（cognitive structure） 91
認知心理学（cognitive psychology） 10
認知地図（cognitive map） 94
粘着気質 138

ハ 行

場所法（method of locations） 110
バズ学習（buzz-session learning） 133
8ヵ月不安（eight-month anxiety） 52
罰（punishment） 79
発見学習（discovery learning） 129
罰子 80
発生的認識論（genetic epistemology） 29
発達加速現象（acceleration phenomenon） 64
発達課題（developmental task） 14
発達段階説（developmental stage theory） 14
発達の最近接領域（zone of proximal development） 60, 127
場の理論（field theory） 153
般化（generalization） 75
反動形成（reaction formation） 174
反応形成（shaping） 82
反応コスト（response cost） 89
反応歪曲 162
反復説（recapitulation theory） 14
ハンフリーズ効果（Humphreys' effect） 81
P-Fスタディ（Picture Frustration Study） 165
比較行動学（ethology） 25
ピグマリオン効果（Pygmalion effect） 188
ビッグ・ファイブ（Big Five） 149
非特殊的転移（nonspecific transfer） 126
人の構造 154
否認（denial） 173
ビネー式知能検査 192

標準学力テスト 184
標準正規分布 202
標準偏差（standard deviation） 200
表象（representation） 31
表象シェマ（representational schema） 30
表象的思考（representational thinking） 31
標本（sample） 205
表面特性（surface trait） 147
比例尺度（ratio scale） 198
敏感期または感受期（sensitive period）仮説 29
VI 80
VR 80
輻輳説（convergence theory） 20
不思議な数7±2（magical number 7 ± 2） 103
不適応（maladjustment） 169
負の強化（negative reinforcement） 79-80
負の罰（negative punishment） 79
部分強化効果（partial reinforcement effect） 81
プライミング（priming） 108
フラッシュバック（flashback） 100
フレーム（frame） 109
プレマックの原理（Premack principle） 82
プログラム学習（programed learning） 130
プロフィール（profile） 145
分化（differentiation） 75
――強化（differential reinforcement） 81
――度 155
――と統合（differentiation and integration） 17
分散（variance） 200
分散練習（distributed practice） 131

分習法（part method）	132
文章完成法（Sentence Completion Test: SCT）	166
分裂気質	137
平均値（mean）	199
平行遊び（parallel play）	59
平行テスト法	187
ペルソナ（persona）	135
偏差値	202
偏差知能指数（deviation IQ）	195, 203
変動時間隔（Variable Interval：VI）	80
変動比率（Variable Ratio：VR）	80
弁別（discrimination）	75
——刺激（discriminative stimulus）	78
防衛機制（defense mechanism）	64, 173
忘却（forgetting）	97
——曲線（forgetting curve）	99
ポーン（pawn）	120
保持曲線（retention curve）	99
母集団（population）	205
補償（compensation）	175
ホスピタリズム（hospitalism）	52
母性剥奪（maternal deprivation）	52
保存（conservation）	35
——課題（conservation task）	35
ホメオスタシス（homeostasis）	111
ホメオスタシス性欲求	111
本能行動（instinctive behavior）	69

マ 行

マターナル・ディプリベーション（maternal deprivation）	52
マッチングの法則（matching law）	83
味覚嫌悪条件づけ（taste aversion conditioning）	77
3つ山問題（three mountains task）	56
ミネソタ多面人格目録（Minnesota Multiphasic Personality Inventory：MMPI）	160
無条件刺激（Unconditioned Stimulus：US）	73
無条件反応（Unconditioned Response：UR）	73
名義尺度（nominal scale）	197
命題論理（propositional logic）	38
メタ認知（metacognition）	60
面接法	158
モーズレイ性格検査（Maudsley Personality Inventory：MPI）	161
モデリング（modeling）	95
モニタリング（monitoring）	60
モラトリアム（moratorium）	44

ヤ 行

役割実験（role experiment）	43
野生児（feral child）	26
矢田部・ギルフォード（YG）性格検査	159
夜尿症	88
UR	73
有意味受容学習（meaningful reception learning）	128
誘因（incentive）	111
US	73
誘発（elicit）	73
養育態度（child-rearing attitude）	59
要求（need）	111
幼児図式（baby schema）	70
幼児性欲説（infantile sexuality theory）	40
抑圧（repression）	173
欲求（need）	111, 164, 170
欲求不満（frustration）	165, 170
——耐性（frustration tolerance）	171
4枚カード問題（four cards task）	65

ラ 行

ライフサイクル（life cycle）	45

らせん型カリキュラム（spiral curriculum）	127	類型（type）	137
ラポール（rapport）	159	――論	137
リーダーシップ（leadership）	62	レスポンデント条件づけ（respondent conditioning）	72
力学説	154	レディネス（readiness）	19, 126
リビドー（libido）	39-40	連合遊び（associative play）	59
流動性一般能力（fluid general ability）	192	ロールシャッハ・テスト	164
領域固有性（domain specificity theory）	39	論理的誤差（logical error）	168
理論型	140	論理的思考（logical thinking）	31

ワ 行

臨界期（critical period）	26
リンパ型（lymphoid type）	17
YG性格検査	159
WAIS	194

| 基礎から学ぶ教育心理学 |

2004年3月15日　第1版1刷発行
2020年6月5日　第1版12刷発行

著　者 ── 工　藤　俊　郎
　　　　　 高　井　直　美
　　　　　 上　田　恵津子
　　　　　 菅　原　康　二
発行者 ── 森　口　恵美子
印刷所 ── ㈱東西インテリジェントプランニング
製本所 ── グ　リ　ー　ン
発行所 ── 八千代出版株式会社
　　　　　〒101-0061　東京都千代田区神田三崎町2-2-13
　　　　　TEL　03-3262-0420
　　　　　FAX　03-3237-0723
　　　　　振替　00190-4-168060

＊定価はカバーに表示してあります。
＊落丁・乱丁本はお取替え致します。

ISBN 978-4-8429-1308-7　Ⓒ 2004 Printed in Japan